태쏘의
데이트레이딩 바이블 2

**태쏘의
데이트레이딩 바이블 2**

초판 1쇄 발행 2017년 3월 7일
초판 4쇄 발행 2022년 1월 7일

지은이 태쏘
펴낸이 민석현
디자인 프리스타일

펴낸곳 가이아의어깨
등 록 제2015-40호
주 소 서울특별시 광진구 아차산로 78길 75, 209호(광장동)
전 화 02.2279.0292   팩스 02.2201.0292
대표메일 gaiashbook@naver.com

ⓒ 태쏘 2017
ISBN 979-11-956734-4-5 13300

이 책은 저작권법에 따라 보호받는 저작물이므로 무단전재와 무단복제를 금지하며, 이 책 내용의 전부 또는 일부를 이용하려면 반드시 저작권자와 가이아의어깨의 서면동의를 받아야 합니다.

낯책값은 뒤표지에 있습니다.
낯파본은 구입하신 서점에서 바꾸어 드립니다.

1010개 급등주 데이터를 기반으로 한 단기투자 비법서

태쏘의 데이트레이딩 바이블 2

태쏘 지음

들어가며

상하한가 변동폭 제도가 30% 시행된 지 긴 시간이 지났습니다. 주식시장에서도 많은 변화가 생겼습니다. 그 중에서도 급등주들의 움직임은 예전 상하한가 변동폭이 15%였던 때보다 예측하기가 더 어려워졌습니다. 그러다보니 함부로 비중을 실어 매매할 수도 없을뿐더러 움직임 또한 그 어느 때보다도 강렬해서 섣불리 매매하기에도 부담스러운 면이 없지 않습니다.

제대로 된 원칙 없이 급등주 매매를 하다보면 보유한 주식의 가격이 하락하는 것을 속절없이 지켜볼 수밖에 없습니다. 트레이딩을 하더라도 한 번 짧게 이익을 봤지만 두 번, 세 번 매매를 해서 벌어들인 수익을 도로 잃기도 합니다. 그리고 반등이 나올 자리임에도 불구하고 반등은커녕 예상외의 과도한 하락이 나와 당황하기도 합니다.

그러나 제대로 상승추세를 타기만 하면 단숨에 30% 이상의 수익률을 달성할 수 있습니다. 그러므로 양날의 검이 예전보다 훨씬 더 날카로워졌다고 말할 수 있습니다. 이 "양날의 검" 급등주는 비이성적 움직임이 크기 때문에 그에 대처할 수 있는 것은 통계적 분석에 의한 매매가 아닐까 생각합니다. 5일선 매매, 7일선 매매, 9일선 매매 등 이평선에 의한 단순한 기술적 매매가 아닌, 통계적이고 확률적인 매매로 트레이딩을 해야 적어도 돈을 크게 잃을 일이 없다고 봅니다.

전편인 『태쏘의 데이트레이딩 바이블』은 우량주 단기 박스권 매매가 주 내용이었습니다. 이번 편은 급등주 단기매매가 주 내용입니다. 우량주만 안전하게 매매해도 수익이 날 수 있지만 매순간 시장에서 매매하기 알맞은 종목이 나오는 것이 아닙니다. 시기적으로 한 달, 두 달, 1년 정도 나오지 않을 수도 있습니다. 따라서 급등주들도 충분히 안정적으로 거래할 수 있는 매매기준이 있어야 된다고 생각합니다. 우량주 장, 즉 실적장세가 도래했을 때는 우량주 매매를 하며, 이슈가 많이 나오는 모멘텀 장세에서는 급등주 매매를 해야 합니다.

트레이더의 경우 장세와 상관없이 꾸준한 수익을 내는 것이 중요합니다. 그러기 위해서 자신만의 확고한 매매원칙이 있어야 합니다. 확고한 원칙은 '안정적으로 수익을 낸다'는 데이터로부터 귀결됩니다. 데이터는 본인이 직접 하나하나 자료를 수집해서 이리저리 뜯어보고, 통계내고, 여러 각도로 적용해보는 등 세밀한 연구를 통해서 얻어집니다. 이 연구결과를 자신만의 매매방식으로 발전시켜 나가야 합니다. 그런 노력이 있어야 장세와 상관없이 꾸준한 수익을 낼 수 있습니다.

꾸준한 수익을 위해선 매매원칙이 될 수 있는 기본적인 틀이 있어야 합니다. 저는 이 책을 통해서 그 틀을 제공하려고 합니다. 우선 어떤 방법으로 차트를 분석하는지, 분석한 자료를 어떻게 매매에 적용할 수 있는지, 그리고 전편인 『태쏘의 데이트레이딩 바이블』처럼 책속에서 직접 실전처럼 매매를 해 볼 수 있도록 구성했습니다.

제가 이렇게 두 번째 책을 집필한 이유는 주식에 대한 공부는 끝이 없다는 것과 그 깊이는 헤아릴 수 없을 만큼 깊다고 느끼기 때문입니다. 주식시장은 시시각각 변화하기 때문에 지속적인 공부를 하지 않으면 대처하기 어렵습니다. 시장은 언제나 투자자들을 기다려주지 않으며 잠시 한눈을 팔면 내 자식 같은 돈을 잃는 곳입니다. 따라서 매번 변화하는 시장에서 필요한 것은 최소한의 기준점이라고 생각합니다. 저는 그 기준점을 제시해 줄 수 있는 책의 필요성을 절감했기 때문에 다시 또 펜을 들었습니다.

전편인 『태쏘의 데이트레이딩 바이블』의 우량주 매매법과 마찬가지로 후속편인 『태쏘의 데이트레이딩 바이블 2』 급등주 매매법도 소액으로 천천히 연습하는 것을 추천합니다. 최소한 1년 중 절반의 시간을 할애하고 이 책의 내용 이외에도 심도 있는 자기 질문과 스스로의 노력을 통해 +알파를 달성하시기 바랍니다. 그리고 책 이외에 더 많은 정보들은 추후 업데이트 되는 제 블로그 글들을 참고해 주십시오. 아울러 제 책을 구독하신 모든 독자 분들의 성공투자를 기원합니다.

"최고의 스승을 만나서 최고의 가르침을 받더라도 자신만의 스타일을 가지지 않으면 진정한 고수가 될 수 없다. 아니다 싶으면 과감하게 자신만의 길을 가라. 시키는 대로만 해서는 절대 최고가 될 수 없다." - 조훈현 9단

2017년 2월
태쏘

들어가며 ...4

Chapter
급등주 투매폭 매매법

급등주 투매폭 매매법 이론 · 12
급등주 투매폭 매매법 원리 · 23
투매폭 1구간 분석·예시차트 · 29
투매폭 2구간 분석·예시차트 · 34
투매폭 3구간 분석·예시차트 · 39
투매폭 4구간 분석·예시차트 · 46
투매폭 5구간 분석·예시차트 · 51
투매폭 6구간 분석·예시차트 · 56
투매폭 7구간 분석·예시차트 · 63
투매폭 8구간 분석·예시차트 · 69
투매폭 9구간 분석·예시차트 · 73
적정 투매폭 범위 · 78
급등주 투매폭, 적정 투매폭 범위 지지 확인 방법 · · · · · · · · · · 80

DAYTRADING BIBLE **차 례**

Chapter 2
급등주 투매폭 실전투자

실천차트 예시 · 107
실전차트 1 · 118
실전차트 2 · 130
실전차트 3 · 143
실전차트 4 · 150
실전차트 5 · 156
급등주 투매폭 복습정리 · · · · · · · · · · · · · · · · · 167

Chapter 3
배팅의 기술

종가 배팅 · 178
[장대양봉→1일 단봉조정→상승파동] 성공패턴 · · · · · · 182
[장대양봉→1일 단봉조정→상승파동] 실패패턴 · · · · · · 201
[장대양봉→2일 단봉조정→상승파동] 성공패턴 · · · · · · 211
[장대양봉→2일 단봉조정→상승파동] 실패패턴 · · · · · · 223
응용패턴 · 238

나가며 …241

급등주

Chapter 1

투매폭 매매법

급등주 투매폭 매매법 이론

급등주는 개인투자자들에게 빠른 시일 내 고수익을 선사해주기도 하지만 예기치 못하게 큰 손실을 초래할 수 있습니다. 매수와 매도 타이밍이 박자가 잘 맞아떨어져 수익이 나면 좋지만 그렇지 않은 경우가 대부분입니다. 하루 주식 변동폭이 상하 30%이기 때문에 주가가 올라가는 중간에 매수를 했더라도 금세 내 매수가에서 조금이라도 하락하면 지레 겁을 먹고 손실을 본채 매도를 하게 됩니다. 당연히 심리적 부담은 클 수밖에 없습니다. 마치 얕은 물과 깊은 물에 빠졌을 때의 심리적 차이처럼 말입니다.

또한 급등주가 조정을 받을 때 단기 이평선을 기준으로 매수(예를 들어 5일선 매수, 7일선 매수, 9일선 매수 등)해도 쉽게 반등이 나오지 않고 오히려 더 하락하는 경우가 많습니다. 시세 초입의 급등주가 아니라면 더 그렇습니다. 즉, 정확한 저점매수가 상하한가 변동폭이 30% 이전 때보다 상당히 어려워졌습니다. 저는 그런 고민으로 인해 새로운 매매기준이 필요하게 되었고, 그에 따라 급등주에 대한 데이터를 모으게 되었습니다. 그래서 완성한 매매법이 '급등주 투매폭'입니다.

이 급등주 투매폭 매매법은 바닥대비 n% 상승한 종목이 고점에서 m% 투매가 나와야 반등이 나온다는 것에 대한 데이터를 기반으로 한 단기 매매법입니다.

예를 들어 바닥대비 약 35% 정도 상승한 종목이 몇 % 하락해야 제대로 된 반등(7% 이상)이 나오는가?

또는 바닥대비 약 42% 정도 상승한 종목은 몇 % 하락을 해야 7% 이상의 반등이 나오는가?
또는 바닥대비 약 57% 정도 상승한 종목은 몇 % 하락을 해야 7% 이상의 반등이 나오는가?
또는 바닥대비 약 63% 정도 상승한 종목은 몇 % 하락을 해야 7% 이상의 반등이 나오는가?
이러한 데이터(몇 % 하락을 해야 반등이 나오는지에 대한 데이터)를 일일이 수집하고 몇 % 하락의 "평균 투매폭"을 구합니다. 궁극적으로 평균 투매폭을 매매에 적용한 것입니다.

이렇게 약 천여 개 종목의 주가 흐름을 몇 단계로 나누고 중복된 수치를 기준으로 통계를 냈습니다. 즉, 아래의 [그림 1]처럼 주가가 최초 급등 시작점에서부터 본격적으로 하락하기 직전까지 n% 상승을 했는지에 대한 데이터, 그리고 주가가 m% 하락을 해야 저점에서 7% 이상의 반등 및 상승하는가에 대한 데이터를 통계 내어 매매에 적용한 것입니다.

[그림 1] 급등주 투매폭 이론

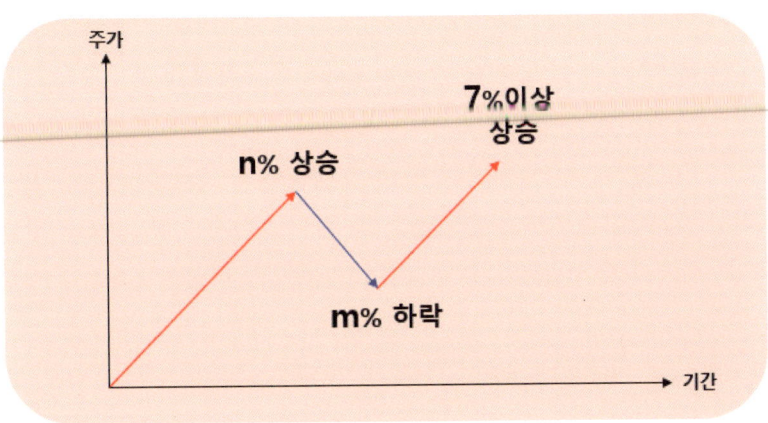

매매법은 간단하게 m% 하락을 확인한 이후에 매수하여 저점대비 반등폭인 7%수준 권에서 분할매도를 하는 것입니다. 중요한 것은 신뢰할 만한 데이터가 있어야 합니다.

적용대상은 단기간 급등한 종목들로 선정했고 투자환기종목, 관리종목, 우선주는 제외했습니다. 투자환기종목, 관리종목, 우선주의 경우 주가의 급등락이 훨씬 크기 때문입니다. 즉, 통계상 오차범위 이상 나오기 때문입니다.

[그림 2] 기존 매매를 하게 되었을 때 어려운 점

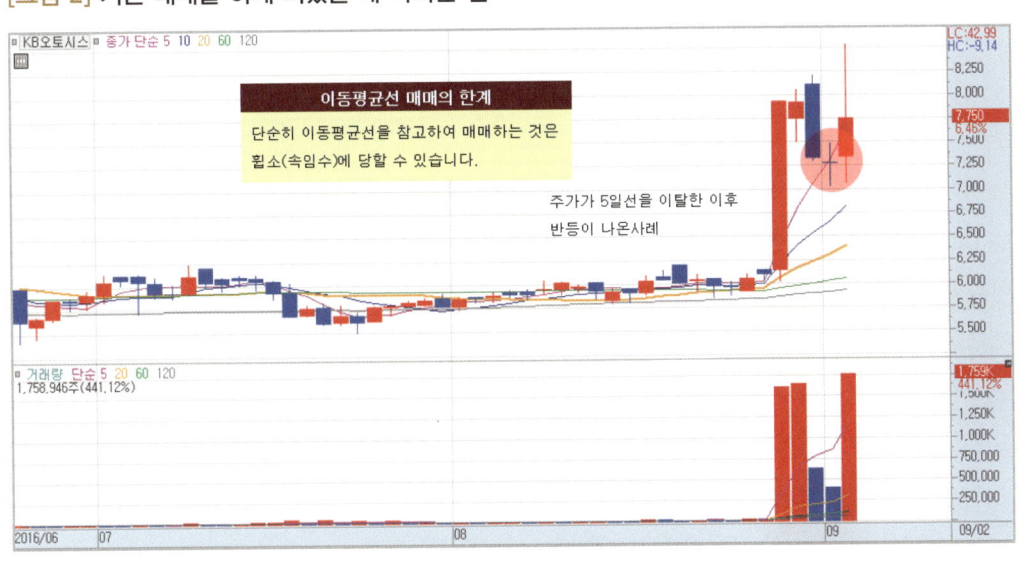

위의 [그림 2]처럼 단순히 이동평균선에 의한 매매법을 구사하면 실패할 수밖에 없습니다. 주가가 정확히 5일선, 10일선을 지지하고 반등이 나오지 않습니다. 5일선을 이탈한 이후에 반등이 크게 나오기도 하며, 아예 5일선까지 주가가 하락하지 않고 상승이 나오는 경우도 허다합니다. 또한 손절에 대한 계획 없이 매수를 했는데 주가가 급락하면 당황하여 매도를 하지 못하거나 오히려 추가매수를 하여 더 큰 손실을 초래하기도 합니다.

반면 급등주 투매폭은 여러 종목들의 데이터를 뽑아서 통계를 내고 매매에 적용한 것이므로 상당한 신뢰도가 있습니다. 손절선도 명확하기 때문에 큰 손실을 초래할 일이 없습니다. 여기서 세부적인 매매스킬을 가미한다면 안정적이며 꾸준하게 수익을 낼 수 있습니다. 물론 지속적인 연구와 소액 연습이 필요합니다. 그럼 이 매매법이 어떻게 쓰이는지 보겠습니다.

[그림 3] 실전 차트 사례 – 바른손이앤에이

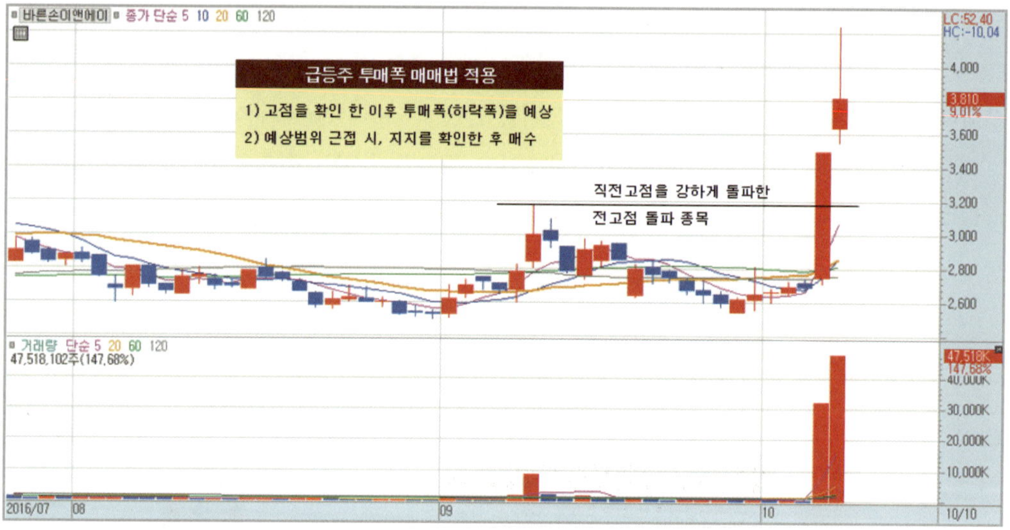

위의 [그림 3]을 보면, 주가가 직전고점을 강하게 돌파했습니다. 여기서 신규 매수를 하려면 어느 곳을 매수 포인트로 봐야 할까요? 약 이틀간 주가가 단기 급등했기 때문에 쉽사리 적합한 매수 포인트를 찾기 어렵습니다.

그러나 급등주 투매폭 매매법의 경우 "고점확인→투매폭 예상→예상범위 근접→지지확인→매수"의 단계를 거치기 때문에 뇌동매매를 방지하고 계획적으로 매매를 할 수 있습니다. 고점확인은 주가가 단기 급등한 시작지점에서부터 최고점까지 n% 상승했는지 체크합니다.

투매폭 예상은 n% 상승에 따라 m% 투매폭을 예상합니다.

ex. 46%(n%) 상승 시 고점대비 15~21%(m%) 하락폭 예상

예상범위 근접은 주가가 m% 투매폭까지 하락한 것을 확인합니다. 이후 지지를 확인하고 이 지지점을 손절선으로 설정하여 매수를 합니다.

[그림 4] 실전 차트 사례 – 바른손이앤에이

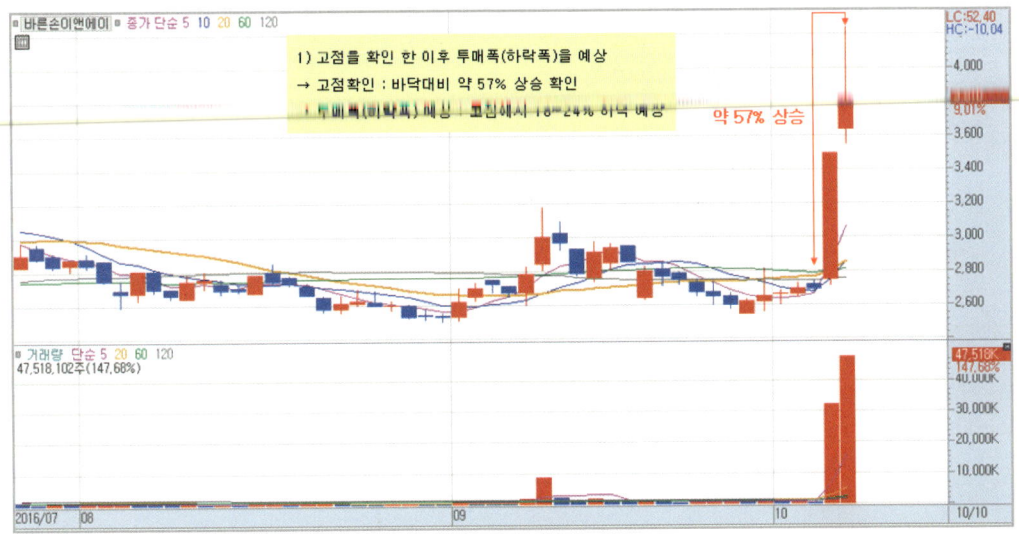

위의 바른손이앤에이의 고점은 약 57% 상승을 했습니다(급등 전일의 종가서부터 최고점까지 상승률 계산). 57% 고점은 통계범위 상 18~24% 하락폭이 예상됩니다(왜 18~24% 하락폭이 나오는지 잠시 후에 설명하겠습니다). 18~24%의 가격대를 그어보겠습니다.

[그림 5] 실전 차트 사례 – 바른손이앤에이

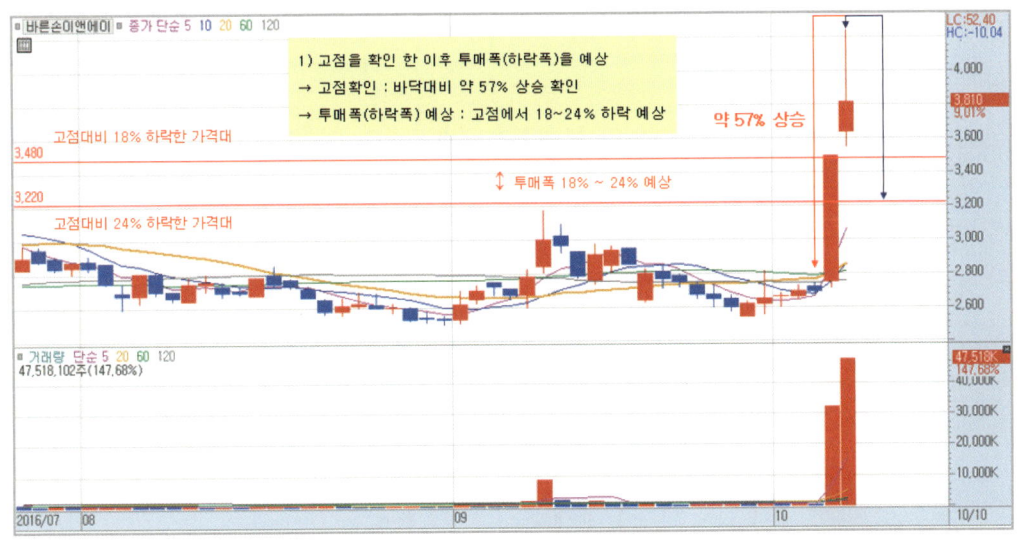

최고점에서 18% 하락한 가격대는 약 3,480원, 24% 하락한 가격대는 3,220원입니다. 즉, 주가가 3,220~3,480원 범위 내까지 하락이 예상된다는 뜻이며 이 범위를 터치하면 저점대비

7% 이상의 반등이 나올 확률이 높습니다. 좀 더 자세히 보기 위해 분봉차트를 보겠습니다.

[그림 6] 실전 차트 사례 - 바른손이앤에이

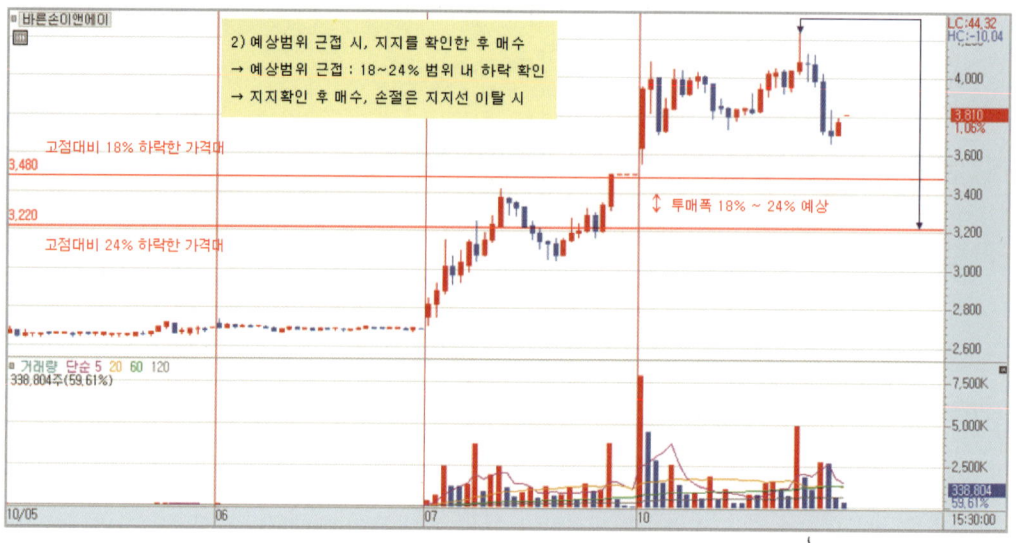

15분봉 차트입니다. 10월 10일 고점에서 18% 하락한 가격대는 3,480원대, 24% 하락한 가격대는 3,220원으로 이 범위 안에 주가가 터치할 때까지 기다립니다.

[그림 7] 실전 차트 사례 - 바른손이앤에이

예상외로 하루 만에 주가가 18~24% 범위를 터치했습니다. 18%선을 터치했다고 해서 18%

선에서 매수하는 것이 아니라, 해당 범위에서 주가가 지지받는지 필히 확인해야 합니다. 지지를 확인하지 않고 섣부르게 매수한다면 추가 하락할 가능성이 매우 높습니다.

[그림 8] 실전 차트 사례 - 바른손이앤에이

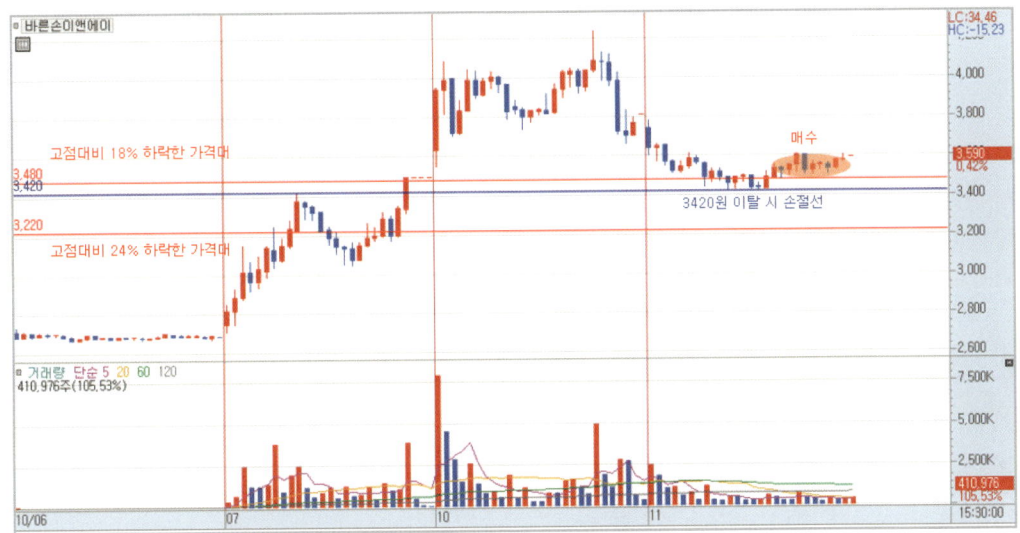

3,220~3,480원 범위에서 저점을 확인한 후 지지된 저점을 손절선으로 설정합니다. 바른손이앤에이는 3,420원이 저점이겠지요? 이 저점을 손절선으로 설정하고 손절선 대비 1~3% 내외에서 매수를 합니다.

[그림 9] 실전 차트 사례 - 바른손이앤에이

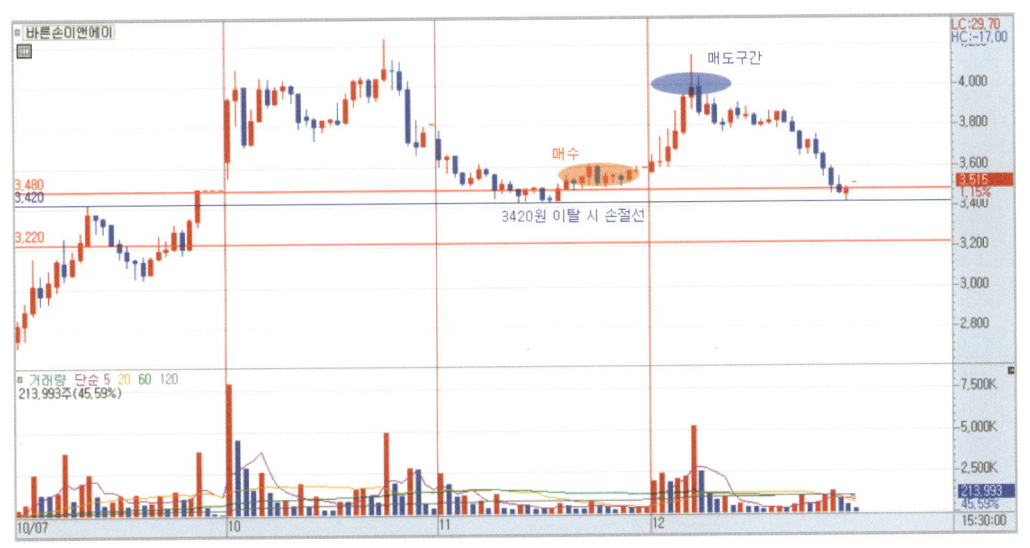

매수 후 다음날, 장 초반에 급등을 했습니다. 매도하는 방법은 지지된 저점을 기준으로 7% 상승 시부터 분할 매도합니다. 매수 후 곧바로 반등이 나올 수 있으며 또는 길게 2~3일 후 큰 상승이 나올 수 있습니다. 짧은 손절을 담보로 큰 수익률을 달성할 수 있습니다.

[그림 10] 실전 차트 사례 – 바른손이앤에이

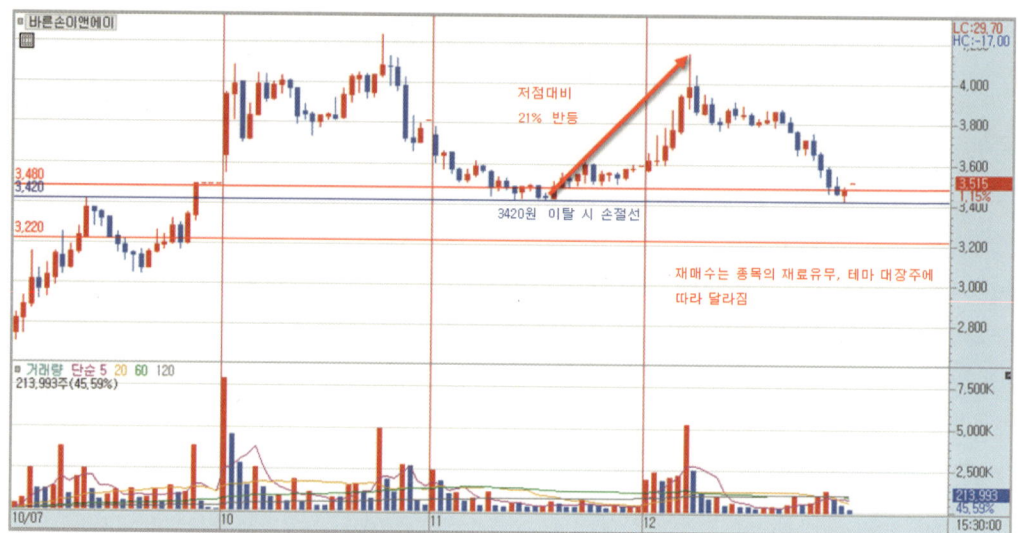

기껏 알맞은 타점에 매수를 했음에도 불구하고 짧게 2~3% 수익률을 보고 매도하기 보다는 수익률을 길게 보고 매도를 합니다. 기본 반등폭은 저점대비 7% 정도 나오며 그 이상 나오는 경우도 많습니다.

한 차례 매매이후 주가가 예상 투매범위를 한 번 더 터치할 경우 해당 종목이 테마 대장주, 시장 주도주라면 여러 번 매매할 수 있습니다.

▶ 급등주 투매폭 요점 정리

1) 직전 고점을 강하게 돌파하는 종목
2) 고점확인 후 투매폭 예상
3) 투매폭 범위 내에 주가 지지확인 후 매수, 손절선은 지지선 이탈 시
4) 여러 번 매매를 할 때 테마 대장주, 시장 주도주인지 체크

"고점확인→투매폭 예상→예상범위 근접→지지확인→매수" 방식의 간단한 메커니즘.

위의 바른손이앤에이 외에 다른 종목을 보겠습니다.

[그림 11] 실전 차트 사례 – 큐로홀딩스

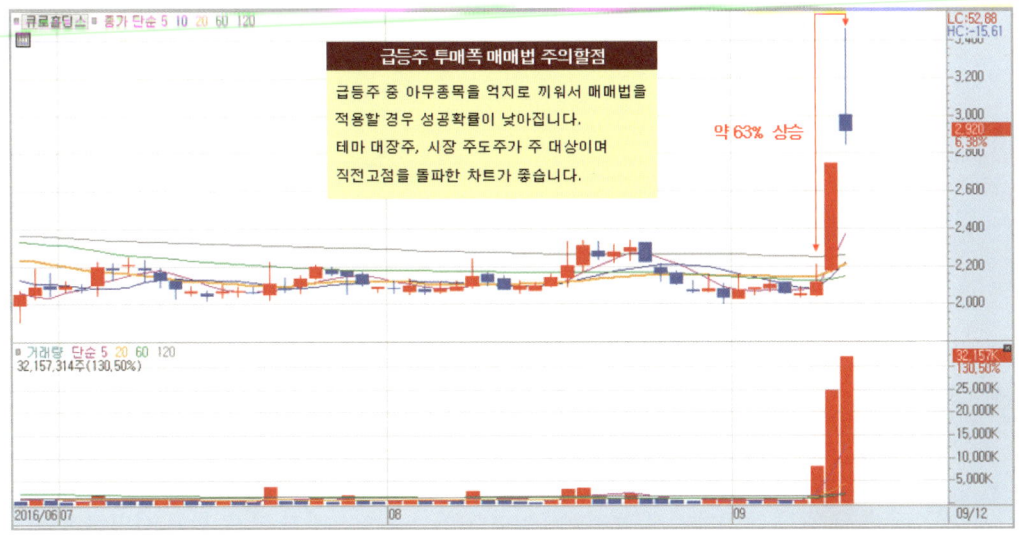

급등주 투매폭 매매법은 급상승했을 때 매수하는 것이 아니라 조정을 완료했을 때 매수하는 것입니다. 물론 급등하는 종목을 매수해서 몇 분 만에 수익을 볼 수는 있습니다. 그러나 심리적으로 많은 비중을 실어 매수하기에도 어렵고, 전문가가 아닌 이상 대응하기가 상당히 까다롭습니다. 자칫하면 고점에서 매수를 하여 큰 손실을 보기도 합니다.

그렇다고 안전하게 매매하면 손실을 보지 않을까요? 주식시장은 예상치 못한 돌발변수에 실시간으로 노출되어 있습니다. 안전하게 매매해도 어쩔 수 없이 손실을 보는 것이 주식투자입니다. 따라서 돈을 잃더라도 손실을 덜 보는 방법으로 수익을 보더라도 많이 얻는 방법으로 매매를 해야 합니다.

[그림 12] 실전 차트 사례 – 큐로홀딩스

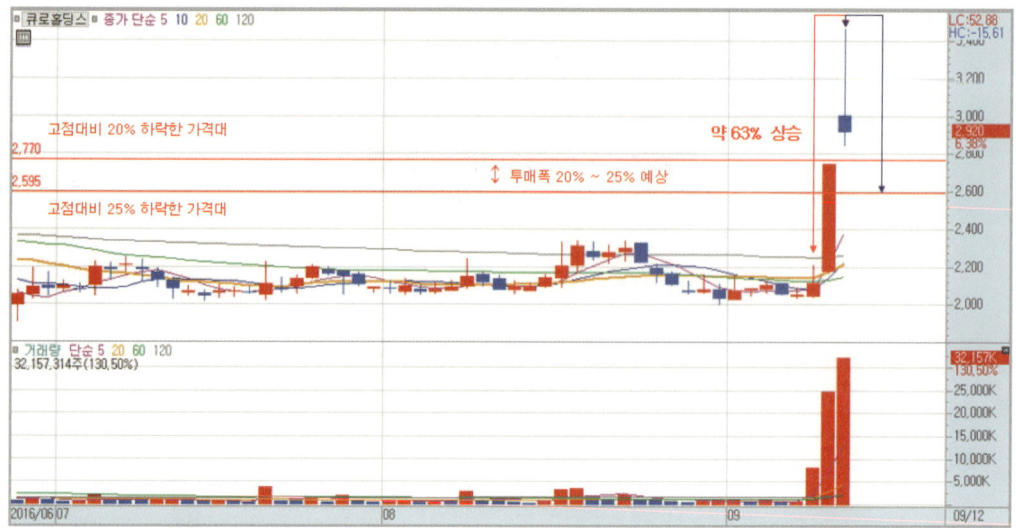

큐로홀딩스 차트를 보면 급등초기 시점부터 최고점까지 약 63% 상승했습니다.

이 상승폭에 대한 예상 투매폭은 20~25%입니다(왜 20~25%인지 잠시 후에 설명하겠습니다). 주가가 최고점에서 20~25% 하락한 가격까지 내려와야 반등이 나올 가능성이 높습니다. 가격대는 대략 2,595~2,770원입니다.

[그림 13] 실전 차트 사례 – 큐로홀딩스

15분봉 모습입니다. 주가가 투매폭 20~25% 범위에 하락할 때까지 기다립니다.

[그림 14] 실전 차트 사례 – 큐로홀딩스

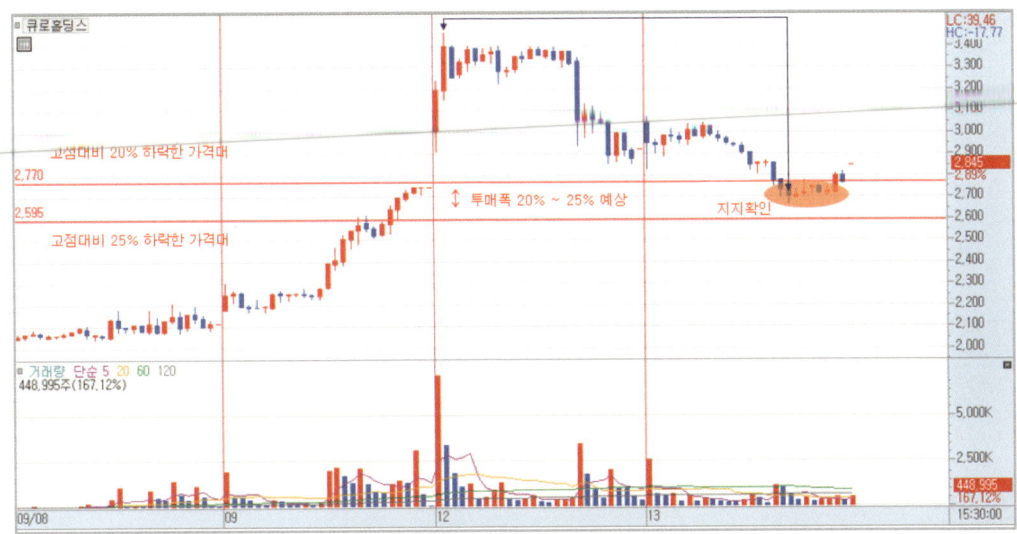

하루 만에 투매범위까지 내려왔습니다. 해당 투매범위 내에서 주가가 지지되는 것을 확인합니다.

[그림 15] 실전 차트 사례 – 큐로홀딩스

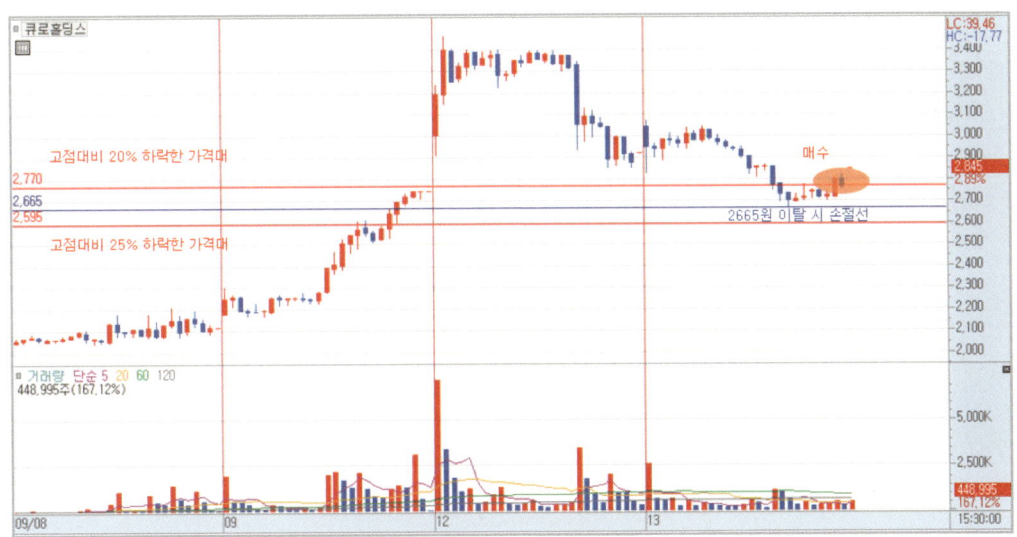

지지가 된 지점(2,665원)을 손절선으로 설정하고 손절선 대비 +1~3% 내외 구간에서 매수를 합니다. 손절선이 짧기 때문에 비중을 많이 투입할 수 있습니다.

[그림 16] 실전 차트 사례 - 큐로홀딩스

다음날 저점대비 30% 급반등이 나왔습니다. 급등주 투매폭 매매법의 경우, 운이 좋으면 주가가 단 하루 만에 급반등할 수 있습니다. 통계적 분석에 의한 근거 있는 투자법으로 여러 급등주에 적용 가능합니다. 다만 시장 주도주, 테마 대장주가 아닌 경우 확률이 다소 낮아질 수 있다는 점을 명시해야겠습니다.

위의 급등주 투매법 실전차트를 보면서 의문이 있는 사항이 있을 것입니다. 투매범위가 어떻게 산정되는지, 투매범위 내에서 주가가 꼭 하락을 해야 반등이 나오는지, 지지가 되는 것을 어떻게 확인하는지, 접근해야할 종목이 따로 있는지에 대한 것들이겠지요. 그런 것들을 차근차근 풀어나가겠습니다.

급등주 투매폭 매매법 원리

이 매매법의 근거가 된 데이터는 1년 6개월 동안 급등주를 추적 및 수집한 것입니다. 약 1,000여 개 데이터가 도출되었고, 이 데이터를 기반으로 특정 수치를 정규분포화하거나 가장 많이 중복된 수치를 중점으로 해석했습니다.

이렇게 해석된 내용을 가지고 실제 매매에 접목한 것이 급등주 투매폭 매매법입니다. 데이터 수집방법은 일일이 기록하는 것입니다.

[그림 17] 데이터 수집 방법 -1

```
고점대비 64%에서 -34% 하락 후 16% 반등

서연탑메탈(2016.11.10.)
고점대비 59%에서 -16% 하락 후 27% 반등
고점대비 69%에서 -23% 하락 후 35% 반등

성지건설(2016.4.19.)
고점대비 220%에서 -35% 하락 후 51% 반등

광진실업(2016.4.8.)
고점대비 45%에서 -16% 하락 후 17% 반등
고점대비 45%에서 -21% 하락 후 21% 반등
고점대비 45%에서 -27% 하락 후 14% 반등

광진실업(2016.6.22.)
고점대비 62%에서 -23% 하락 후 22% 반등

고려산업(2016.9.27.)
고점대비 65%에서 -26% 하락 후 26% 반등
고점대비 137%에서 -24% 하락 후 20% 반등
고점대비 137%에서 -37% 하락 후 58% 반등

삼일기업공사(2016.3.17.)
고점대비 27%에서 -6% 하락 후 16% 반등
고점대비 114%에서 -37% 하락 후 27% 반등

아즈텍wb(2016.4.12.)
고점대비 85%에서 -31% 하락 후 13% 반등
고점대비 85%에서 -39% 하락 후 23% 반등

바른손(2016.4.20.)
고점대비 53%에서 -20% 하락 후 17% 반등
바른손(2016.9.1.)
고점대비 97%에서 -28% 하락 후 42% 반등

우성아이엔씨(2016.4.20.)
고점대비 43%에서 -14% 하락 후 13% 반등

자연과환경(2016.8.5.)
고점대비 65%에서 -16% 하락 후 26% 반등

금양(2016.6.23.)
고점대비 53%에서 -22% 하락 후 11% 반등
고점대비 51%에서 -30% 하락 후 24% 반등

제일테크노스(2016.11.15.)
고점대비 45%에서 -13% 하락 후 14% 반등
고점대비 45%에서 -18% 하락 후 11% 반등

지코(2016.2.22.)
고점대비 35%에서 -12% 하락 후 34% 반등

웨이포트(2016.4.4.)
고점대비 45%에서 -17% 하락 후 24% 반등
고점대비 48%에서 -16% 하락 후 17% 반등
고점대비 48%에서 -24% 하락 후 9% 반등

웨이포트(2016.6.8.)
고점대비 43%에서 -17% 하락 후 9% 반등
고점대비 43%에서 -21% 하락 후 9% 반등
고점대비 43%에서 -26% 하락 후 11% 반등

웨이포트(2016.8.24.)
고점대비 52%에서 -16% 하락 후 28% 반등
고점대비 62%에서 -29% 하락 후 12% 반등

신라에스지(2016.9.27.)
고점대비 30%에서 -20% 하락 후 9% 반등

보락(2016.4.1.)
고점대비 51%에서 -21% 하락 후 29% 반등

조광ILI(2016.11.3.)
고점대비 42%에서 -19% 하락 후 18% 반등
고점대비 95%에서 -24% 하락 후 14% 반등

제이준(2016.5.23.)
고점대비 220%에서 -30% 하락 후 66% 반등

모나라자(2016.10.10.)
고점대비 26%에서 -9% 하락 후 17% 반등
고점대비 26%에서 -19% 하락 후 13% 반등
```

단기간 급등한 종목(이하 급등주)을 대상으로 바닥에서 몇 % 상승했는지에 대한 데이터와 몇 % 하락해야 7% 이상(7% 이상은 저점대비 반등폭 기준입니다)이 나오는지에 대한 데이터를 기록했습니다. 단, 반등이 7% 미만이 나오는 경우는 제외했습니다.

※예를 들어 40% 상승한 종목이 10% 하락한 후 5%의 반등이 나오는 경우는 철저히 제외했습니다. 이 종목이 최소 7% 이상의 반등폭이 나올 때까지 추적조사를 합니다. 이러한 방식으로 모아진 데이터로 그래프를 그려보면 아래와 같이 나오게 됩니다.

[그림 18] 고점 대비 투매폭 그래프 1

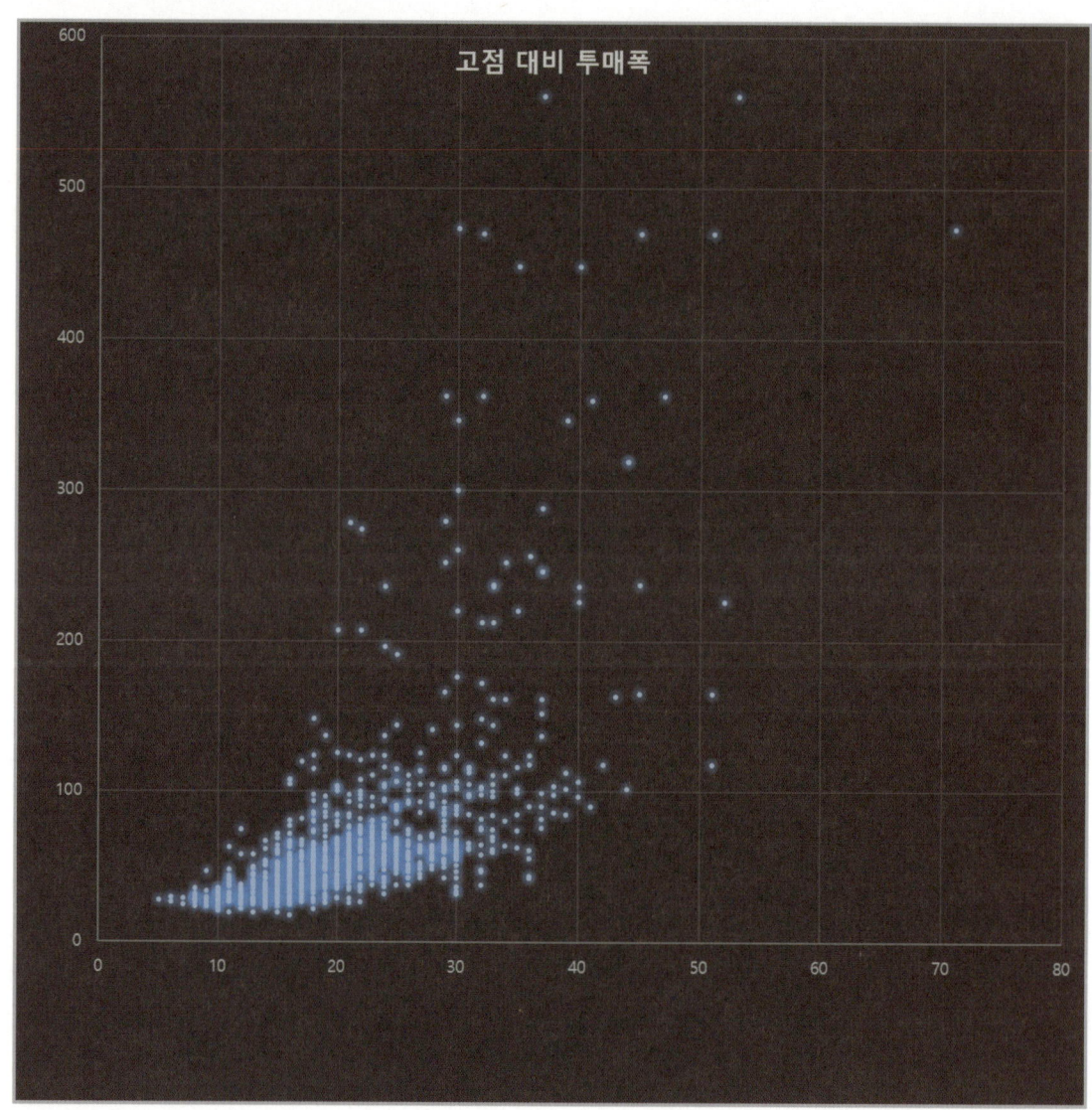

약 1,000여 개의 점이 찍혀져 있습니다. 위 그래프의 가로축은 투매폭(하락폭)을 나타내며 세로축은 상승률을 나타냅니다.

예를 들어 바닥대비 약 300% 정도 상승한 종목이 30% 하락을 해야 제대로 된 반등(7% 이상)이 나온다는 것을 알 수 있습니다. 즉 위의 그래프는 세로축인 '상승률'을 기준으로 몇 % 하락(가로축)을 해야 제대로 된 반등이 나오는지에 대한 데이터의 집합소라고 볼 수 있습니다.

여기서 위 그래프의 데이터를 통해 정규분포, 평균, 표준편차를 산출합니다. 중요한 것은 "상승구간"을 얼마만큼의 범위에서 평균을 낼 것인지에 대한 것인데, 그 범위는 대략적으로 9개 구간으로 나누었습니다.

※상승구간을 총 9개 구간으로 분류
 [20~30%, 31~40%, 41~50%, 51~60%, 61~70%, 71~80%, 81~90%, 91~100%, 101~]

다음 페이지의 고점대비 투매폭 표를 참고하시기 바랍니다.

[고점 대비 투매폭 표]

투매폭 M%	범위(상승) N% 상승								
	20~30	31~40	41~50	51~60	61~70	71~80	81~90	91~100	101~
5	1	0	0	0	0	0	0	0	0
6	2	0	0	0	0	0	0	0	0
7	2	0	0	0	0	0	0	0	0
8	10	2	0	0	0	0	0	0	0
9	9	1	1	0	0	0	0	0	0
10	18	8	0	0	0	0	0	0	0
11	13	10	4	0	1	0	0	0	0
12	15	8	0	1	0	1	0	0	0
13	7	8	6	1	0	0	0	0	0
14	11	14	5	4	2	0	0	0	0
15	13	15	12	7	3	1	0	0	0
16	8	12	18	15	6	2	1	0	2
17	5	19	16	9	3	0	1	0	1
18	5	12	18	15	7	4	4	2	3
19	4	8	14	13	5	2	3	2	1
20	2	9	16	8	11	2	2	1	5
21	2	3	12	16	9	5	2	2	2
22	1	4	9	9	10	5	2	3	4
23	0	1	8	14	15	6	4	1	2
24	0	3	5	12	12	5	3	2	8
25	0	1	4	8	16	2	4	2	7
26	0	1	8	11	5	3	0	3	3
27	0	0	4	4	7	0	1	1	4
28	0	0	1	9	7	1	1	3	2
29	0	0	2	5	11	2	5	1	9
30	0	3	2	8	5	2	4	0	11
31	0	0	0	0	3	0	1	3	4
32	0	1	2	1	1	2	1	1	8
33	0	0	0	1	3	1	1	2	7
34	0	0	0	0	1	0	1	0	4
35	0	0	0	0	1	1	1	1	4
36	0	0	2	1	1	0	1	0	3
37	0	0	0	0	0	1	2	1	7
38	0	0	0	0	0	0	1	1	1
39	0	0	0	0	0	0	1	0	3
40	0	0	0	0	0	0	0	1	4
41	0	0	0	0	0	0	1	0	1
42	0	0	0	0	0	0	0	0	1
43	0	0	0	0	0	0	0	0	1
44	0	0	0	0	0	0	0	0	3
45	0	0	0	0	0	0	0	0	3
46	0	0	0	0	0	0	0	0	0
47	0	0	0	0	0	0	0	0	1
48	0	0	0	0	0	0	0	0	0
49	0	0	0	0	0	0	0	0	0
50	0	0	0	0	0	0	2	0	0
51	0	0	0	0	0	0	0	0	3
52~	0	0	0	0	0	0	0	0	2
합	128	143	169	172	145	48	48	33	124
총합	1010								

N% 상승을 총 9개 구간, 투매폭 M%는 5%부터 52%까지 나열했습니다. 총 1,000개의 데이터를 9개 구간으로 나누다 보니 각 구간의 데이터가 다소 빈약할 수도 있습니다. 그러나 전체적인 흐름을 보는데 있어서 부족하지 않습니다. 새로 나온 데이터는 얼마든지 추가할 수 있습니다.

위의 데이터를 설명하자면 20~30% 상승한 종목이 5% 하락한 이후 7% 이상 상승을 한 횟수가 1회면 1로 입력을 했고 6% 하락한 이후 7% 이상 상승한 횟수가 2회면 2로 입력을 했습니다. 그 중 가장 많은 횟수를 차지한 투매폭(M%)은 빨간색 사각형으로 표시했습니다.

[그림 18]을 보면 상승폭과 투매폭은 양의 상관관계가 있다고 볼 수 있습니다. 여기서 각 구간마다의 평균 투매폭, 표준편차는 아래와 같습니다.

[표 1]

N% 상승	평균 투매폭	표준편차	(평균-표준편차)~(평균+표준편차)
20~30%	12.6	4.66	7.94~17.26
31~40%	16.2	4.85	11.35~21.05
41~50%	19.5	5.41	14.09~24.91
51~60%	21.6	5.13	16.47~26.73
61~70%	23.6	4.36	19.24~27.96
71~80%	23.4	1.59	21.81~24.99
81~90%	26.3	1.35	24.95~27.65
91~100%	26.7	0.98	25.72~27.68
101%~	31.4	2.76	28.64~34.16

상승폭이 클수록 평균 투매폭도 커지게 됩니다. 표준편차는 평균에서 떨어진 정도를 말합니다. "평균-표준편차~평균+표준편차"는 투매폭의 정규분포입니다.

예를 들어, '주가가 25% 상승한 종목이 고점에서 7.94~17.26%까지 하락할 가능성이 높다.' 라고 해석하면 되겠습니다.

* 사실은 주가가 25% 상승한 종목이 유의미한 결과를 얻을 때 고점에서 평균적으로 하락된 정도가 7.94~17.26%에 있을 가능성이 높다."라고 해석할 수 있습니다.

이렇게 평균투매폭, 정규분포 값을 그대로 매매에 사용할 수도 있습니다. 그러나 실전매매에 사용하기에 다소 문제점이 있습니다. 첫째는 평균 투매폭을 그대로 사용할 경우입니다.

20~30% 상승한 종목의 평균 투매폭이 12.6% 정도가 나왔던 것이지 실제 내가 매매할 종목이 12.6% 정도 하락할 것이란 보장이 없습니다. 둘째는 정규분포 범위('평균－표준편차~평균+표준편차')를 사용할 경우입니다. 정규분포 범위에서 매수를 하려면 생각보다 범위 값이 넓습니다. 대략 10% 정도 차이가 나기 때문에 정확한 매수 포인트를 찾기 어렵습니다.

여기서 범위 값을 좁혀보겠습니다. 위 데이터는 1년 6개월의 추적을 통해 나타낸 것이고 그 전년도나 후년도에도 크게 바뀌지 않을 것으로 가정하여 1년간의 결과를 표본으로 한 것입니다. 이를 바탕으로 신뢰도 0.99인 모평균을 추정해보겠습니다. 각 구간마다 투매폭에 대한 표본 평균과 표본 표준편차, 신뢰도 0.99인 신뢰구간은 다음과 같습니다.

[표 2]

N% 상승	평균투매폭 (표본평균)	표본표준편차	신뢰구간
20~30%	12.6	3.58	$11.78 \leq m \leq 13.42$
31~40%	16.2	4.39	$15.25 \leq m \leq 17.15$
41~50%	19.5	4.70	$18.56 \leq m \leq 20.43$
51~60%	21.6	4.74	$20.66 \leq m \leq 22.53$
61~70%	23.6	4.78	$22.57 \leq m \leq 24.63$
71~80%	23.4	5.23	$21.45 \leq m \leq 25.35$
81~90%	26.3	6.57	$23.85 \leq m \leq 28.75$
91~100%	26.7	5.95	$24.02 \leq m \leq 29.37$
101%~	31.4	8.90	$29.33 \leq m \leq 33.46$

(표본평균 : $\overline{X}$, 표본표준편차 : s, 표본수 : n, 신뢰구간 : $\overline{X} - 2.58 \frac{S}{\sqrt{n}} \leq m \leq 2.58 \frac{S}{\sqrt{n}}$)

이번에는 신뢰구간의 투매폭 데이터를 실제 매매에 사용할 수 있지만 상승폭 20~70%까지의 신뢰구간은 약 2% 정도로 상당히 좁습니다.

따라서 각 구간의 정규분포 범위를 적절하게 조절 할 필요가 있습니다. 평균값을 최대한 맞춰서 쓰되 데이터가 집중된 부분(빨간색 사각형)을 중점으로 범위를 수정하는 것입니다. 다시 그래프로 돌아와 세부적으로 보겠습니다.

투매폭 1구간 분석 · 예시차트

[그림 19] 고점 대비 **투매폭 그래프 2**

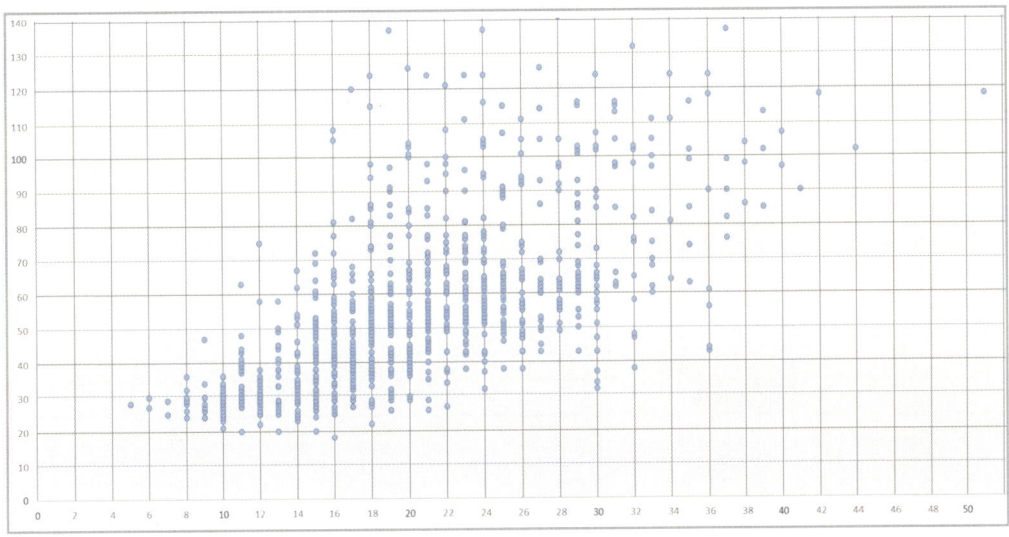

위 그래프는 [그림 18]의 그래프를 좀 더 확대한 것입니다. 이 그래프를 각각 9개 상승구간으로 나누어 보겠습니다.

[그림 20] 바닥대비 20~30% 상승률

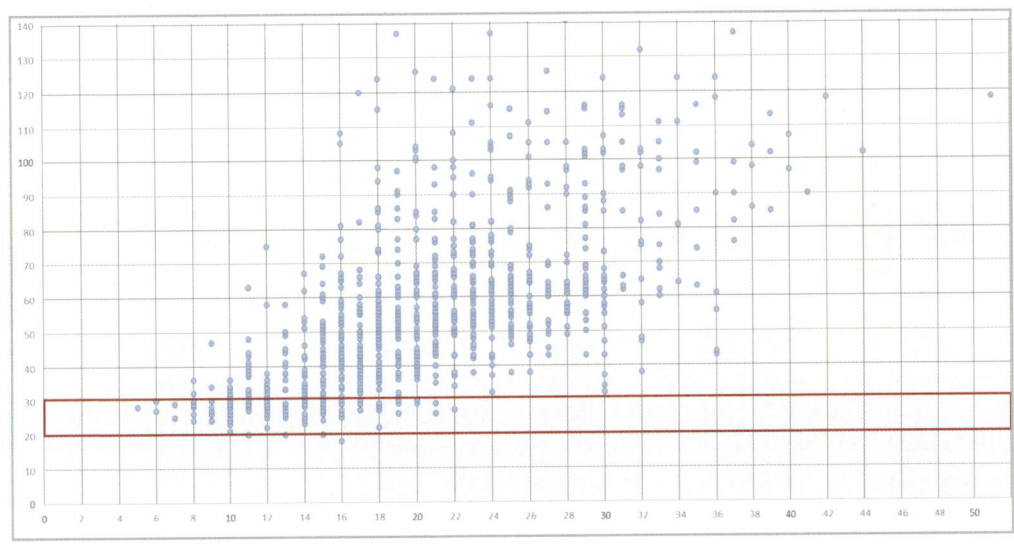

세로축을 중점으로 보시길 바랍니다. 주가가 20~30% 상승구간만 보자면 최저하락폭은 5%, 최고하락폭은 22% 입니다. 그 중 데이터가 많이 집중된 구간은 어디일까요?

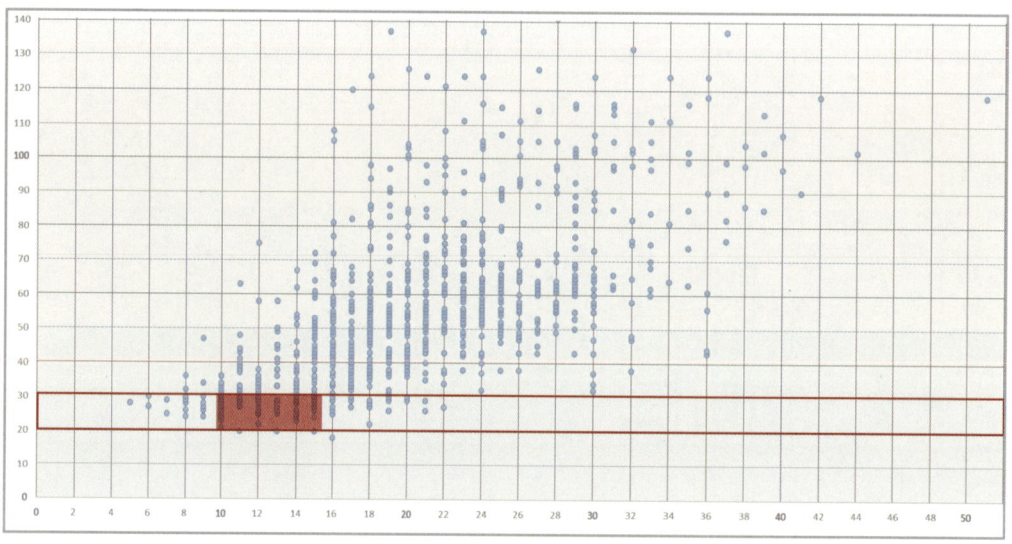

[그림 21] 바닥대비 20~30% 상승률(적정 하락폭 10~15%)

데이터가 많이 집중된 구간은 하락폭 범위 10~15%입니다(빨간색 사각형으로 표시했습니다).

이 범위를 기준으로 합니다.

[투매폭 1구간]

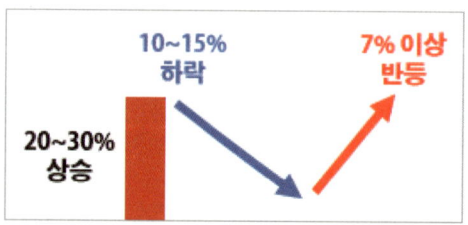

즉, '주가가 20~30% 상승한 경우 고점에서 10~15% 하락이 적당하며 그 정도 하락을 해야 7% 이상 반등할 가능성이 높다'라고 정의할 수 있습니다. 투매폭 범위가 본래의 정규분포 범위보다 좁혀졌고 신뢰구간 하락폭 범위 11.78~13.42%보다 넓어졌습니다. 이렇게 적절히 조절함에 따라 실제 매매에 적용하기가 훨씬 수월해졌습니다.

예시로 차트를 보겠습니다.

[그림 22] 예시차트 – 세우글로벌 일봉

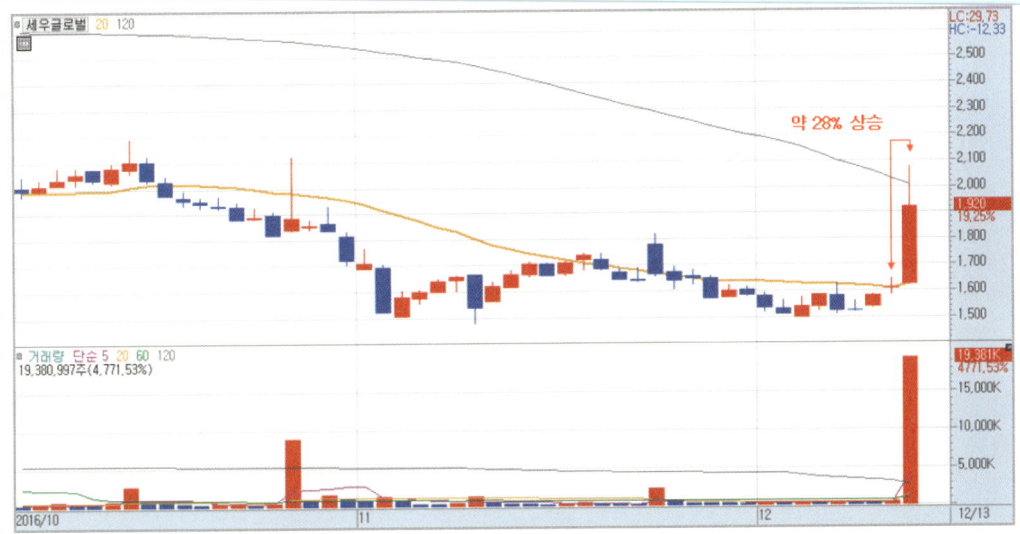

직전고점을 돌파한 차트로 하루 만에 28% 가량 상승한 종목입니다. 20~30% 상승폭 범위에 해당되며 예상 투매폭은 10~15% 정도 산정됩니다.

[그림 23] 예시차트 – 세우글로벌 15분봉

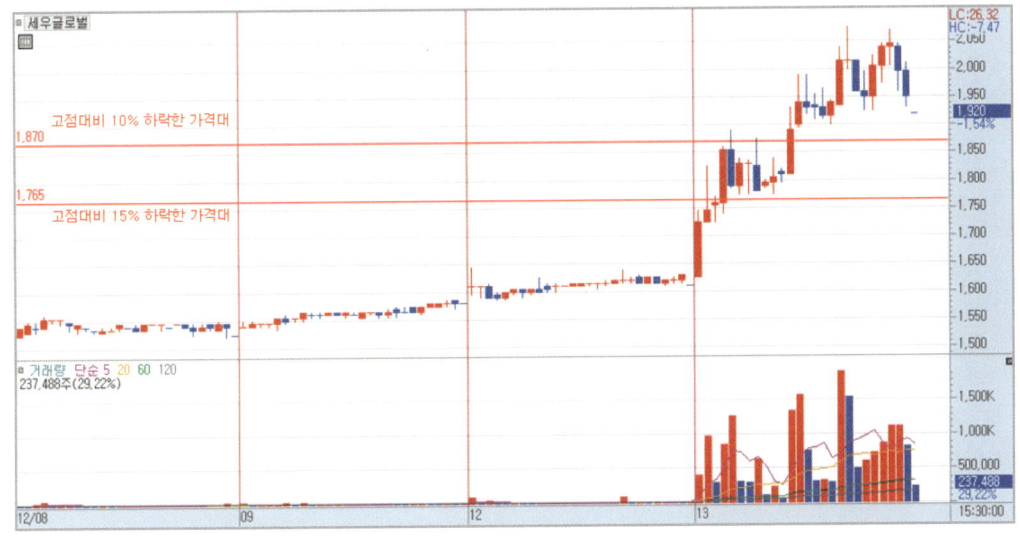

15분봉차트로 보겠습니다. 12월 13일 세우글로벌의 고가는 2,075원입니다. 이 고가에서

10%, 15% 하락한 가격은 대략적으로 1,870원, 1,765원입니다.

 고점대비 가격 구하는 공식

예) 2500원에서 M% 하락한 가격 = $2500 \times (1 - 0.M)$

$2,075 \times 0.90 = 1,867$원

$2,075 \times 0.85 = 1,763$원

[그림 24] 예시차트 - 세우글로벌 15분봉

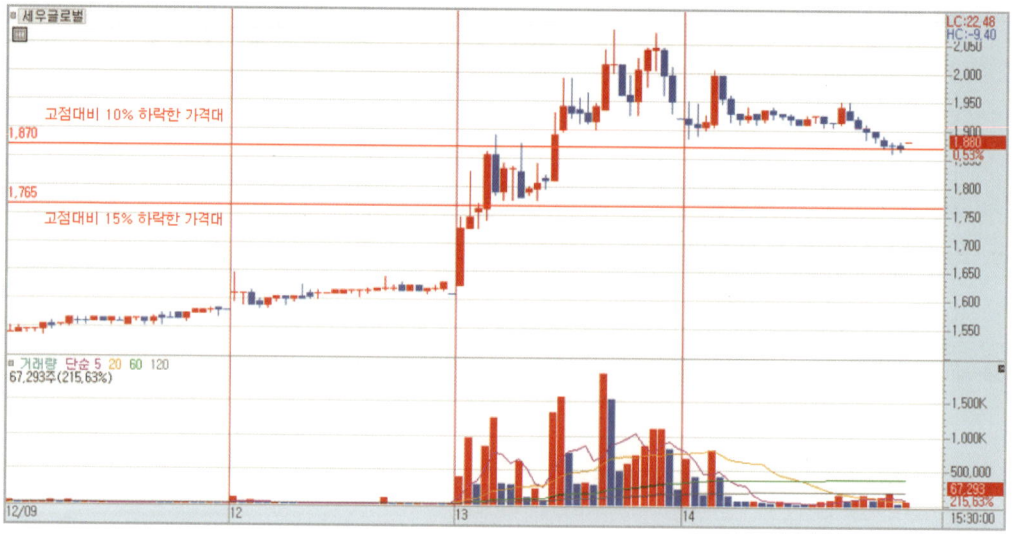

주가가 고점대비 10% 하락한 가격대에 도달했습니다. 이 다음날 상승할지 또는 추가 하락할지는 알 수 없습니다. 다만 중요한 전제인 10~15% 하락범위에 주가가 도달을 해야 7% 이상의 반등이 나온다는 것만 기억하면 되겠습니다(물론 반등이 나오지 않는 경우 손절로 대응합니다. 이 부분에 대해서 나중에 언급하겠습니다).

[그림 25] 예시차트-세우글로벌 15분봉

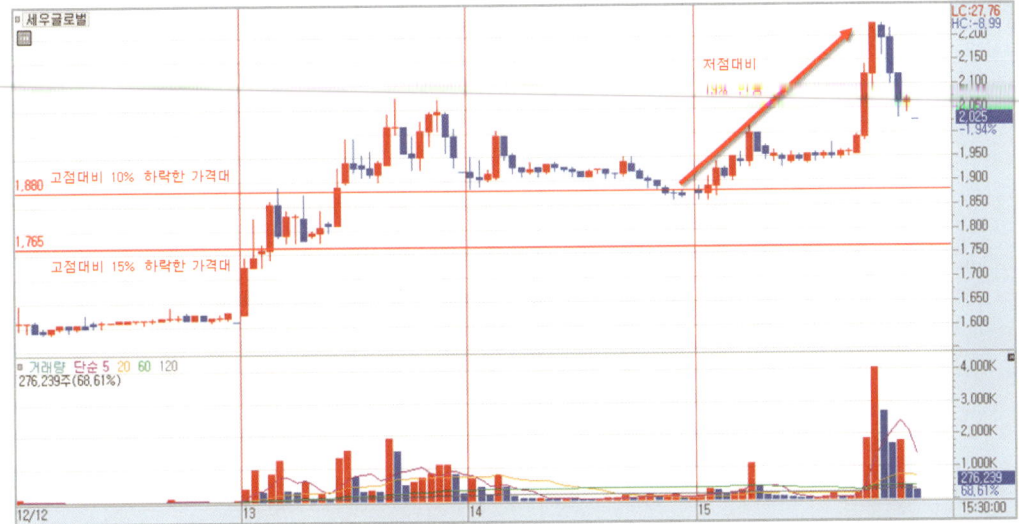

위 종목은 강하게 반등이 나오는 유형입니다. 때에 따라서 주가는 저점대비 7% 이상 상승 후에 맥없이 고꾸라지거나 3~4일 후에 상승이 나오기도 합니다. 그렇기 때문에 탄력적인 시세가 나올 수 있는 테마 대장주, 시장 주도주 위주로 거래를 해야 합니다.

투매폭 2구간 분석 · 예시차트

[그림 26] 바닥대비 31~40% 상승률

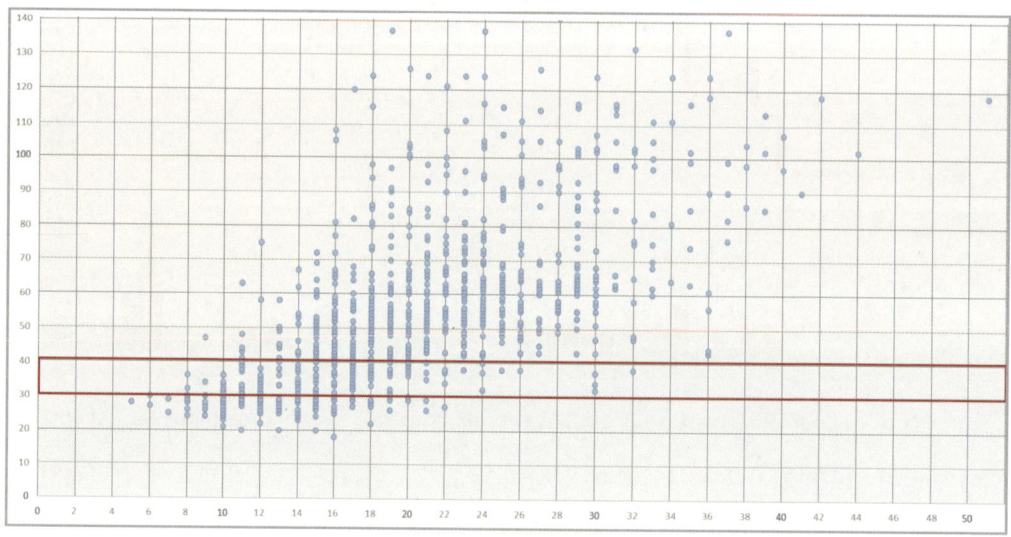

이번에는 31~40% 구간을 보겠습니다. 최저 하락폭은 8%, 최대 하락폭은 32%가 나옵니다. 웬만한 악재가 아닌 이상 30% 넘게 하락하지 않습니다. 그럼 적정 하락폭을 표시해 보겠습니다.

[그림 27] 바닥대비 31~40% 상승률(적정 하락폭 14~18%)

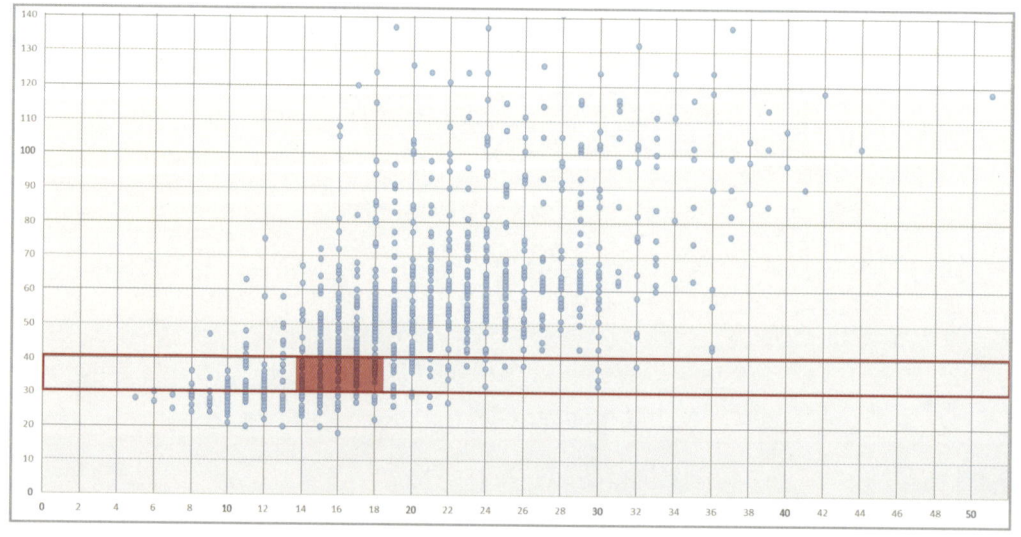

데이터가 집중된 하락폭 구간은 14~18%입니다. 이 범위를 기준으로 합니다.

그래프를 눈으로 언뜻 봐도 왜 빨간색 사각형으로 표시했는지 알 수 있을 것입니다.

[투매폭 2구간]

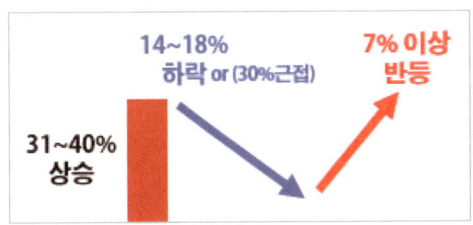

위 그림처럼 '주가가 31~40% 상승한 경우 고점에서 14~18% 하락이 적당하며 그 정도 하락을 해야 7% 이상 반등할 가능성이 높다'라고 정의할 수 있습니다. 다만 한 가지 추가된 것이 있습니다. 바로 "30% 근접"인데 이는 예상치 못한 시장악화 또는 개별악재의 경우 예상 투매범위를 벗어날 때입니다. 대략적으로 고점에서 30% 수준까지 하락한 이후 반등이 나옵니다.

예시차트를 보겠습니다.

[그림 28] 예시차트 – 세우글로벌 일봉

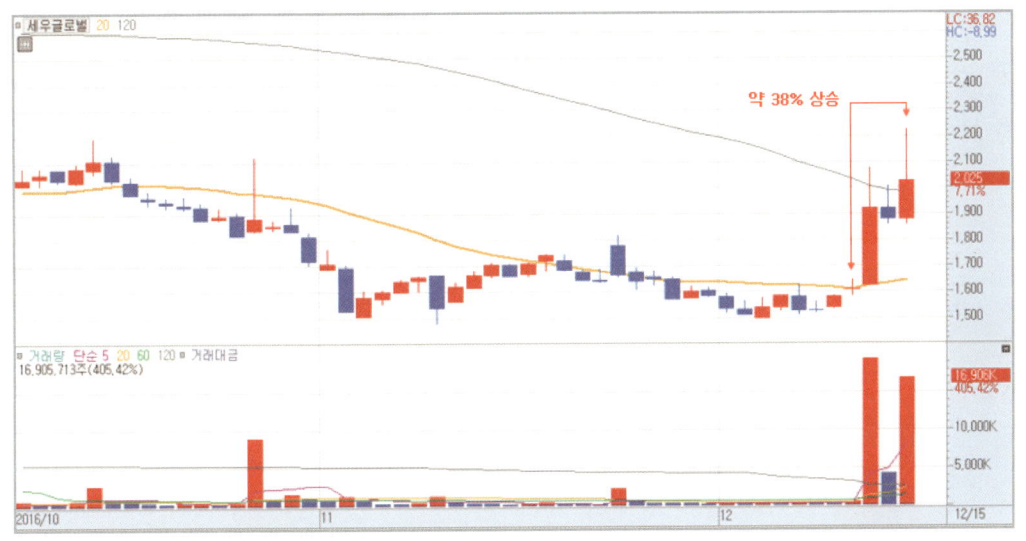

이번에도 세우글로벌 차트입니다. 급등주 투매폭 매매법의 경우 한 차례 매매이후 주가가

추가 상승한다면 새로운 투매폭을 적용하여 다시 한 번 매매할 수 있는 장점이 있습니다. 단, 테마의 대장주나 시장 주도주에 한정합니다. 그렇지 않을 경우 반등의 힘이 약하거나 또는 매수를 하더라도 4일~5일 횡보 후 반등이 나오기 때문입니다.

위 세우글로벌은 단기간 38% 상승하였으므로 적정 하락폭은 14~18%로 산정할 수 있습니다.

[그림 29] 예시차트 - 세우글로벌 15분봉

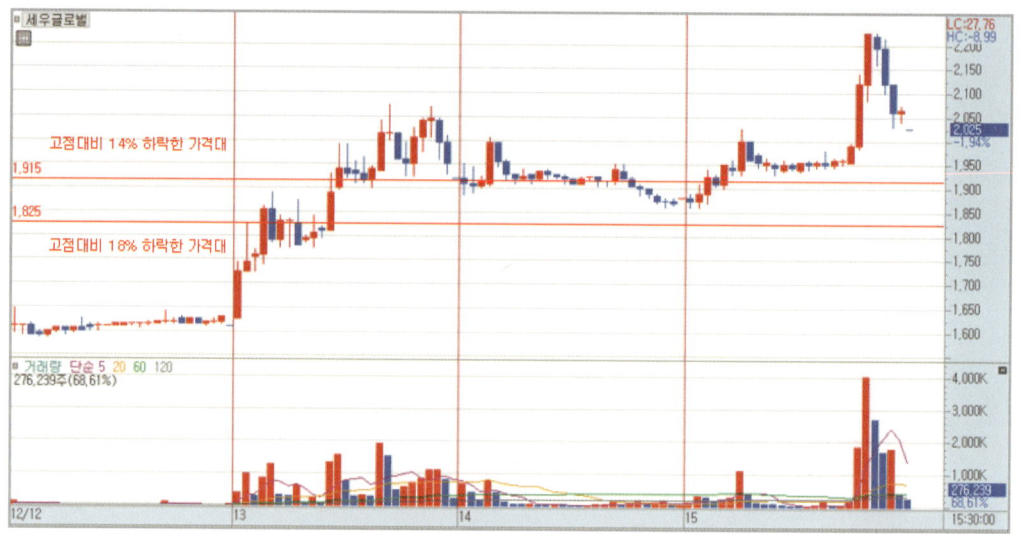

12월 15일 세우글로벌의 고가는 2,225원입니다. 고점에서 14% 하락한 가격대는 약 1,915원, 18% 하락한 가격대는 약 1,825원입니다. 이 가격대에 주가가 하락해야 7% 이상의 반등이 나올 가능성이 높다고 했지요? 정말 그렇게 되었는지 확인해 보겠습니다.

[그림 30] 예시차트 - 세우글로벌 15분봉

　주가가 예상한 투매폭까지 도달했습니다. 추후 예상한 투매폭까지 주가가 도달한 이후 지지가 되는 것을 어떻게 확인하는지 대해서는 뒷부분에서 다루겠습니다. 중요한 것은 14~18% 하락범위에 주가가 도달을 해야 7% 이상의 반등이 나온다는 것입니다.

[그림 31] 예시차트 - 세우글로벌 15분봉

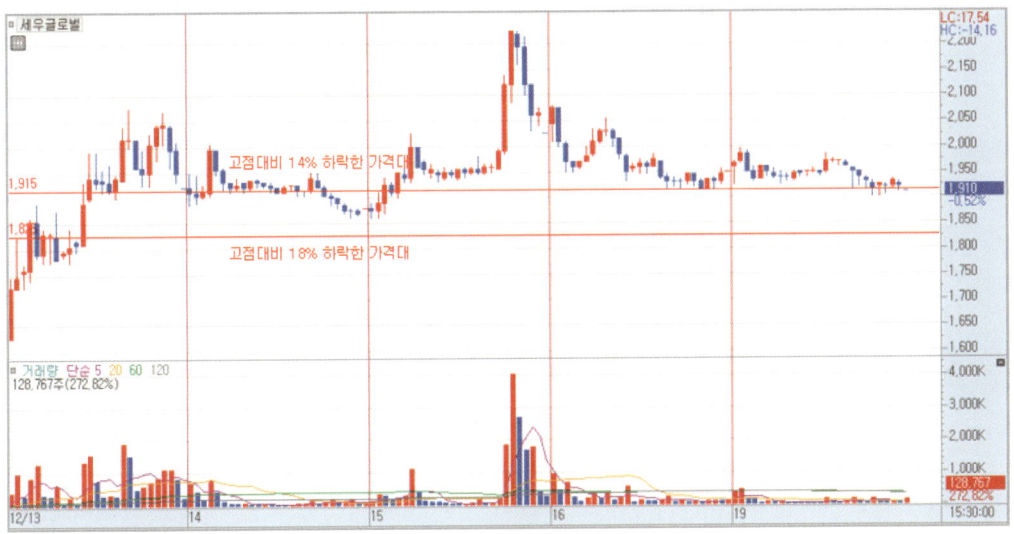

　하락폭 범위에 주가가 도달하면 그 즉시 반등을 하는 것은 아닙니다. 때에 따라서 2~3일 정도 후에 반등이 나오기도 합니다.

[그림 32] 예시차트 – 세우글로벌 15분봉

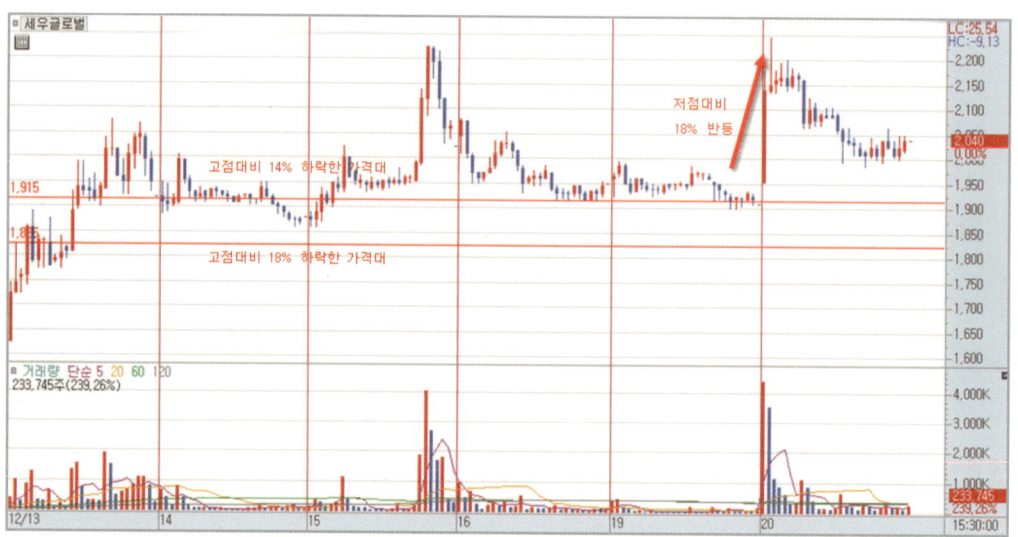

　주가가 투매폭 범위에 이틀간 머무른 후에 저점대비 7% 이상 반등이 나왔습니다. 해당 종목이 재료가 강력하거나 테마 대장주, 시장 주도주의 경우 반등폭이 큽니다.

투매폭 3구간 분석 · 예시차트

[그림 33] 바닥대비 41~50% 상승률

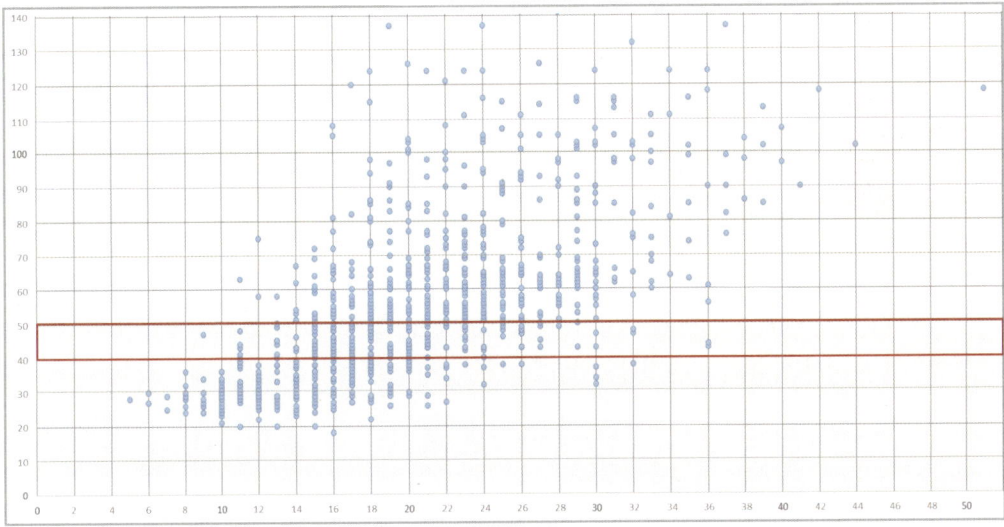

이번에는 바닥대비 41~50% 상승한 경우의 투매폭입니다. 전체 투매폭은 최저 9%부터 최고 36%까지 나옵니다. 여기서 '투매폭 데이터'가 집중된 구간에 빨간색 사각형으로 표시한다면 어느 곳이 적당할까요? 이번에는 직접 생각해보면서 보시기 바랍니다.

[그림 34] 바닥대비 41~50% 상승률(적정 하락폭 15~21%)

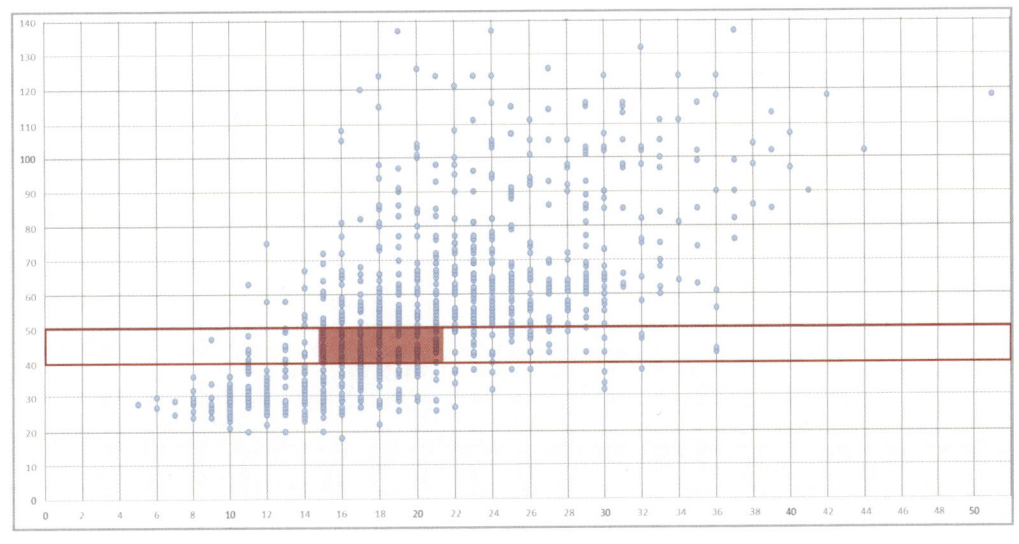

생각하신 대로 적정 투매폭 구간은 15~21%입니다. 이제 이 그래프를 어떻게 보는지 이해하셨을 겁니다(좀 더 자세히 보려면 26페이지에 있는 데이터를 확인해보시길 바랍니다).

[투매폭 3구간]

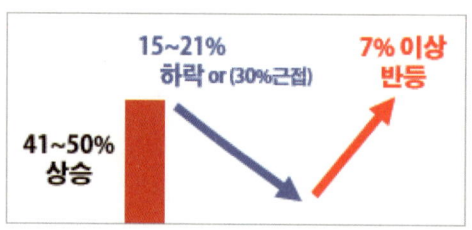

'주가가 41~50% 상승한 경우 고점에서 15~21% 하락이 적당하며 그 정도 하락을 해야 7% 이상 반등할 가능성이 높다. 그리고 예상치 못한 시장악화, 개별악재의 경우 고점에서 30% 하락까지 염두에 두어야 한다'라고 정의할 수 있겠습니다.

41~50% 상승한 종목을 보겠습니다.

[그림 35] 예시차트 - 제로투세븐 일봉

제로투세븐 차트입니다. 상한가로 마감한 모습으로 이때 당시 거래대금이 434억 원이었습니다. 바닥에서 30% 상승했기 때문에 예상 투매폭은 10~15% 수준일 것입니다.

급등주 투매폭 매매법을 적용할 때 장대양봉의 거래대금이 최소 200억 원 이상인 종목으로 선정하는 것이 좋습니다.

[그림 36] 예시차트 - 제로투세븐 일봉

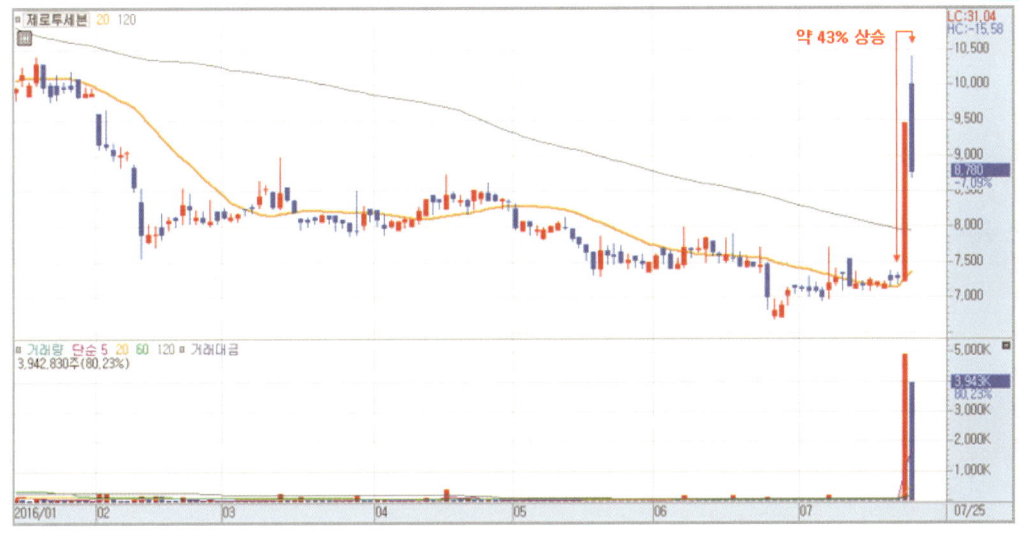

그러나 다음날 갭이 높이 뜬 채 시작했다면 투매폭을 재조정해야겠지요? 고점이 더 높아졌기 때문입니다.

급등주 투매폭 매매법은 고점이 경신되면 투매폭을 실시간으로 재조정해야 합니다. 차트를 보면 약 43% 상승했으므로 예상투매폭은 15~21%로 산정할 수 있습니다.

[그림 37] 예시차트 - 제로투세븐 15분봉

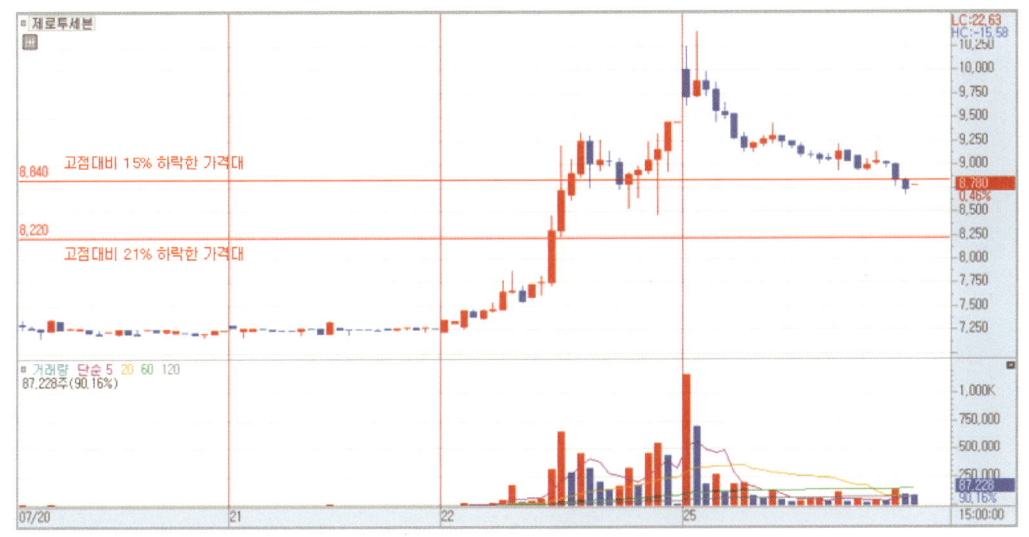

7월 25일 제로투세븐의 고가가 10,400원입니다. 10,400원에서 15% 하락한 가격은 8,840원, 21% 하락한 가격은 약 8,220원입니다. 하루 만에 투매폭 범위 안에 도달했습니다.

10,400원에서 15% 하락한 가격 = 10,400 × (1 − 0.15) = 8,840원

10,400원에서 21% 하락한 가격 = 10,400 × (1 − 0.21) = 8,216원

[그림 38] 예시차트 – 제로투세븐 15분봉

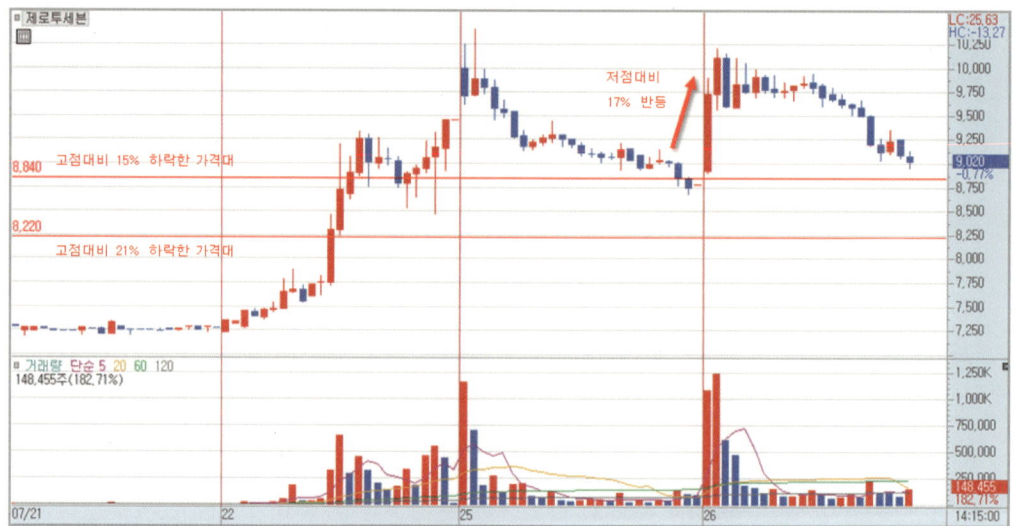

다음날 차트를 보면 저점대비 17% 상승했습니다. [그림 36]을 보면 상한가 이후 거래량이 실린 긴 음봉이 나와 다소 부담이 있는 자리라고 생각할 수 있습니다. 그러나 장대음봉 이후에 재차 상승하는 경우는 얼마든지 있습니다.

[그림 39] 예시차트 - 제로투세븐 15분봉

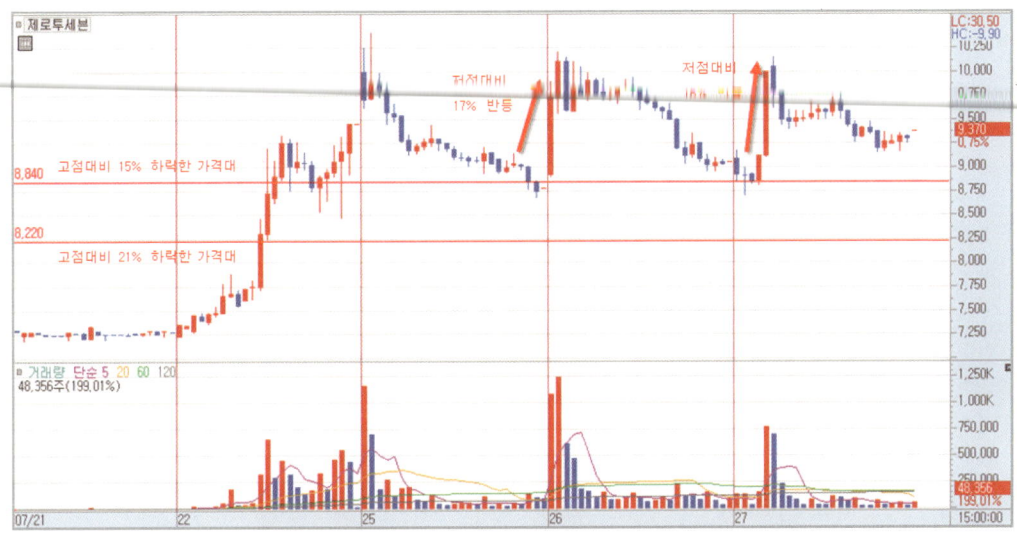

저점대비 16% 상승이후, 주가가 다시 적정 투매폭 범위까지 하락한다면 여러 차례 매매가 가능합니다. 테마 대장주나 시장 주도주일 경우에 해당합니다.

[그림 40] 예시차트 - 제로투세븐 15분봉

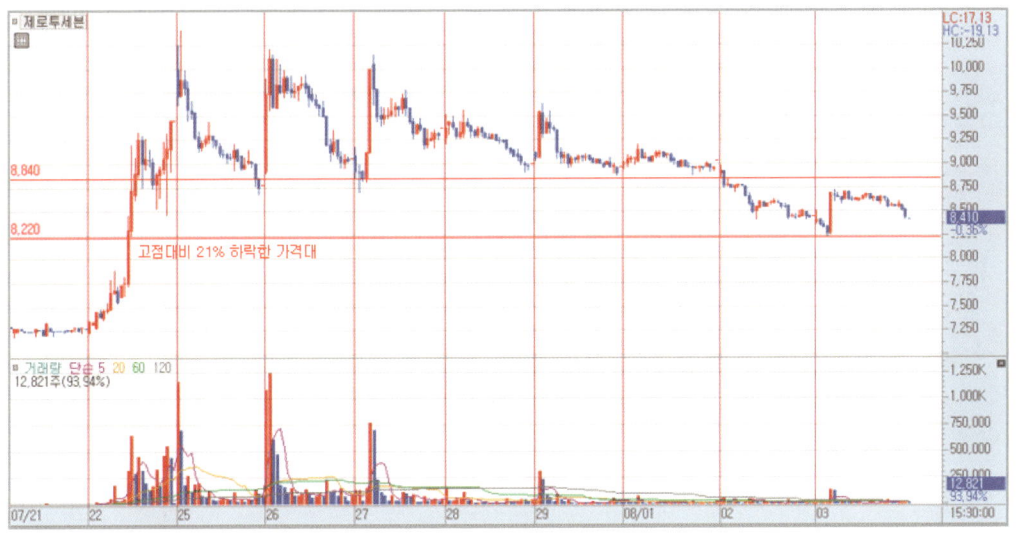

이번에는 고점대비 21% 하락한 가격대에 주가가 도달했습니다. 저점대비 7% 이상 상승하는지 확인해보겠습니다.

[그림 41] 예시차트 - 제로투세븐 15분봉

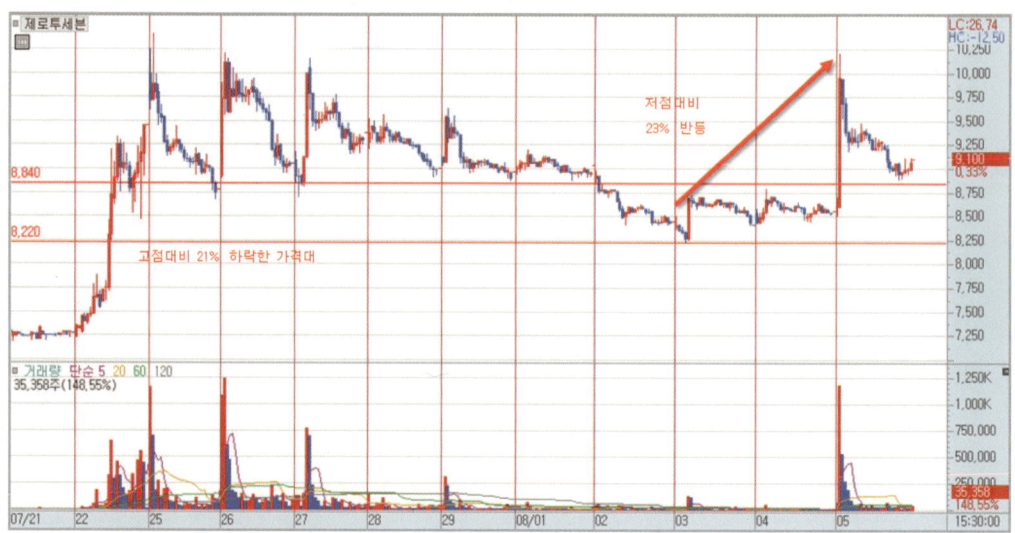

 이틀 후에 저점대비 23% 상승했습니다. 결과론적인 차트의 모습이지만 실전 매매를 할 때 이와 유사한 패턴이 자주 나오기 때문에 익혀두시는 것이 좋습니다. 여기까지 보면 가장 궁금한 사항은 '적정 투매폭 범위에 주가가 도달했을 때 지지를 받는지 어떻게 확인하는가?'일 것입니다. 이 부분은 잠시 후에 다루겠습니다.

[그림 42] 예시차트 - 제로투세븐 일봉

일봉차트입니다. 우리가 흔히 알고 있는 이평선 매매와는 전혀 다른 접근방법입니다. 통계 수치에 근거한 매매법으로 다소 신선하다고 느낄 수 있습니다.

그러나 꼭 100% 확률로 반등하는 것은 아닙니다.

적정 투매폭 범위에 벗어날 수 있는데 그 부분은 손절로 대응을 해야 합니다.

투매폭 4구간 분석·예시차트

[그림 43] 바닥대비 51~60% 상승률

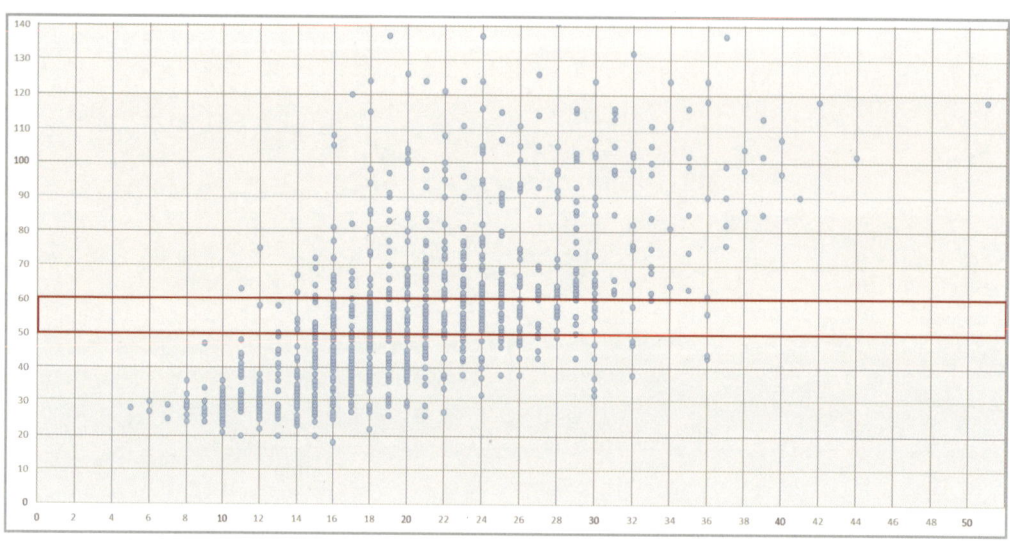

상승폭이 클수록 '적정 투매폭' 범위가 점차 오른쪽으로 이동하는 것을 알 수 있습니다. 다만, 고점이 80% 이상에서부터는 데이터가 산발적으로 포진되어 있는 것을 볼 수 있습니다.

[그림 44] 바닥대비 51~60% 상승률(적정 하락폭 18~24%)

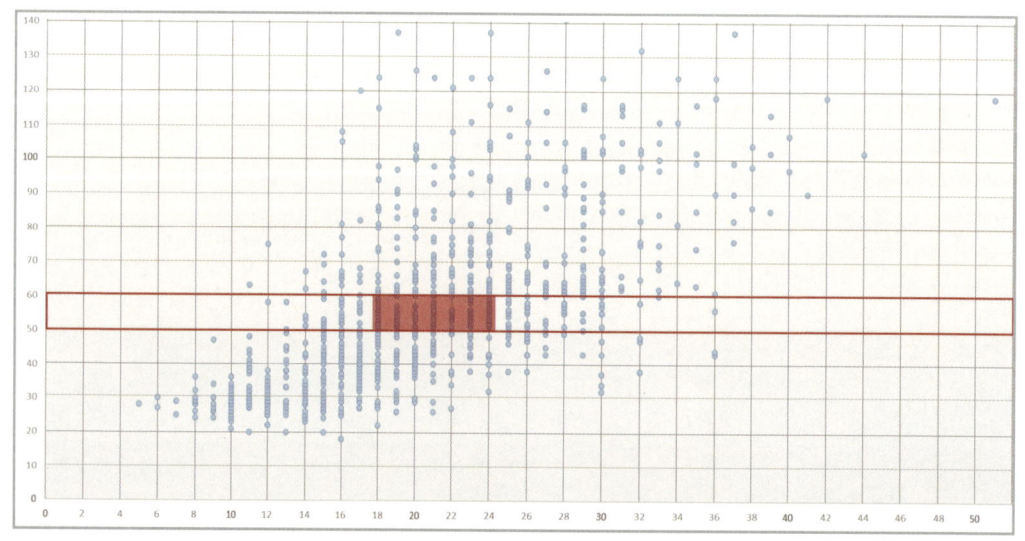

상승폭 51~60%의 적정 하락폭은 18~24%입니다. 급등주 투매폭 정규분포 범위인 16~26%에 비하여 좁혀진 범위입니다. 또한 신뢰구간 하락폭 범위인 20.6~22.5%에 비하여 넓어졌지요?

[투매폭 4구간]

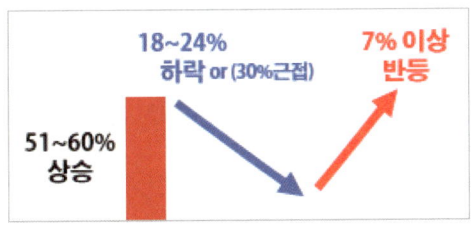

'주가가 51~60% 상승한 경우 고점에서 18~24% 하락이 적당하며 그 정도 하락을 해야 7% 이상 반등할 가능성이 높다. 그리고 예상치 못한 시장악화, 개별악재의 경우 고점에서 30% 하락까지 염두에 두어야 한다.'라고 정의할 수 있습니다.

그러나 주가가 꼭 적정 하락폭 범위까지 하락을 해야만 반등이 나오는 것은 아닙니다. 때에 따라서 적정 하락폭 범위 위에서 상승을 하는 경우도 있으며, 적정 하락폭을 과도하게 벗어나 상승하기도 합니다. 이는 평균적이고 통계상 통용되는 범위를 이탈한 비정상적인 흐름, 움직임으로 이해하시기 바랍니다.

예시차트를 보겠습니다.

[그림 45] 예시차트 - 이월드 일봉

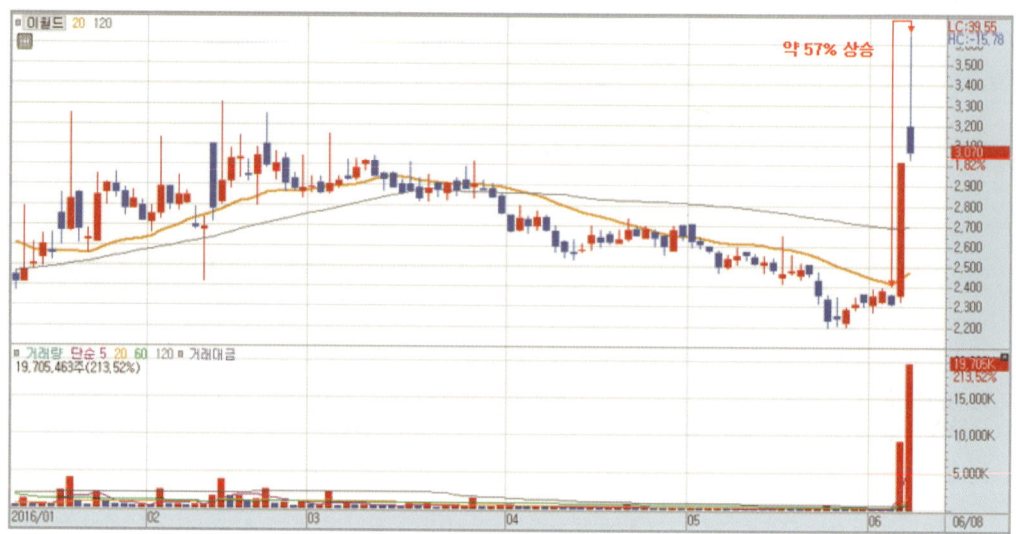

바닥에서 이틀간 57%까지 상승했으며 상한가 당시 거래대금이 261억 원입니다. 급등주 투매폭 원리에 적합한지 테스트해 보겠습니다. 일단 상승폭 57%의 적정투매폭은 18~24%입니다.

[그림 46] 예시차트 - 이월드 15분봉

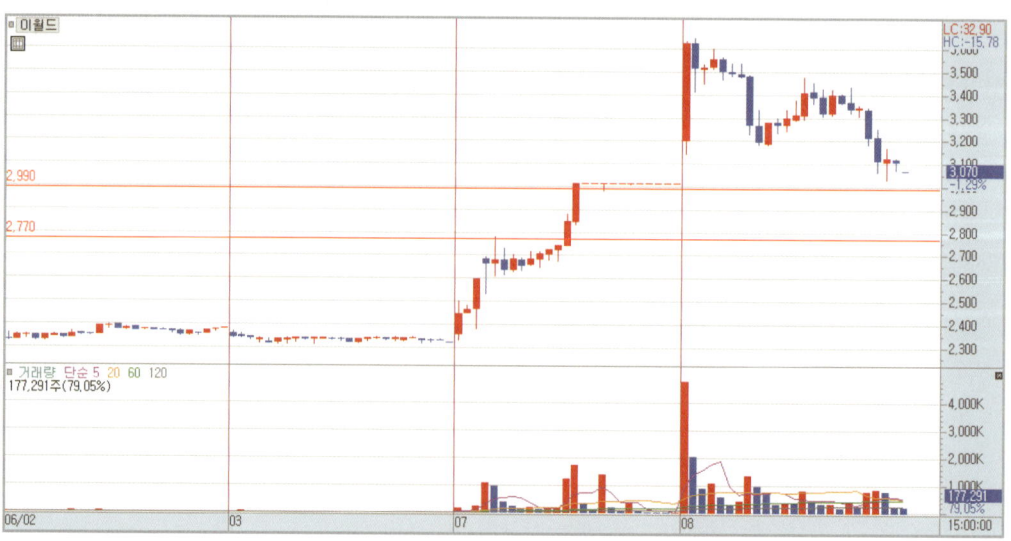

6월 8일 이월드의 고가가 3,645원으로 이 가격에서 18% 하락한 가격은 약 2,990원, 24% 하락한 가격은 2,770원입니다. 이 범위까지 주가가 하락해야 7% 이상 반등할 가능성이 높다고 했습니다.

[그림 47] 예시차트 - 이월드 15분봉

적정 투매폭 범위까지 주가가 하락했습니다. 만약 주가가 적정 투매폭을 벗어나는 경우는 고점에서 30% 하락한 지점까지 하락할 수 있음을 인지해야 합니다.

[그림 48] 예시차트 - 이월드 15분봉

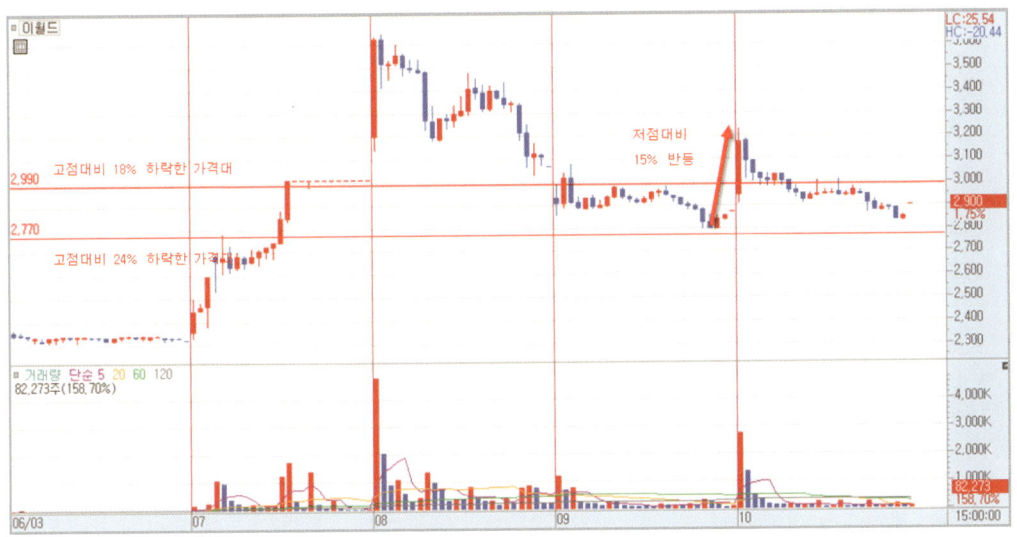

다음날 이월드는 저점대비 15% 반등이 나왔습니다. 급등주 투매폭의 최소 반등폭 기준은 저점대비 7%이기에 때로 큰 폭의 상승세가 나오기도 합니다. 따라서 실제 매매를 했을 때 수익률을 길게 보는 것이 좋습니다.

[그림 49] 예시차트 - 이월드 15분봉

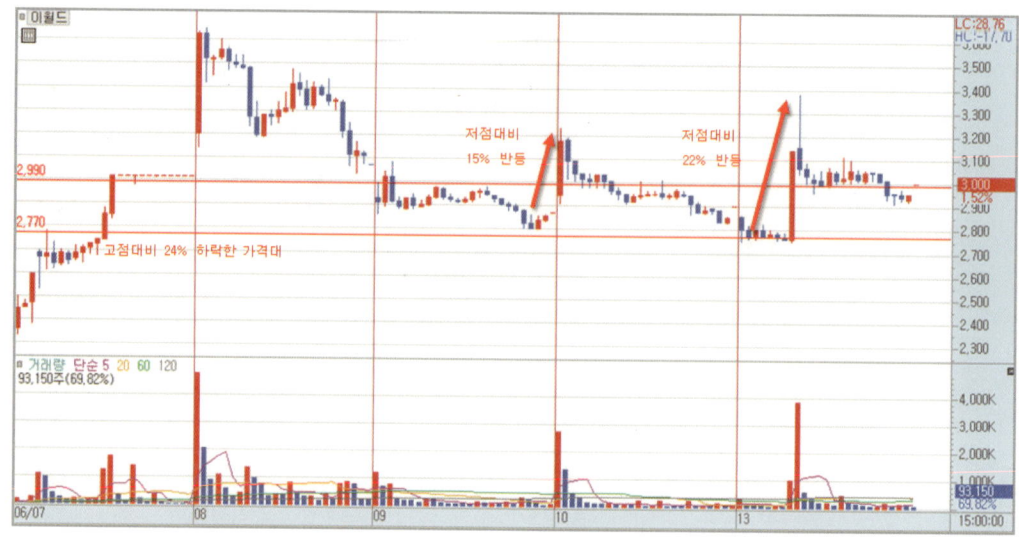

 이월드의 경우 당시 '재무구조 개선 기대' 뉴스가 나와서 한 번 더 반등을 했습니다. 이처럼 '테마의 대장주', '시장 주도주' 또는 '재료'가 나오면 관심을 두기 바랍니다.

투매폭 5구간 분석 · 예시차트

[그림 50] 바닥대비 61~70% 상승률

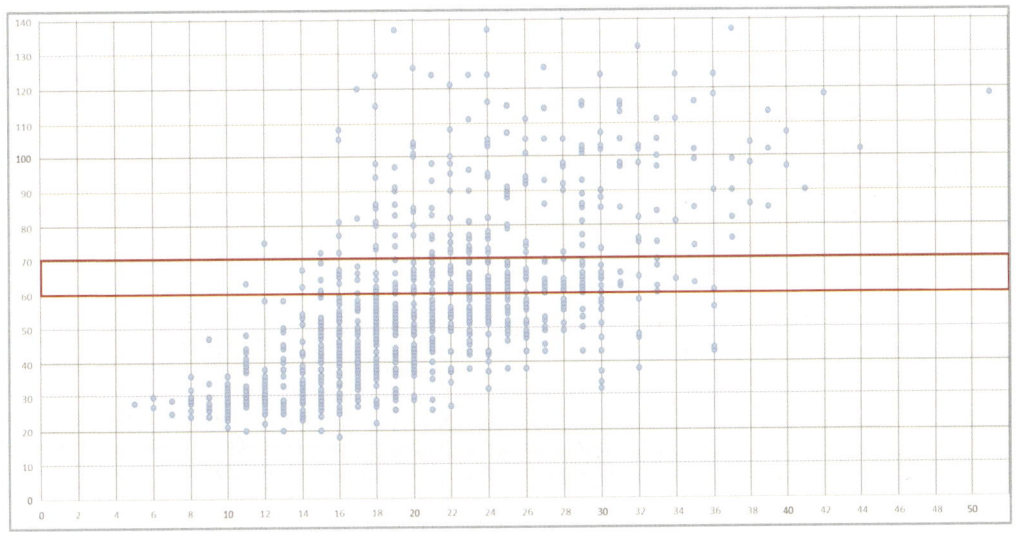

바닥대비 61~70% 상승구간의 데이터는 대부분 20%대 투매폭 범위에 분포되어 있습니다.

[그림 51] 바닥대비 61~70% 상승률(적정 하락폭 20~25%)

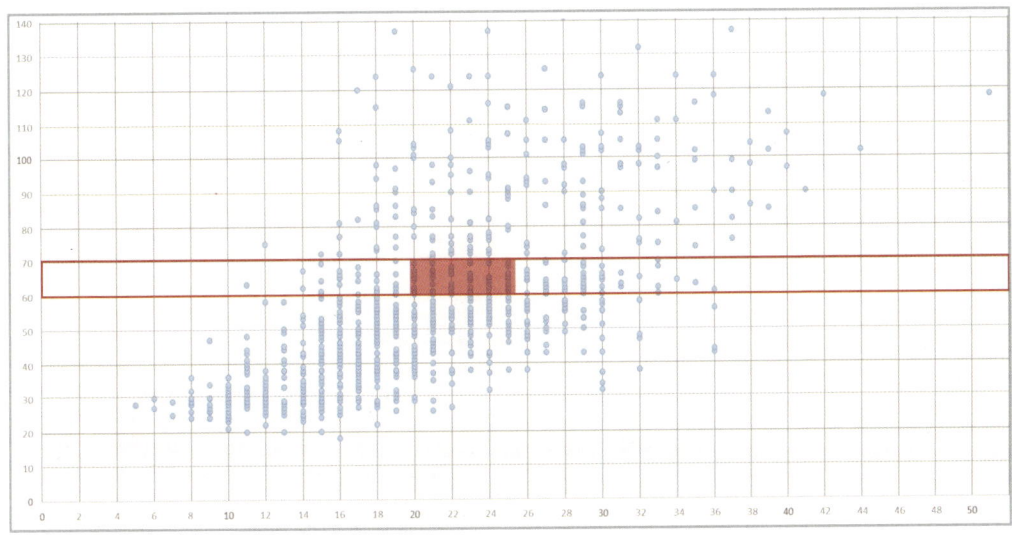

적정투매폭 범위는 20~25%입니다. 그러나 한편으로는 투매폭 28~30% 구간에서도 데이

터가 꽤 집중되어 있습니다. 따라서 60% 이상의 상승 구간부터는 넉넉하게 고점에서 30%까지 하락할 수 있음에 유의해야 합니다.

[투매폭 5구간]

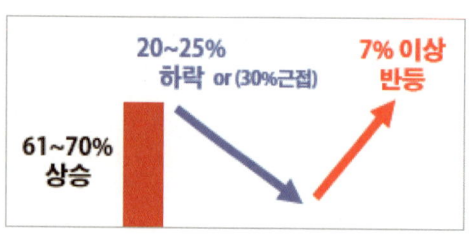

'주가가 61~70% 상승한 경우 고점에서 20~25% 하락이 적당하며 그 정도 하락을 해야 7% 이상 반등할 가능성이 높다. 그리고 고점에서 30% 하락까지 염두에 두어야 한다'라고 정의할 수 있습니다.

중요한 것은 주가가 단기간 60% 이상 급등한 종목이 가격조정을 받을 때 고점에서 20% 이상 하락하는 경우가 대부분입니다. 상승폭이 클수록 하락폭도 비례해서 커지기 때문에 이 점을 잘 인지해서 적정 투매폭을 적용하시기 바랍니다.

[그림 52] 예시차트 - 이트론 일봉

이틀간 약 64%까지 상승했습니다. 빠른 시간 안에 주가가 60% 이상 상승할 경우 반드시 적정 하락폭 범위에 하락할 때까지 기다려야 합니다. 변동폭이 예상외로 커서 자칫 섣부르게 매매할 경우 큰 손실을 볼 수 있습니다.

[그림 53] 예시차트 - 이트론 15분봉

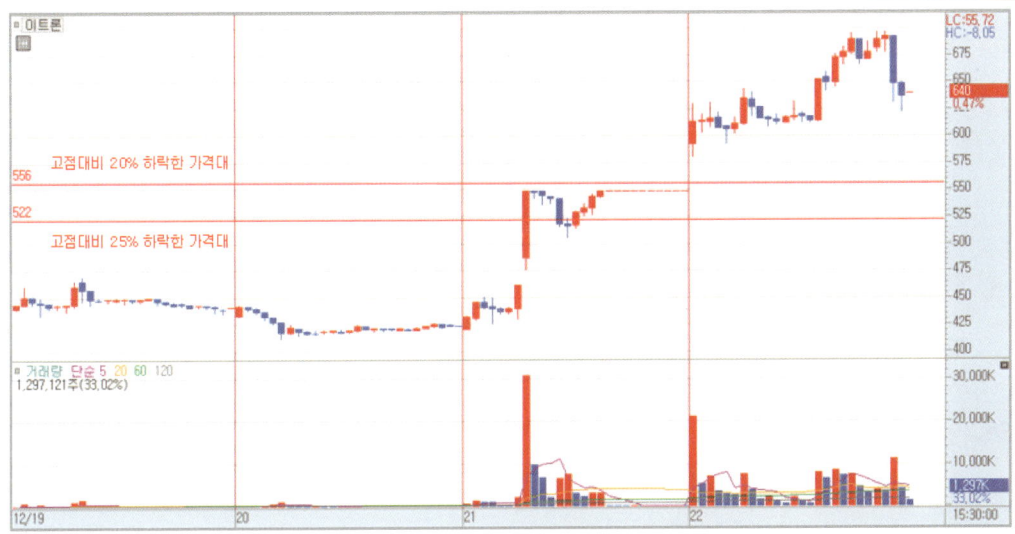

상승폭 61~70%의 적정 투매폭 범위는 20~25%입니다. 이트론의 22일 고가는 696원으로 고가에서 20% 하락한 가격은 556원, 25% 하락한 가격은 522원입니다. 주가가 이 범위에 하락할 때까지 기다립니다.

[그림 54] 예시차트 - 이트론 15분봉

주가는 적정 투매폭 범위까지 내려오지 않았습니다. 어쨌든 이 적정 투매폭 범위에 주가가 반등이 나오는지 확인을 해야겠지요?

[그림 55] 예시차트 - 이트론 15분봉

이틀 만에 주가가 적정 투매폭 범위에 도달했습니다. 정상적인 흐름입니다.

논외로 강력한 종목은 적정 투매폭까지 하락하지 않고 상승하는 반면 2등주나 일반 세력주의 경우 적정 투매폭 이상 하락하곤 합니다. 혹시라도 적정 투매폭 범위에서 주가가 추가 하락한다면 고점에서 30% 하락한 가격대까지 기다려 봐야 합니다.

[그림 56] 예시차트 - 이트론 15분봉

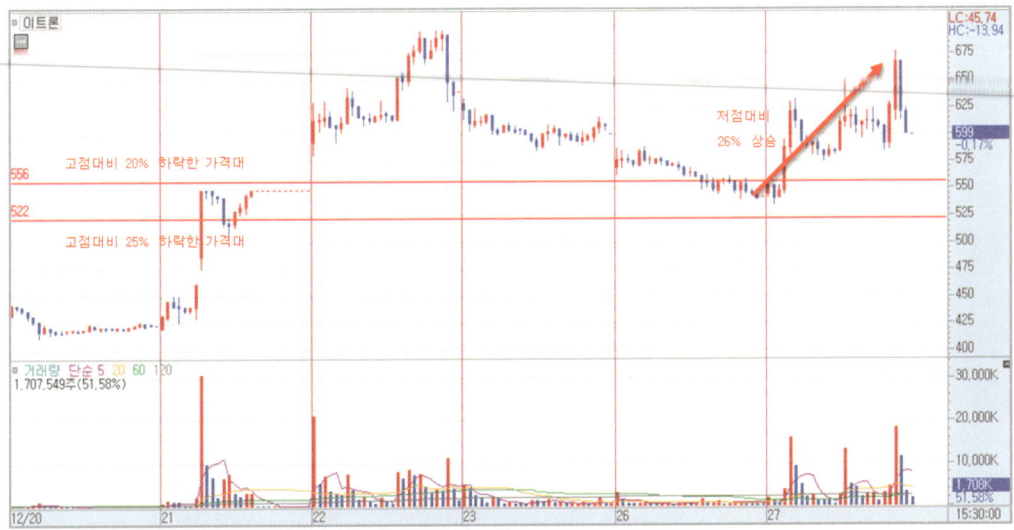

다음날 강한 반등세가 나왔습니다. 약 저점대비 24% 상승했습니다. 이렇게 강한 반등이 나오는 이유는 주가 하락 시 거래량이 급감했기 때문입니다.

[그림 57] 예시차트 - 이트론 일봉

급등주 투매폭의 경우 단순히 주가가 투매범위까지 오기를 기다리는 것이 아니라 거래량의 감소상태, 분봉차트의 지지와 저항 흐름, 기타 보조지표의 조건, 해당 종목의 재료 등을 따져 봐야 합니다.

투매폭 6구간 분석·예시차트

[그림 58] 바닥대비 71~80% 상승률

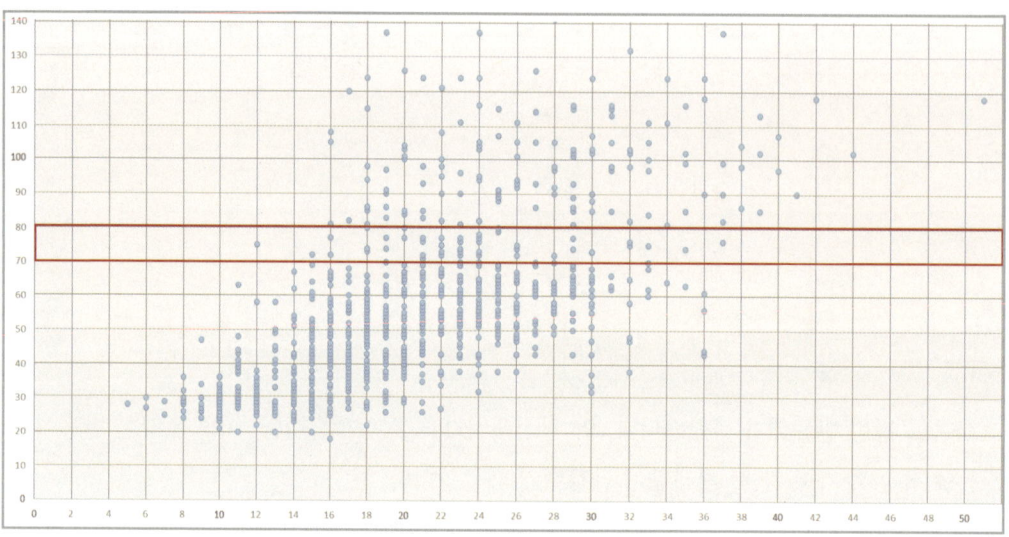

상승률 71% 이상에서부터 데이터가 산발적으로 분포되어 있습니다. 그래도 71~80% 구간에서 데이터가 집중되어 있는 부분을 표시해 보겠습니다.

[그림 59] 바닥대비 71~80% 상승률(적정 하락폭 21~24%)

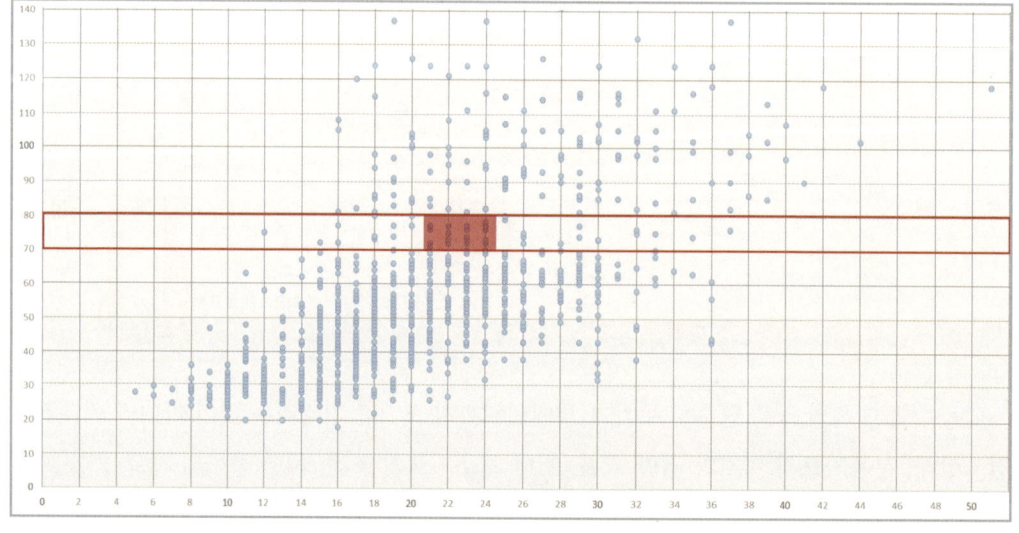

데이터가 집중된 투매폭 범위는 21~24%이며 이 구간의 평균 투매폭은 23%입니다. 상승폭이 높아질수록 데이터가 산발적으로 분포되어 있기 때문에 평균 투매폭을 참고하는 것이 좋습니다.

[투매폭 6구간]

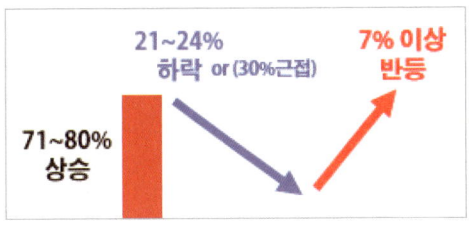

'주가가 71~80% 상승한 경우 고점에서 21~24% 하락이 적당하며 그 정도 하락을 해야 7% 이상 반등할 가능성이 있다. 그리고 고점에서 30% 하락까지 염두에 두어야 한다'라고 정의할 수 있습니다.

단기간 70% 이상 상승한 종목들의 경우 변동폭이 상당히 크기 때문에 주의를 요합니다. 주가가 고점에서 30% 내외까지 하락할 여지가 높습니다. 그래서 범위를 좀 더 넓게 산정한다면 21~30%로 설정할 수 있습니다.

[그림 60] 예시차트 - 제이스테판 일봉

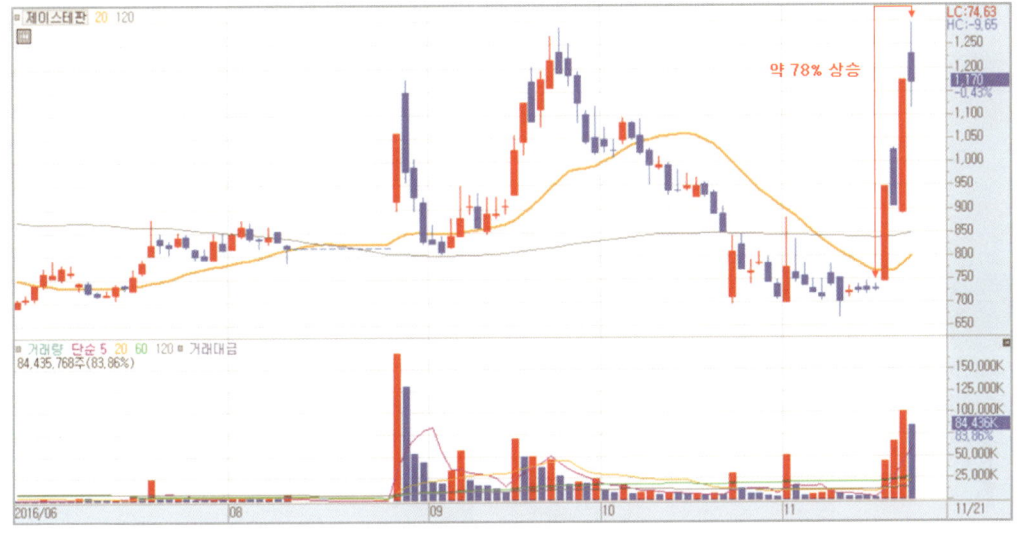

단기간 78% 급등한 종목입니다. 이렇게 단기간 70% 이상 급등한 종목은 변동폭이 상당히

크니 주의를 요한다고 했습니다. 반드시 적정 하락폭 범위까지 주가가 하락한 것을 확인하고 나서 접근하는 것이 좋으며 투매폭 30% 범위까지도 지켜봐야 합니다.

[그림 61] 예시차트 - 제이스테판 15분봉

제이스테판의 21일 고가는 1,295원으로 고가에서 21% 하락한 가격은 1,025원, 24% 하락한 가격은 984원입니다. 과연 주가가 21~24%까지 하락하면 7% 이상 반등할 수 있을까요?

[그림 62] 예시차트 - 제이스테판 15분봉

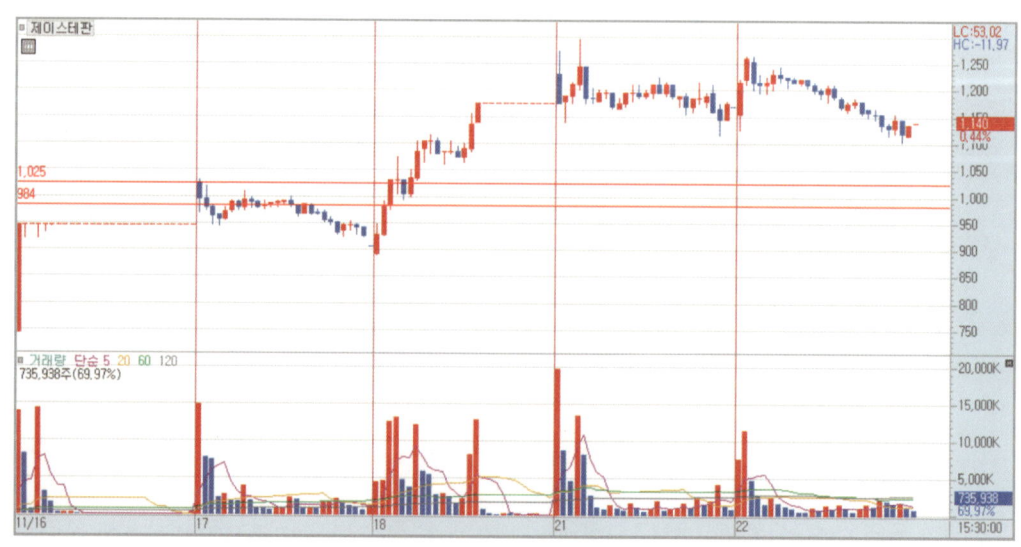

주가가 70% 이상까지 급등한 경우 웬만해서 하루 만에 급락하지 않습니다. 2~3일 정도 하락세가 이어집니다.

[그림 63] 예시차트-제이스테판 15분봉

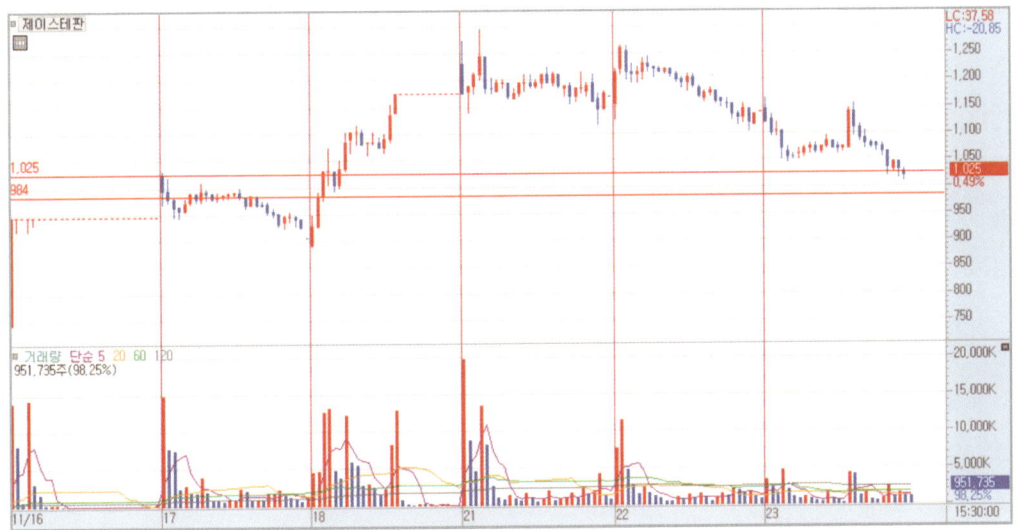

이틀 만에 주가가 적정 투매폭 범위에 도달했습니다. 다음날 7% 이상의 반등이 나올지 추가 하락할지 한번 보겠습니다.

[그림 64] 예시차트-제이스테판 15분봉

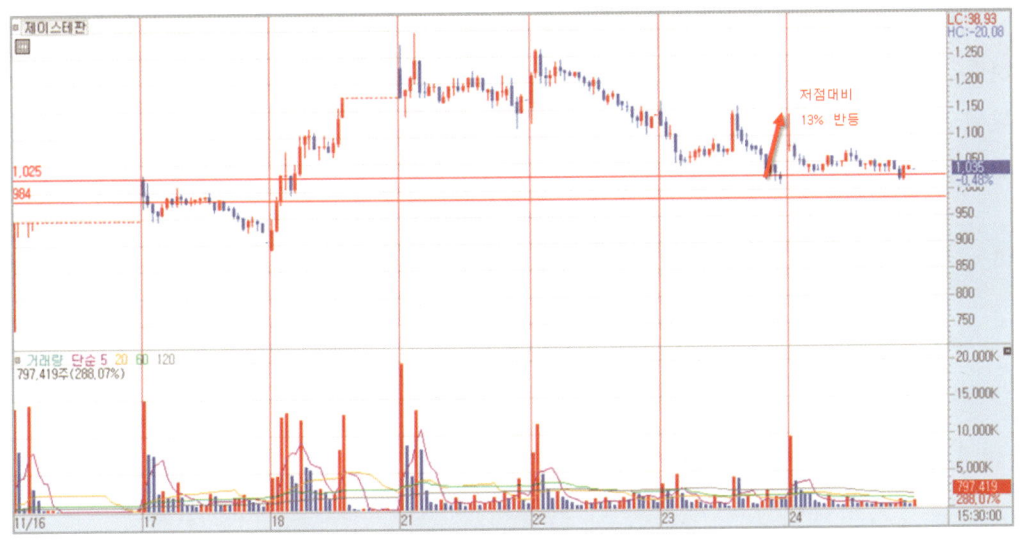

다음날 주가는 저점대비 13% 반등했습니다. 그러나 주가는 추가적인 상승 없이 적정 투매 폭 범위까지 하락했습니다. 어쨌든 71~80% 상승폭 구간에서 21~24% 범위까지 하락하면 7% 이상의 반등이 나온다는 것을 확인할 수 있었습니다.

이 차트가 어떻게 흘렀는지 좀 더 보겠습니다.

[그림 65] 예시차트 – 제이스테판 15분봉

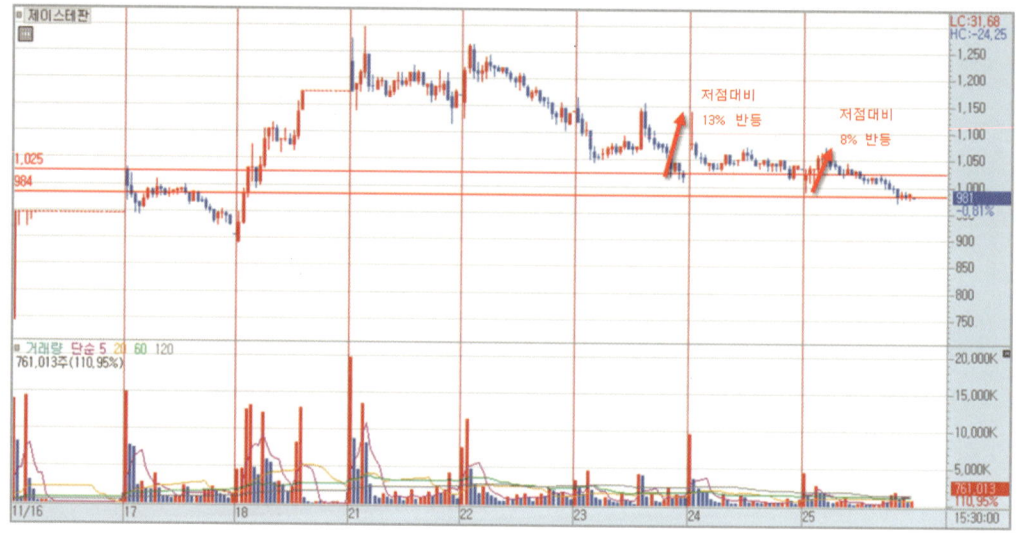

재차 주가는 저점대비 7% 이상 반등을 했지만 이전보다 반등의 세기가 약합니다. 급등주가 하락추세를 타게 되면 고점은 낮아지며 저점도 낮아지는 형태가 됩니다. 주가가 확실한 눌림목에 오기 전까지 하락세 흐름이 지속된다면 반등이 나오더라도 큰 상승을 기대하기 어렵습니다.

[그림 66] 예시차트 – 제이스테판 15분봉

고점에서 30% 하락한 가격은 906원입니다. 이 범위 안까지 주가는 결국 하락합니다.

[그림 67] 예시차트 – 제이스테판 15분봉

지지를 확인하는 방법 중 하나는 보조지표를 활용하는 것입니다. 보조지표 중 RSI가 있습니다. RSI는 30% 이하 구간은 과매도 구간, 70% 이상 구간은 과매수 구간으로 나눠지는데, 이 지표가 30% 이하가 되면 단기 반등구간으로 판단합니다. 제이스테판을 보면 두 차례 과매도 구간이 나타났었습니다.

[그림 68] 예시차트 - 제이스테판 15분봉

다음날 저점에서 26% 상승을 했습니다. 즉, RSI 지표가 과매도 구간이 나타나게 되었을 때 확실한 눌림목 구간이었다는 것을 알 수 있습니다.

[그림 69] 예시차트 - 제이스테판 15분봉

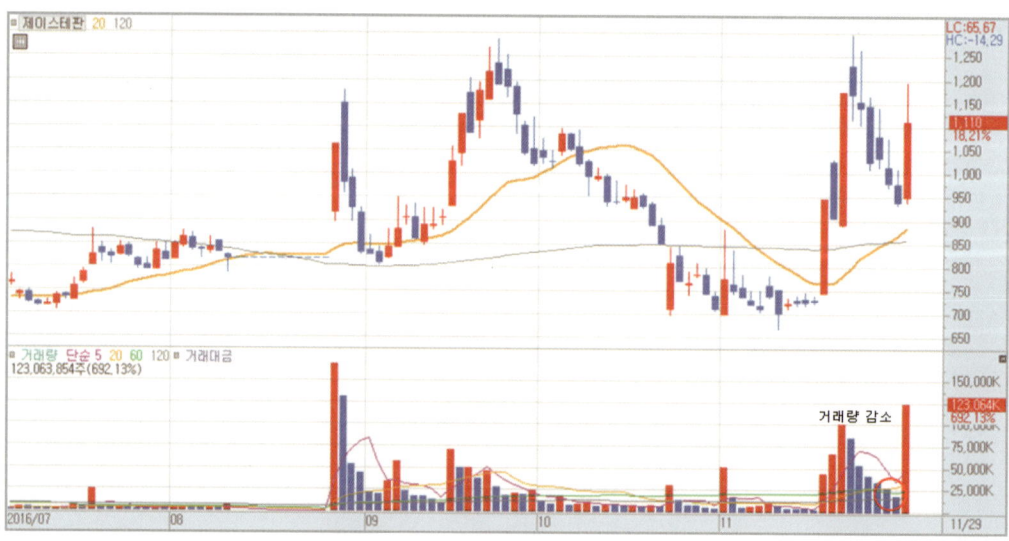

거래량을 중점으로 보면 고점에서 21~24% 범위까지 하락하게 되었을 때 거래량은 지속적으로 감소상태였습니다. 거래량 감소의 맥점은 최대거래량의 1/4 수준 이하까지 감소하게 되었을 때입니다. 거래량이 1/4 수준까지 하락한 이후 RSI 지표가 과매도 권에 도달하였을 때 '저점'을 확인할 수 있습니다. 이 저점이 지지점이 되며 반등의 시작점이라 할 수 있습니다.

투매폭 7구간 분석·예시차트

[그림 70] 바닥대비 81~90% 상승률

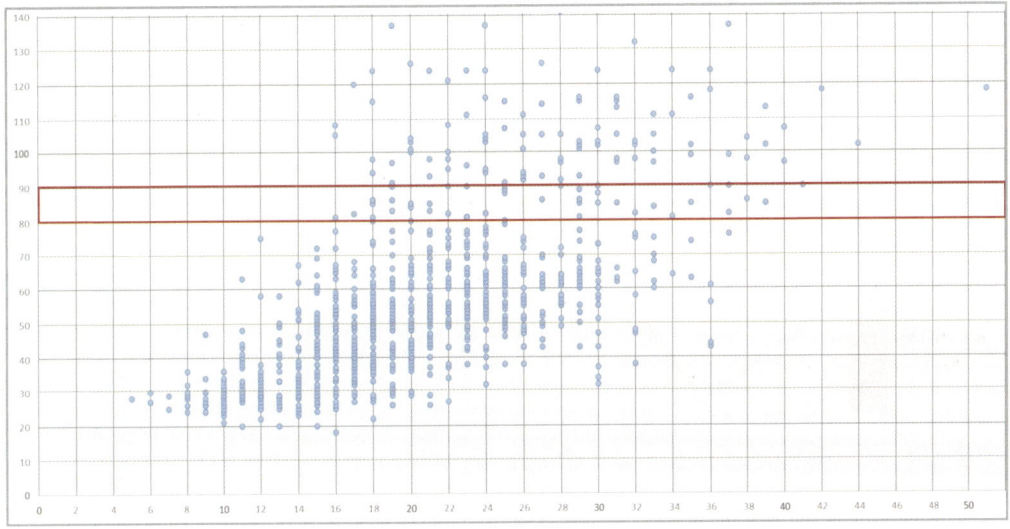

이 상승폭 구간 대에서는 데이터가 집중되어 있는 곳을 찾기 어려워 평균 투매폭, 정규분포를 참조합니다.

[그림 71] 바닥대비 81~90% 상승률(적정 하락폭 24~27%)

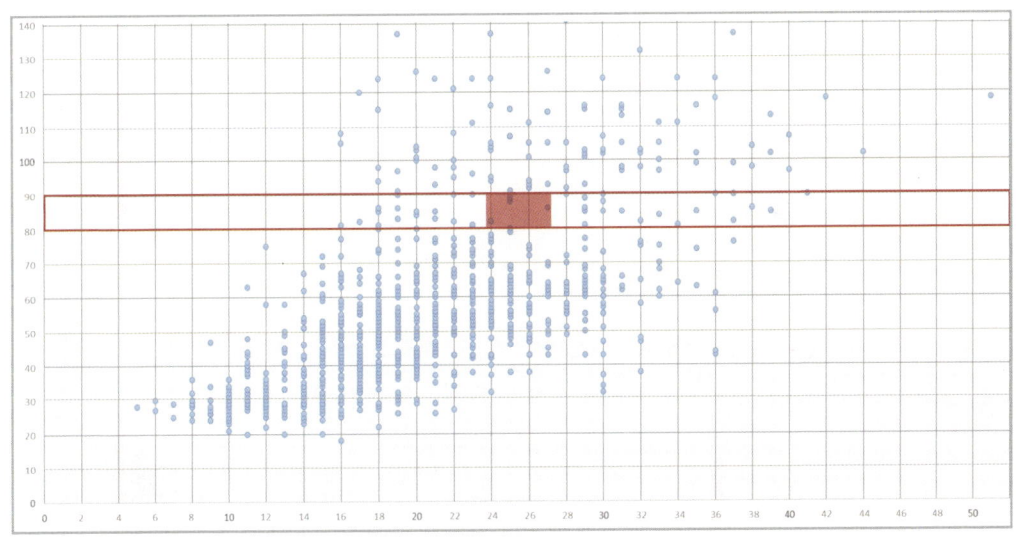

위 빨간색 사각형은 데이터가 집중된 부분에 표시한 것이 아닙니다. 27페이지의 81~90% 상승폭에 대한 하락폭 정규분포 범위에 표시한 것입니다. 왜냐하면 위의 데이터가 상당히 분산되어 있어 적정 하락폭을 설정하기에 어렵기 때문입니다.

* 상승폭 70% 이상 구간에서부터 신뢰구간 범위(28페이지 참조)를 적정 투매폭 범위로 설정할 수 있습니다. 편의상 27페이지에 있는 정규분포 범위를 사용하겠습니다. 정규분포 범위 또는 신뢰구간 범위 중 아무거나 사용해도 상관없습니다.

[투매폭 7구간]

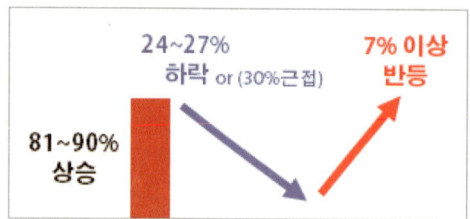

'주가가 81~90% 상승한 경우 고점에서 24~27% 하락이 적당하며 그 정도 하락을 해야 7% 이상 반등할 가능성이 있다. 그리고 고점에서 30% 하락까지 염두에 두어야 한다'라고 정의할 수 있습니다.

이 이상의 상승폭 구간에서부터 중복된 데이터를 찾아 적정 투매폭 구간을 산정하는 것은 의미가 없습니다. 따라서 데이터로 나오는 수학적 결과 값을 그대로 참고해야 합니다.

[그림 72] 예시차트 - 대아이티아이 일봉

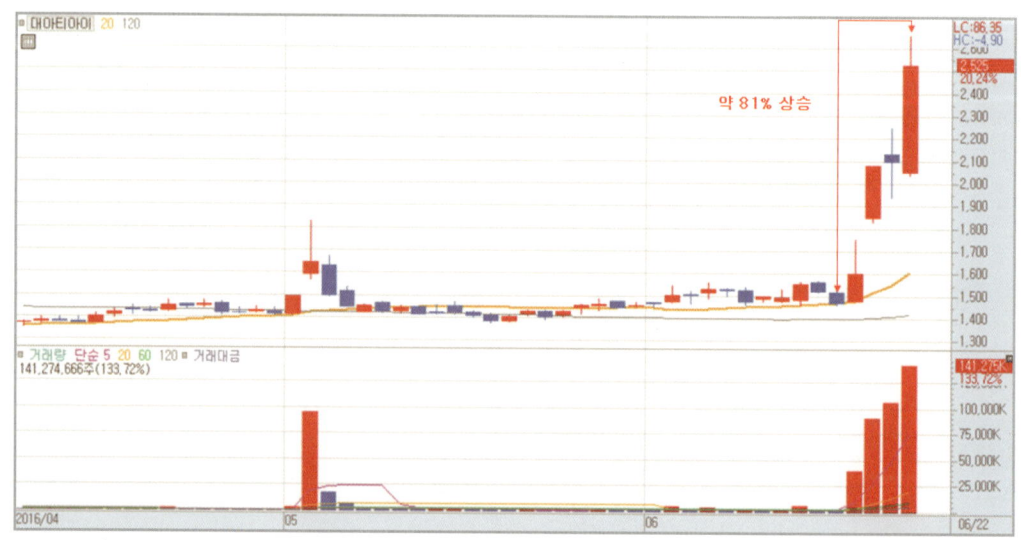

대아이티아이 차트입니다. 당시 상한가의 거래대금은 약 1,800억 원입니다. 이렇게 많은 거래대금이 나오면서 주가가 급등을 한 것은 단연코 시장의 주도주라 할 수 있습니다.

[그림 73] 예시차트 – 대아이티아이 15분봉

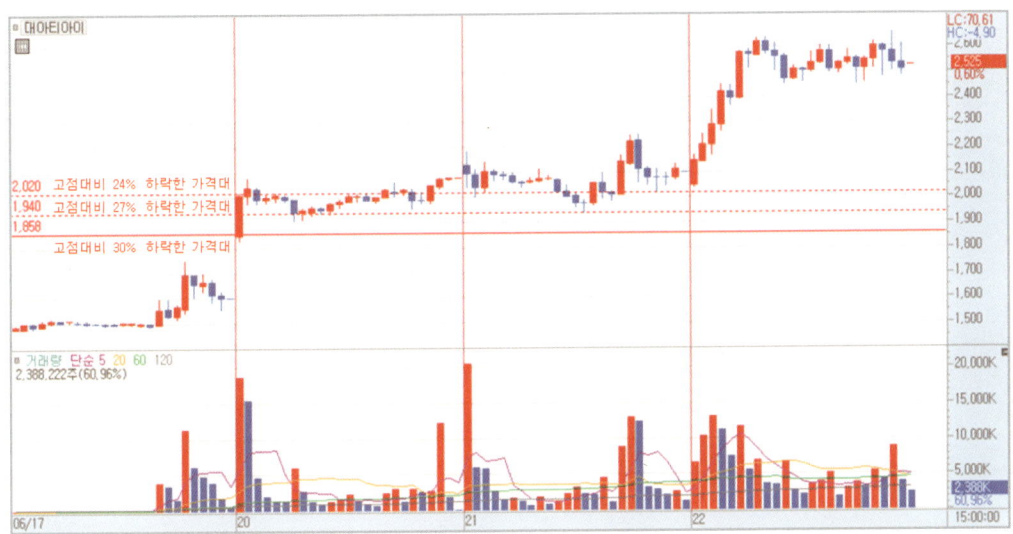

대아이티아이 6월 22일 고가는 2,655원으로 이 가격에서 24~27% 하락한 가격은 각각 2,020원, 1940원입니다. 30% 하락한 가격은 1,858원입니다.

주가가 이 범위까지 하락할지 관찰해보겠습니다.

[그림 74] 예시차트 – 대아이티아이 15분봉

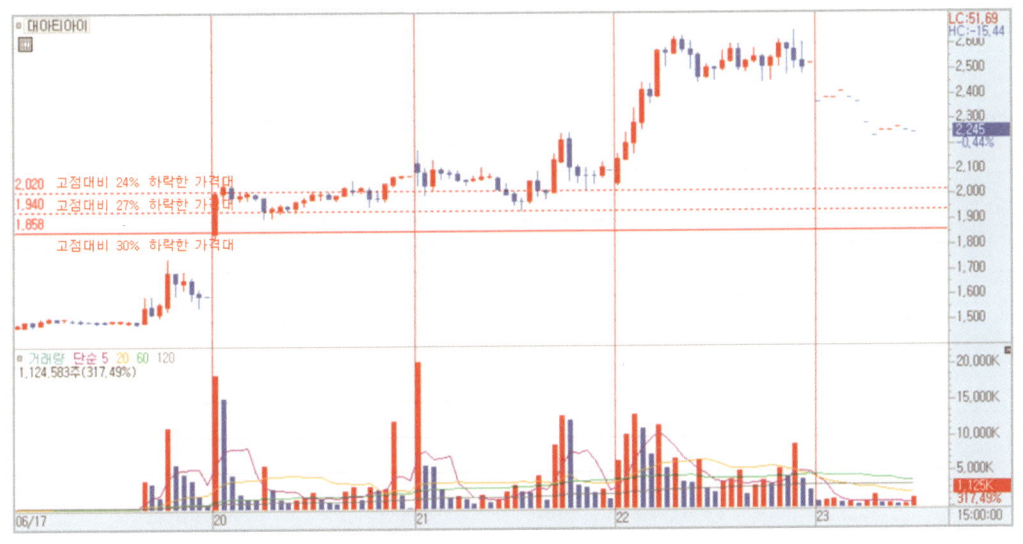

단일가 상태에서 주가가 하락한다면 아주 좋은 조건이 됩니다. 거래량이 별로 없는 상태에서 주가가 하락한다면 눈여겨보시기 바랍니다. 이 주식을 가지고 있는 주제늘이 차익실현을 하지 않은 상태에서 급락을 하게 된다면 반등이 나올 확률이 높습니다.

[그림 75] 예시차트 - 대아이티아이 15분봉

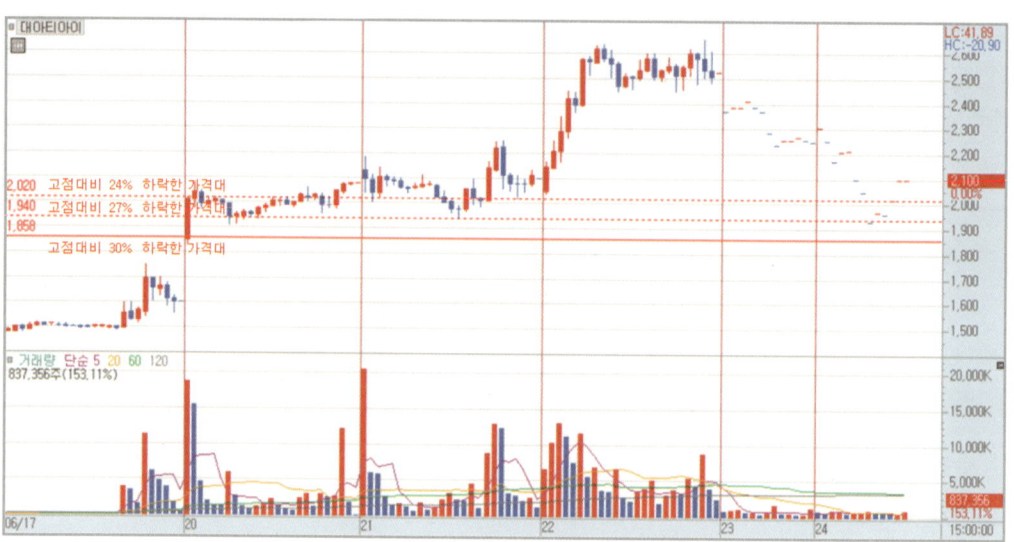

이틀 만에 주가가 투매폭 범위를 살짝 벗어나 30% 근접한 범위까지 하락했습니다. 상승폭 70% 이상 구간부터는 적정 투매폭 + 하락폭 30% 구간까지 봐주시기 바랍니다. 변동폭이 상당히 크기 때문에 투매폭의 범위를 넓게 설정해야 합니다.

[그림 76] 예시차트 – 대아이티아이 15분봉

　주가가 적정 투매폭 범위까지 하락한 후 지지가 되는 것을 확인하려면 보조지표인 RSI를 적극 활용하는 것이 좋습니다. 대아이티아이 차트를 보면 RSI 지표가 과매도 권에 진입했던 것을 알 수 있습니다. 단기 반등의 시작입니다.

[그림 77] 예시차트 – 대아이티아이 15분봉

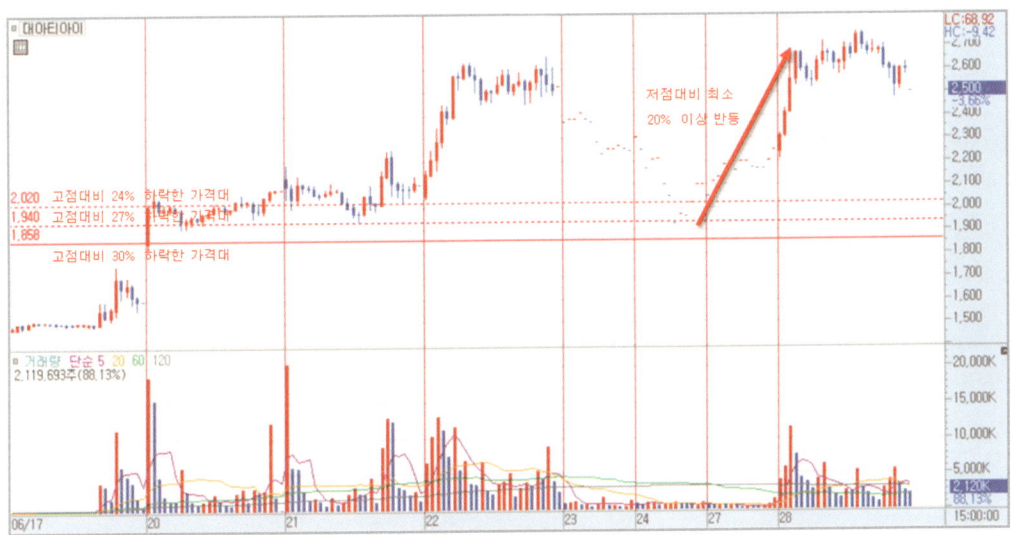

　다음날 주가는 저점대비 20% 이상 반등했습니다. 적정 투매폭에서 반등이 확실히 나온 모습이지요?

[그림 78] 예시차트 - 대아이티아이 일봉

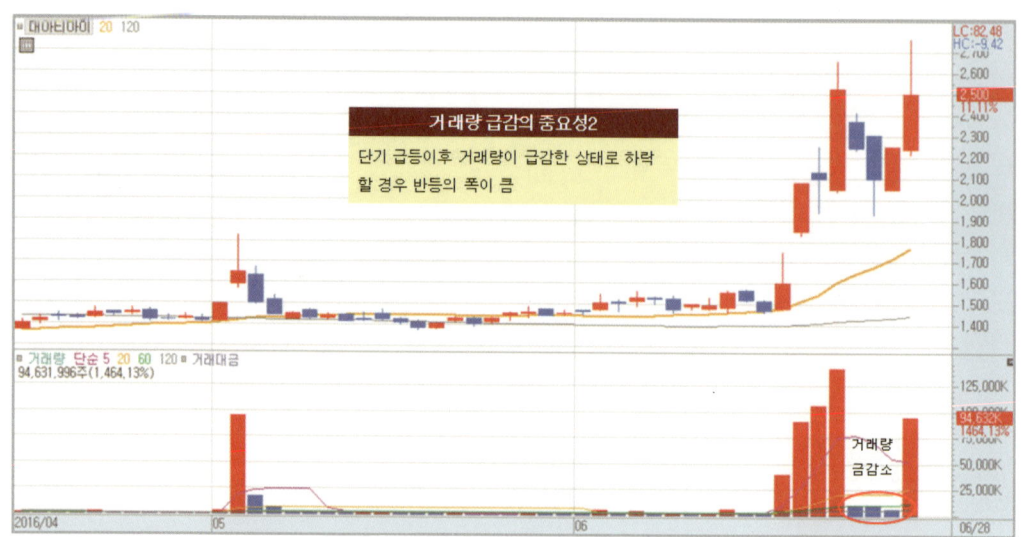

 강조하지만 단기 상승이후 거래량이 별로 없이 하락할 경우 눈여겨보시기 바랍니다. 특히 상승폭 81% 이상구간에서부터 적정 투매폭 뿐만 아니라 고점에서 30% 하락한 범위까지 주가가 하락하는지 필히 확인해야 합니다.

투매폭 8구간 분석·예시차트

[그림 79] 바닥대비 91~100% 상승률

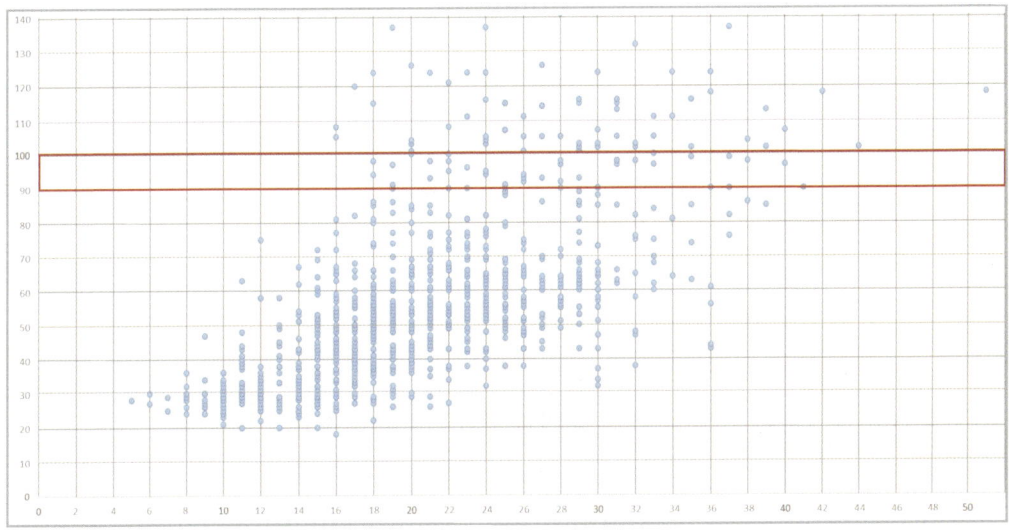

 상승폭 81~90% 구간처럼 91~100% 구간도 데이터가 집중된 부분을 찾기 어렵습니다. 데이터 상 산술적으로 나오는 평균 투매폭, 정규분포 범위를 참고하면 아래와 같이 적정 하락폭이 산정됩니다.

[그림 80] 바닥대비 91~100% 상승률(적정 하락폭 25~28%)

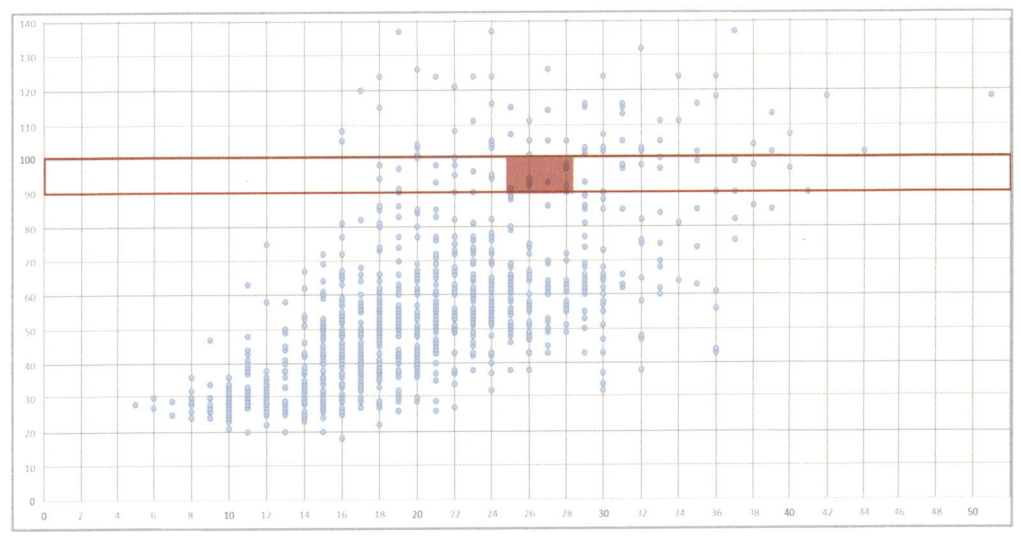

데이터가 산발적으로 분포되어 있지만 91~100%의 평균 투매폭을 활용한다면 적정 투매폭을 대략적으로 산정할 수 있습니다. 적정 투매폭 범위를 25~28% 정도로 말입니다.

[투매폭 8구간]

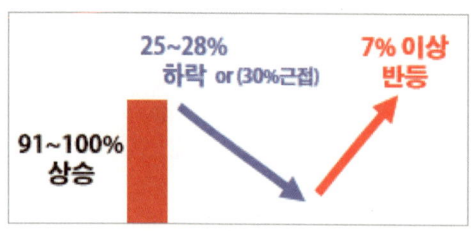

'주가가 91~100% 상승한 경우 고점에서 25~28% 또는 ~30% 하락이 적당하며 그 정도 하락을 해야 7% 이상 반등할 가능성이 있다'라고 정의할 수 있습니다.

대체적으로 상승폭 81~100% 구간은 적정 투매폭 범위를 동일하게 봐도 무방합니다. 평균 투매폭이 26% 나오듯이 고점에서 20% 후반 대까지 하락하는 것이 보통입니다.

[그림 81] 예시차트 - DSR제강 일봉

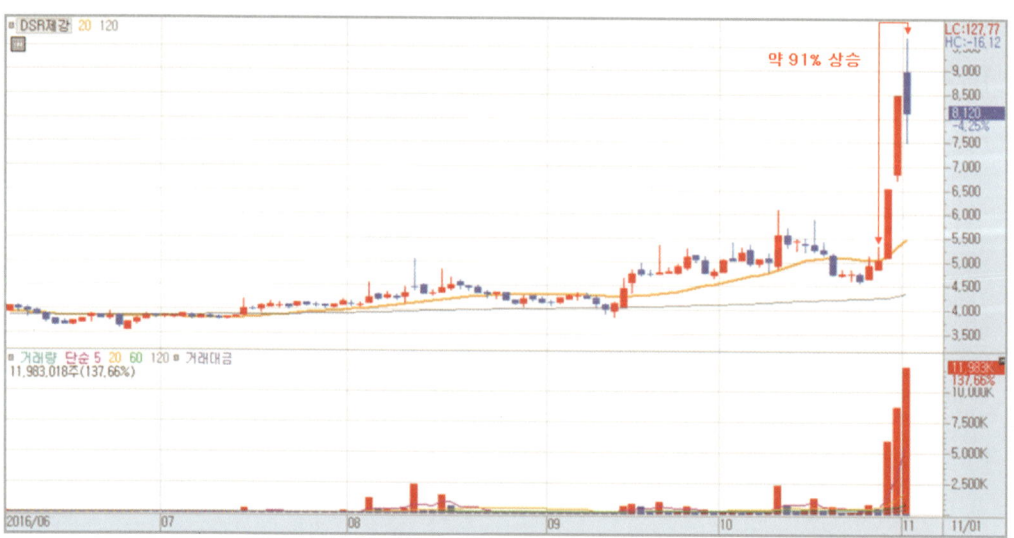

DSR제강은 2연속 상한가로 단기간 91% 상승했습니다. 상한가 당시 거래대금도 600억 원 수준이었습니다. 이렇게 직전고점을 돌파하고 거래대금이 많은 종목은 적정 투매폭에서 반등이 확실하게 나옵니다.

[그림 82] 예시차트 – DSR제강 15분봉

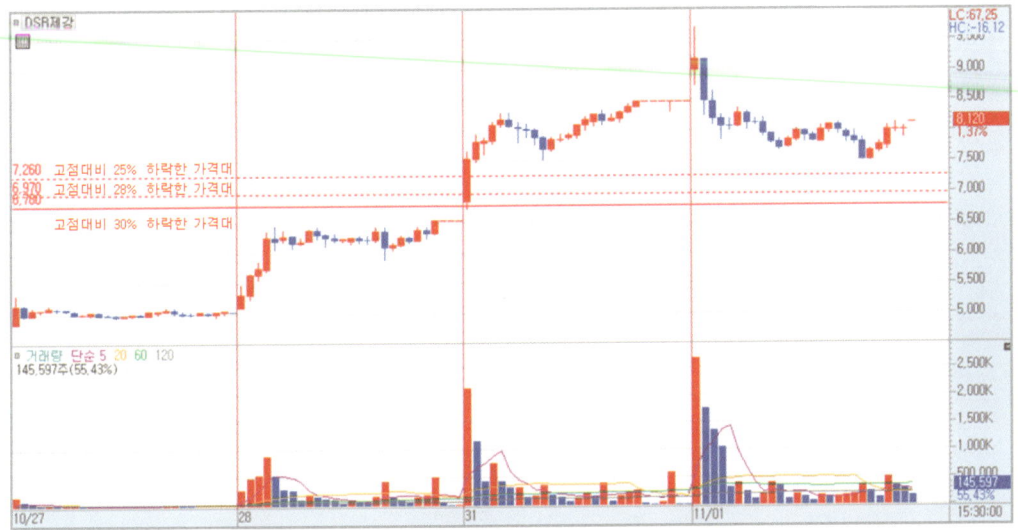

11월 1일 DSR제강의 고가는 9,680원으로 이 가격에서 25%, 28%, 30% 하락한 가격은 각각 7,260원, 6,970원, 6,780원입니다. 적정 투매폭 범위는 6,970~ 7,260원입니다.

[그림 83] 예시차트 – DSR제강 15분봉

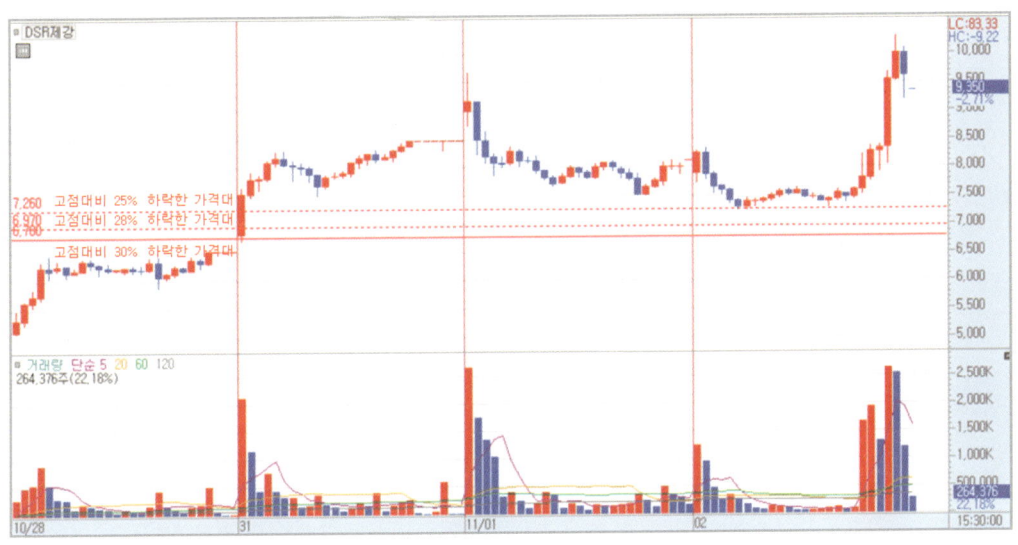

주가가 적정투매범위인 25% 부근까지 하락한 후 급반등이 나왔습니다. 테마 대장주의 경우 반등폭이 큽니다.

[그림 84] 예시차트 – DSR제강 15분봉

그러나 RSI 지표를 보면 과매도 권에 진입한 적이 없습니다. 보조지표는 보조지표일 뿐이지 절대로 맹신해서는 안 됩니다. RSI 지표가 과매도 권에 진입하지 않더라도 적정 투매권에서 반등이 나오기도 합니다.

투매폭 9구간 분석·예시차트

[그림 85] 바닥대비 101%~ 상승률

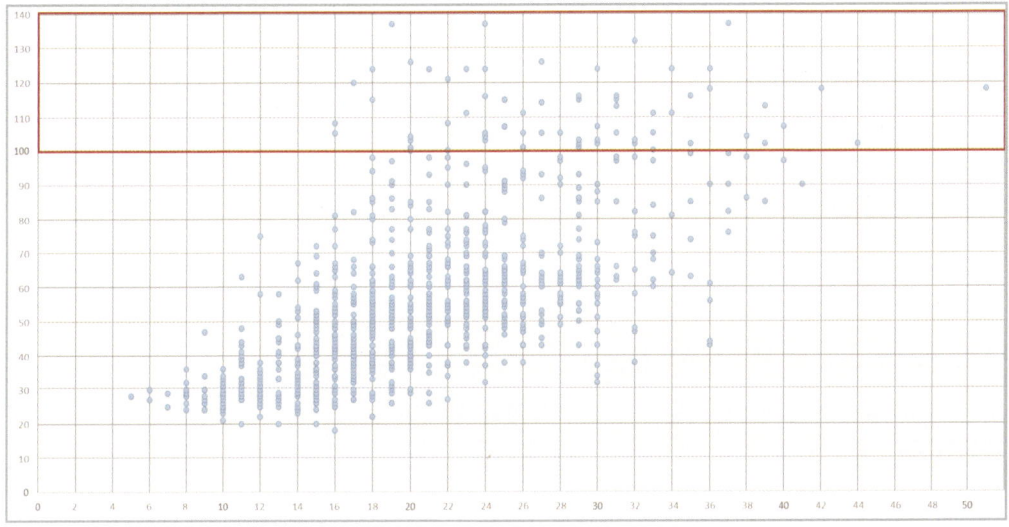

다음은 101%~ 이상의 구간입니다. 연속으로 급등한 종목의 경우가 해당되겠습니다. 예를 들어 조정 없이 100%나 200% 정도 상승한 종목이 되겠지요. 역시 이 그래프를 보고 투매폭 데이터가 집중된 부분을 찾기 어렵습니다.

[그림 86] 바닥대비 101%~ 상승률(적정 하락폭 26~30%)

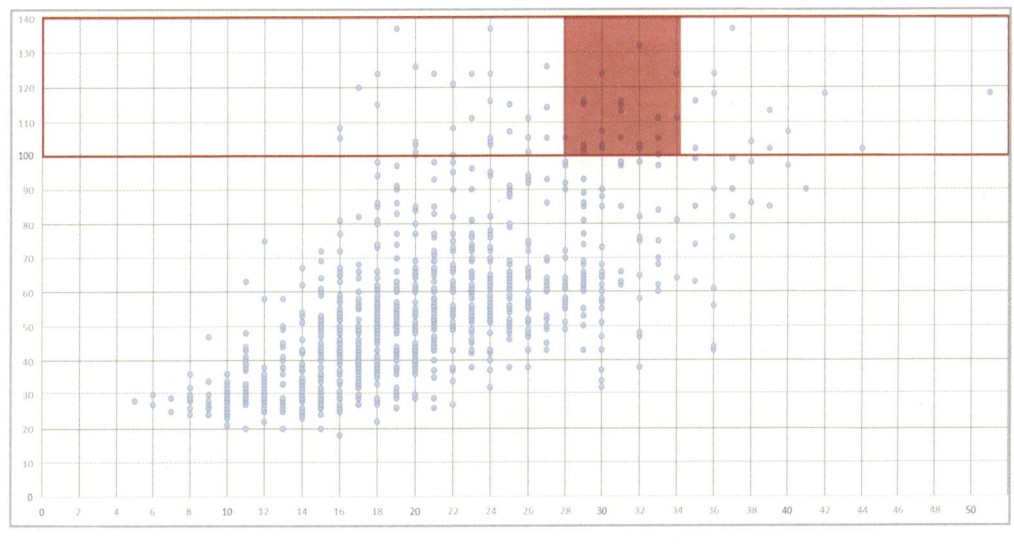

따라서 해당 데이터의 정규분포를 참조하자면 28~34% 구간을 적정 투매폭 범위로 산정할 수 있습니다.

* 상승폭 100% 이상의 신뢰구간 범위가 29.3% ~ 33.4%로 27페이지의 정규분포 범위인 28~34%와 별 차이가 없습니다.

[투매폭 9구간]

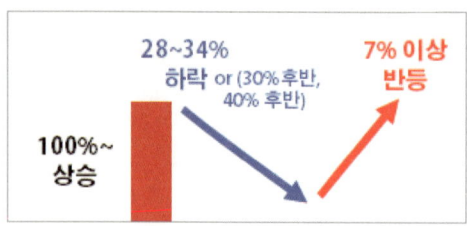

'주가가 101%~ 상승한 경우 고점에서 28~34% 또는 30% 후반~40% 후반 하락이 적당하며 그 정도 하락을 해야 7% 이상 반등할 가능성이 있다'라고 정의할 수 있습니다.

폭등한 주식이 조정을 받을 때 최소 28% 후반부까지 하락을 해야 반등이 나올 가능성이 높습니다. 깊게 하락하는 경우는 40% 후반부까지 하락하기도 합니다.

[그림 87] 예시차트 - 에이치엘비생명과학 일봉

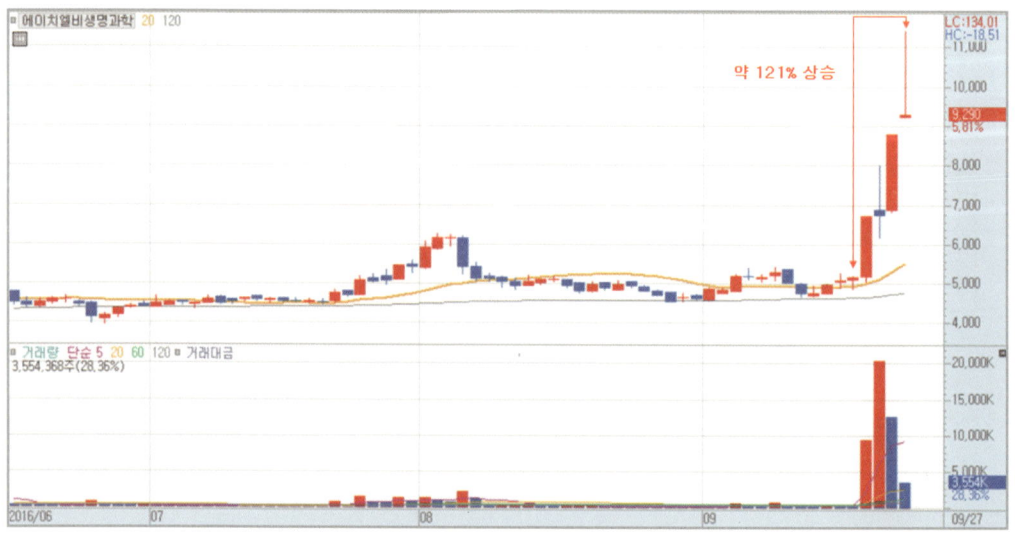

단기간 100% 이상 상승한 종목입니다. 초기 상한가 당시 거래대금이 590억 원 수준으로 당시 시장의 주도주였습니다. 과연 이렇게 100% 상승한 종목은 적정 투매폭 28~34% 범위에서 반등이 나오는지 확인해 보겠습니다.

[그림 88] 예시차트 – 에이치엘비생명과학 15분봉

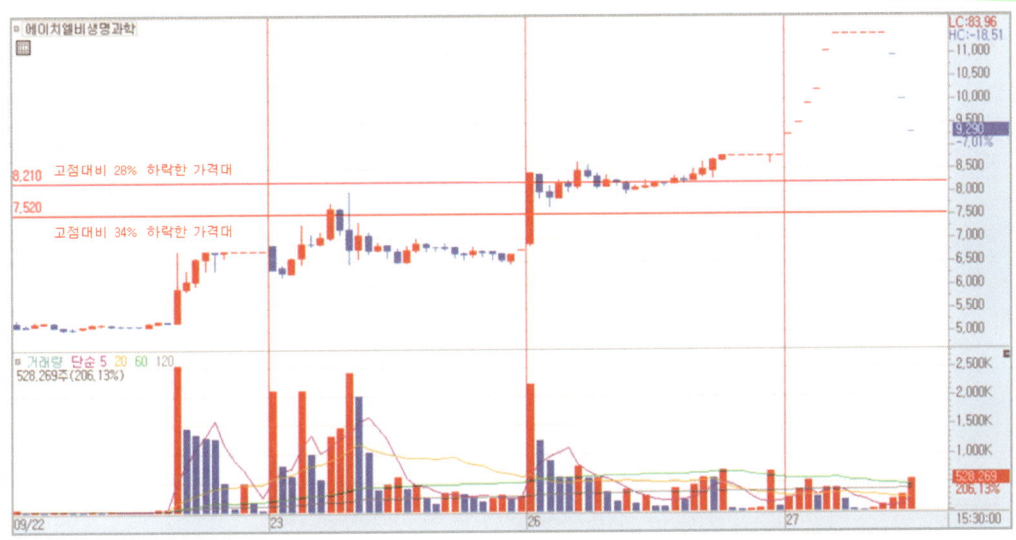

9월 27일 에이치엘비생명과학의 고가는 11,400원입니다. 이 가격에서 고점대비 28% 하락한 가격은 8,210원, 고점대비 34% 하락한 가격은 7,520원입니다.

[그림 89] 예시차트 – 에이치엘비생명과학 15분봉

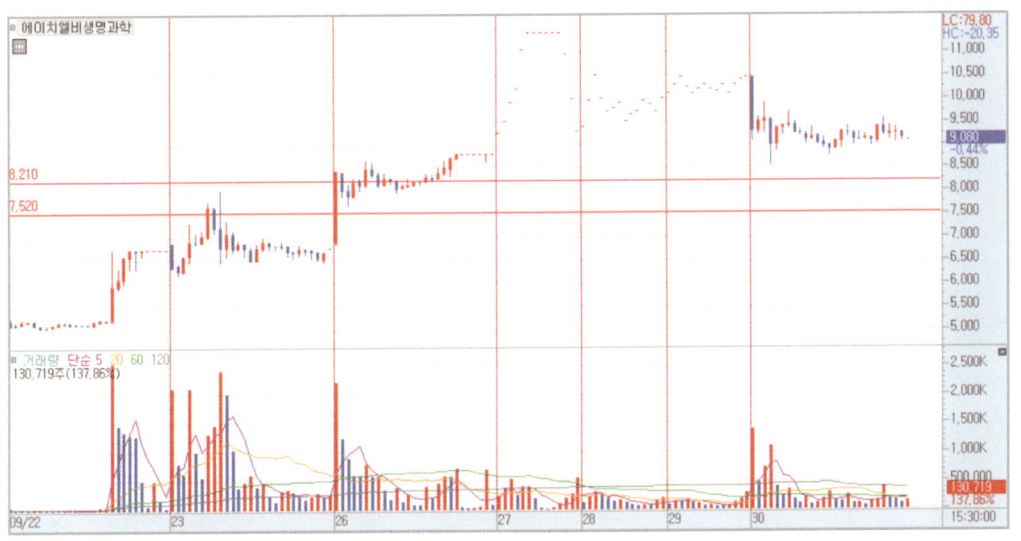

아직 적정 투매폭 범위까지 주가가 하락하지 않았습니다. 만약 주가가 적정 투매폭 범위까

지 하락하지 않고 7% 이상의 반등이 나온다면 반등을 인정해야 합니다.

[그림 90] 예시차트 - 에이치엘비생명과학 15분봉

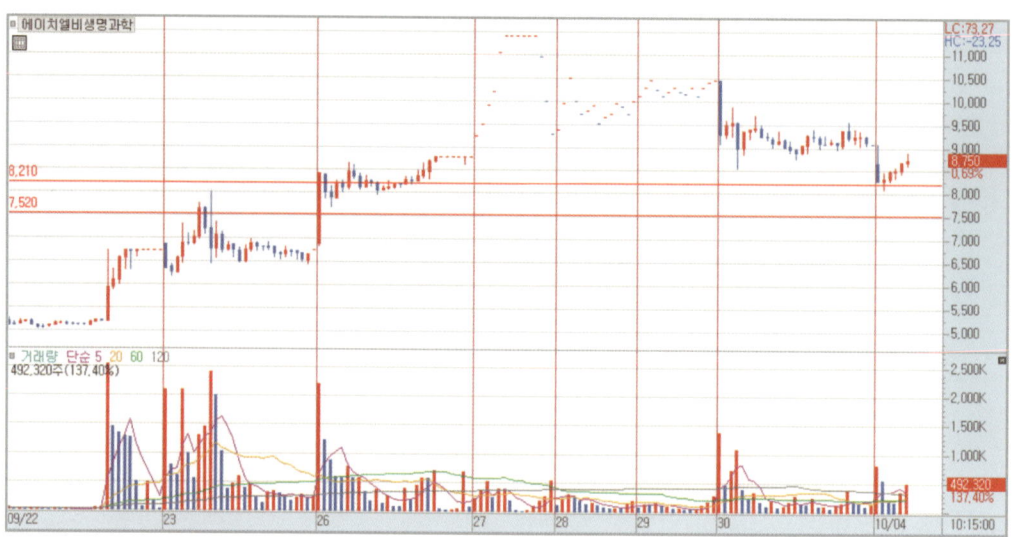

27일 이후로 4일 만에 주가가 적정 투매폭 범위까지 하락했습니다. 이후 주가가 반등이 나올 자리인지 확인하기 위해 RSI 지표를 보겠습니다.

[그림 91] 예시차트 - 에이치엘비생명과학 15분봉

10월 4일 오전 한 차례 RSI 지표가 과매도 권에 진입을 했었습니다. 이후 주가가 추가 반등

에 성공할지 또는 하락할지 보겠습니다.

[그림 92] 예시차트 - 에이치엘비생명과학 15분봉

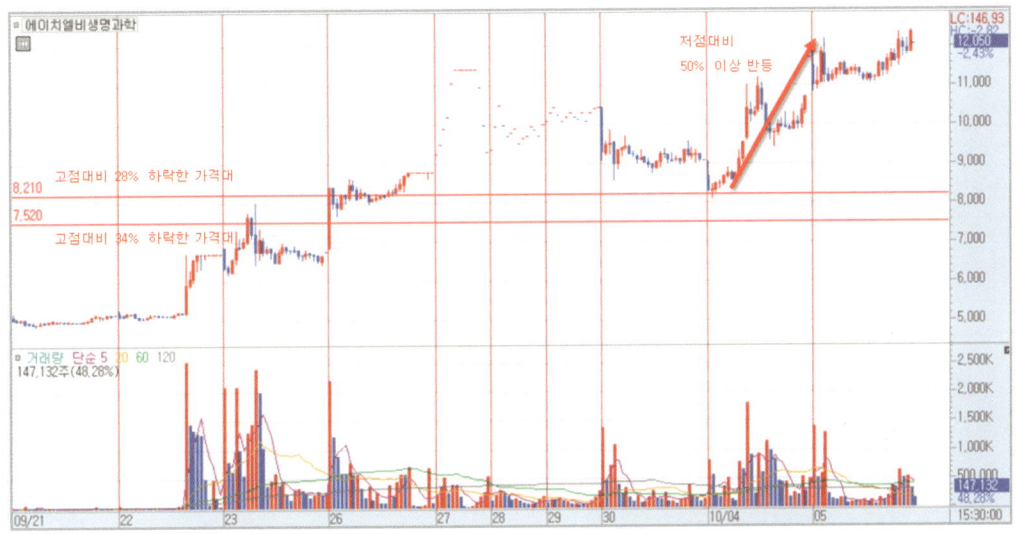

주가는 저점대비 50% 이상 추가 상승했습니다. 상승폭 100% 이상의 종목은 적정 투매폭 28~34% 범위에서 반등이 나온다는 것을 위 차트로 확인할 수 있습니다.

그러나 주가가 적정 하락폭에 꼭 하락해야 반등을 하는 것은 아닙니다. 적정 투매폭 범위에서 얼마든지 벗어나는 움직임이 있을 수 있습니다. 투매폭에 대한 데이터는 "대략적인 구간"을 파악할 수 있을 뿐 정확한 하락폭에 대한 수치를 제공하지는 않습니다. 정확한 하락폭에 대한 데이터를 제공하지 못해 아쉬울 수 있습니다만, 대략적인 구간을 잘 이용하는 것만이라도 매매에 훌륭한 기준이 될 수 있습니다.

여기까지 상승폭 9개 구간의 적정 하락폭을 살펴보았습니다.

적정 투매폭 범위

[그림 93] 투매폭 종합 1

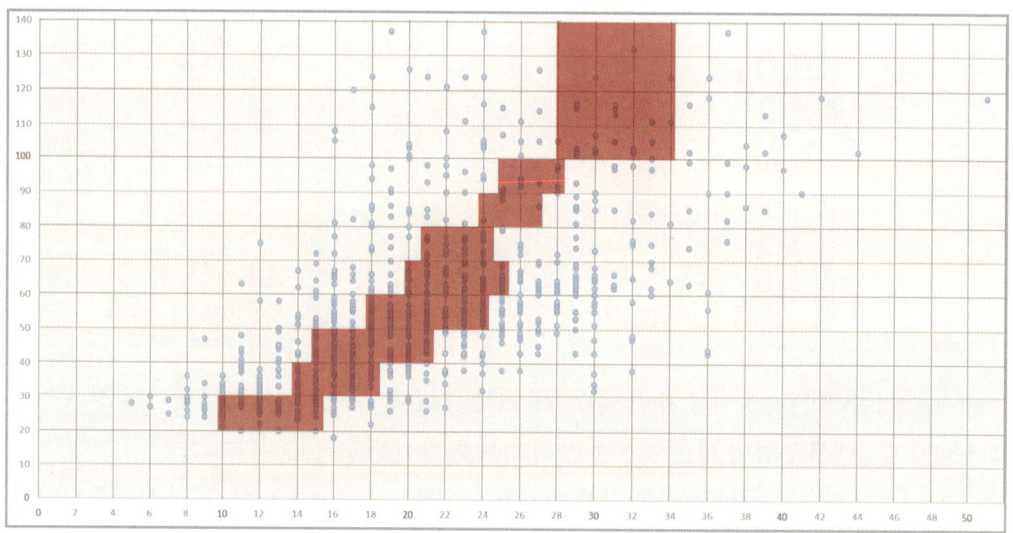

위 그래프는 적정 투매폭 범위만 표시한 것입니다. 이를 통해 알 수 있는 사실은 상승폭이 클수록 하락폭도 크다는 것입니다. 단, 상승폭이 80% 이상의 경우 데이터가 산발적으로 분포되어 있습니다.

여기서 ~30% 구간까지 추가로 표시해보겠습니다. 주가가 ~30% 하락한 경우도 많기 때문입니다.

[그림 94] **투매폭 종합 2**

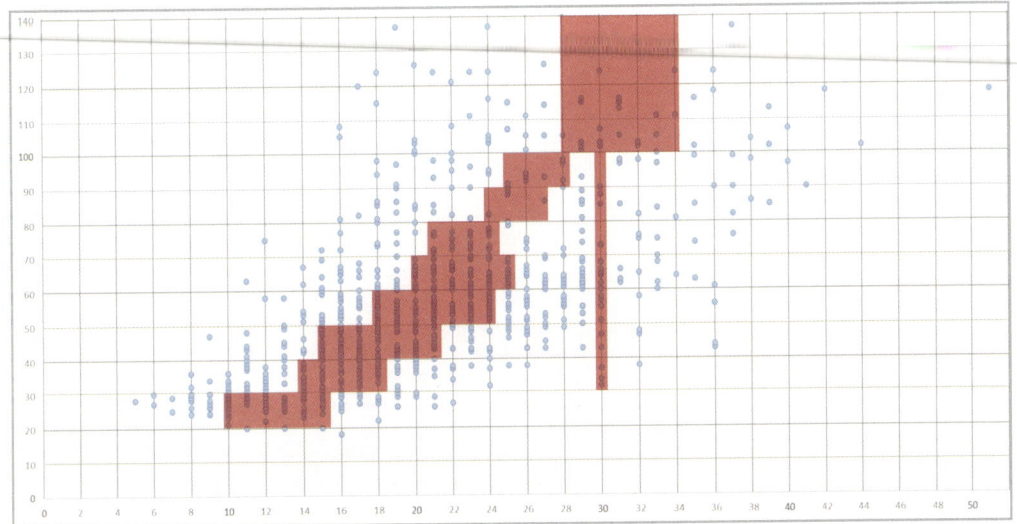

상승폭에 따른 적정 투매폭 범위를 위 그래프로 표시했습니다. 실전 매매를 할 때 주로 봐 주어야 할 구간입니다.

급등주 투매폭, 적정 투매폭 범위 지지 확인 방법

지금까지의 내용은 적정 투매폭 범위에서 주가가 반등이 나오는지 확인하는 것이었습니다. 그렇다면 주가가 적정 투매폭 범위에서 지지가 되는 것을 어떻게 확인할까요?

주가의 지지를 확인하는 방법은 거래량, 분봉상 지지점, 보조지표를 통해 어느 정도 가능합니다. 이 세 가지를 따로 보는 것이 아닌 종합적으로 봐줘야 합니다. 종합검진을 하는데 청진기 하나만으로 병을 진단하는 오류를 범해서는 안 됩니다. 차트의 모든 요소를 유기적으로 참고하여 판단해야 합니다.

차트를 보겠습니다.

[그림 95] 지엘팜텍 일봉

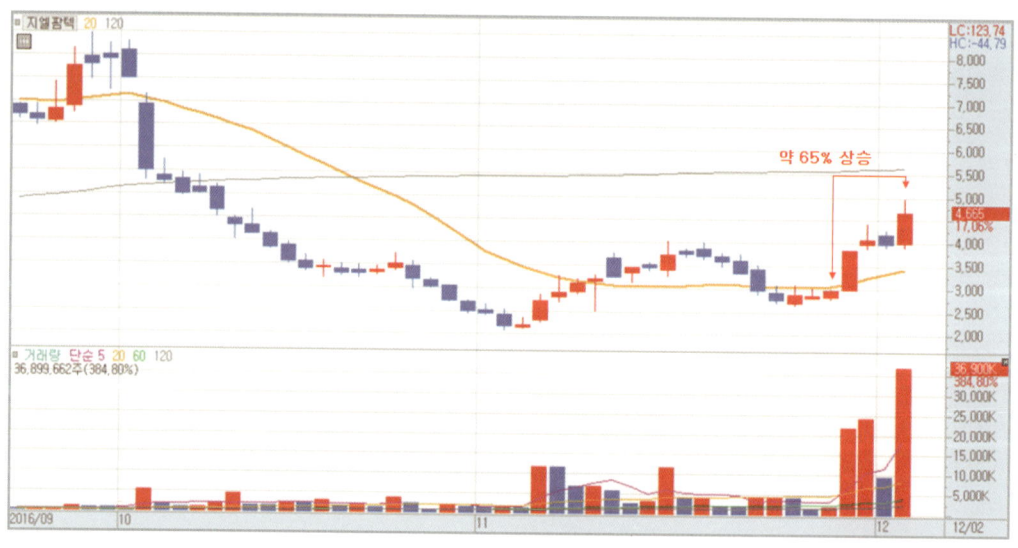

지엘팜텍 일봉 차트입니다. 약 바닥에서 65% 상승했습니다. 이때 당시 대선관련주로 편입된 종목으로 첫 상한가의 거래대금이 760억 원이었습니다. 거래대금이 증가할수록 시장의 참여자들이 많아지며 주가 상승 기대감도 높아집니다. 종목선정을 할 때는 항상 거래대금이 가장 많은 종목에 관심을 두시기 바랍니다.

[그림 96] 지엘팜텍 15분봉

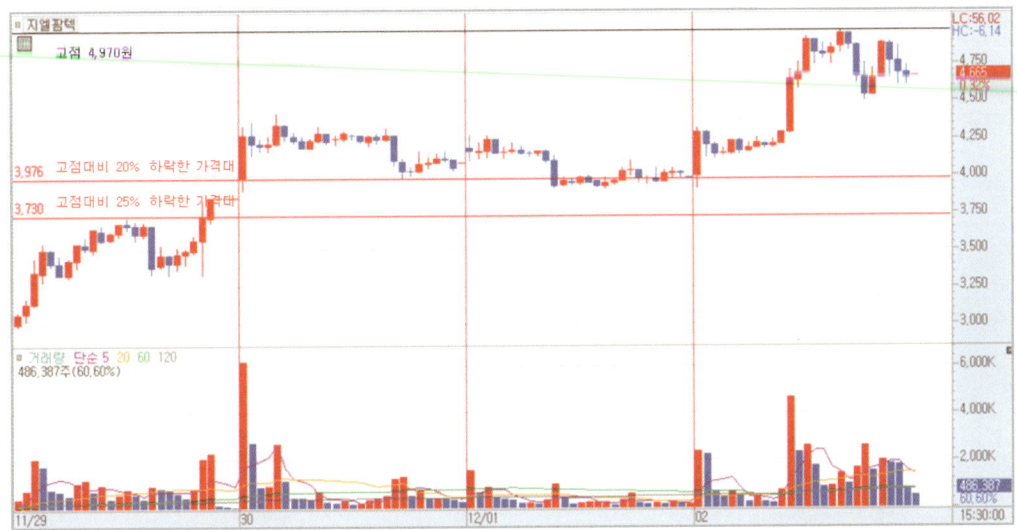

지엘팜텍의 12월 2일의 고가는 4,970원입니다. 상승폭 65% 수준에서 적정 하락폭은 20~25%로 4,970원에서 20% 하락한 가격은 3,976원, 25% 하락한 가격은 3,730원입니다. 주가가 이 범위에 하락할 때까지 기다려야겠지요?

[그림 97] 지엘팜텍 15분봉

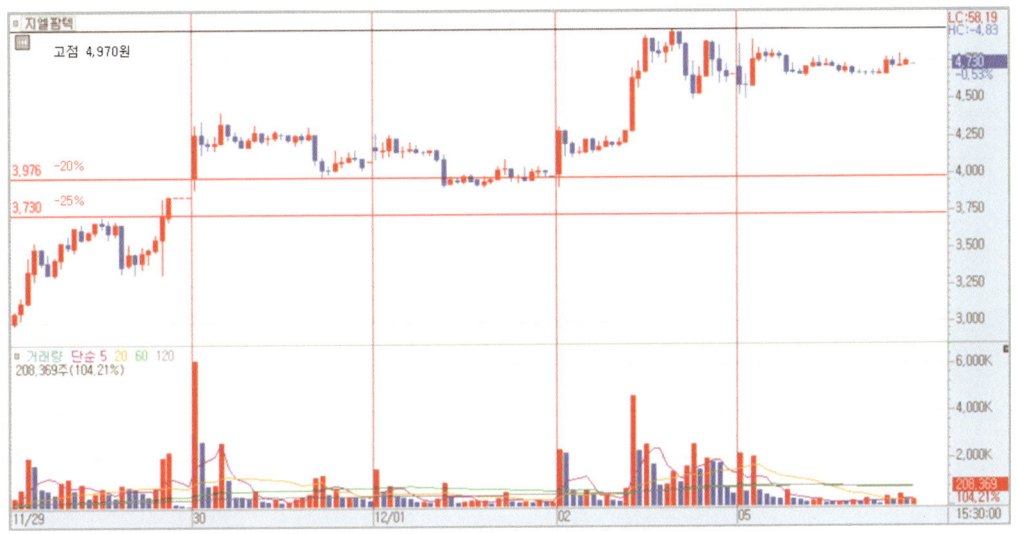

단기간 주가가 60% 이상 급등한 종목의 경우 하루 만에 적정 하락폭 범위까지 하락하는 경우는 드뭅니다. 통상적으로 적정 하락폭까지 하락하는데 이틀에서 닷새정도 소요됩니다. 만약 적정 하락폭까지 하락하지 않고 반등이 크게 나오고 기존 고가를 경신하면 투매폭을 재조정해야 합니다.

[그림 98] 지엘팜텍 15분봉

3일이 지나도 주가는 투매폭 범위까지 하락하지 않았습니다. 이럴 때 투매폭 범위까지 하락하지 않았다고 섣부르게 매매하지 마시기 바랍니다. 기다리면 언제든 기회가 오게 되어 있습니다.

[그림 99] 지엘팜텍 15분봉

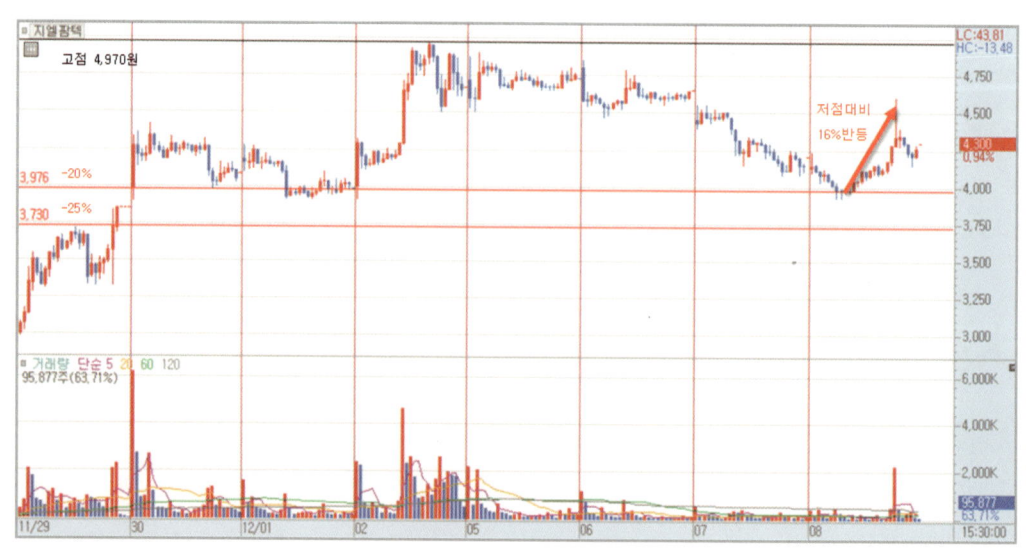

5일 만에 주가가 적정 하락폭 범위까지 하락한 이후 급반등을 하였습니다. 무려 저점대비 16% 반등이 나왔는데요. 테마 대장주, 시장 주도주의 경우 이렇게 반등의 폭이 큽니다.

그러면 여기서 어떻게 저점을 확인하는지에 대해서 알아보겠습니다.

[그림 100] 지엘팜텍 15분봉

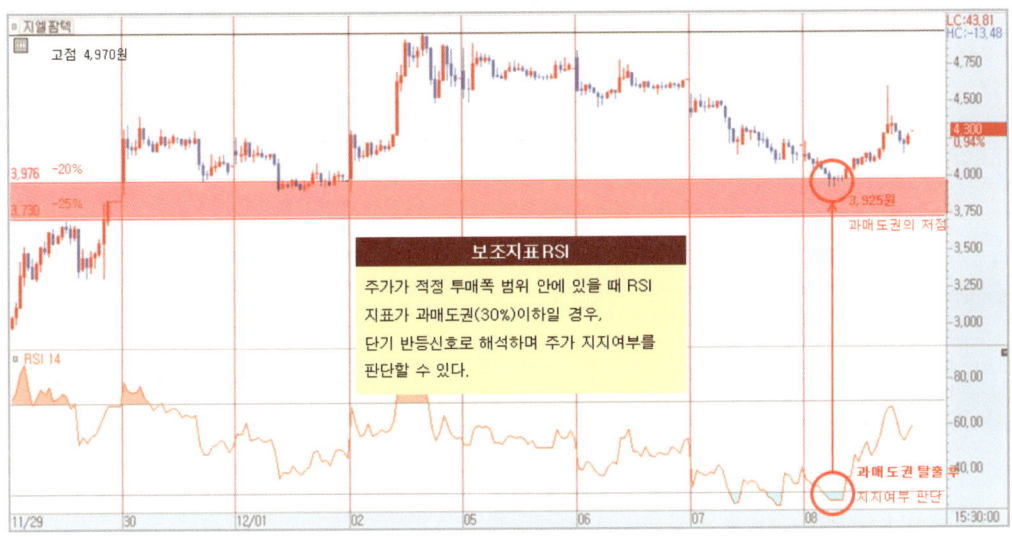

첫째로 보조지표인 RSI를 활용합니다. RSI의 지표가 70% 이상의 경우 과매수권으로 주가 상투의 신호로 해석되며 30% 이하일 경우 과매도 권으로 주가 바닥의 신호로 해석됩니다.

여기서 주가의 지지를 확인하는 방법은 RSI 지표가 과매도 권에서 탈출하는 시점에 지지여부를 판단하는 것입니다. 지엘팜텍의 경우 3,925원을 지지점으로 보고 이 가격에서 더 하락하지 않는지 확인하고 매매를 해야 합니다. 이 3,925원이 지지점이자 손절선입니다.

[그림 101] 지엘팜텍 15분봉

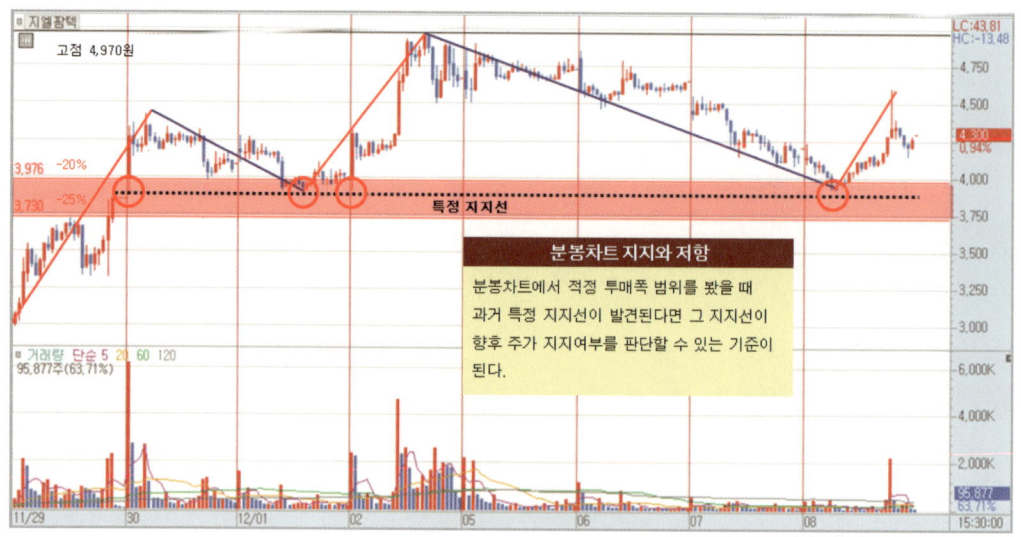

둘째, 분봉차트 상 지지와 저항을 그려보면 특정 지지선이 나옵니다. 이 특정 지지선이 적정 투매폭 범위에 존재하게 되었을 때가 주가 지지여부를 판단할 수 있는 기준이 됩니다.

[그림 102] 지엘팜텍 15분봉

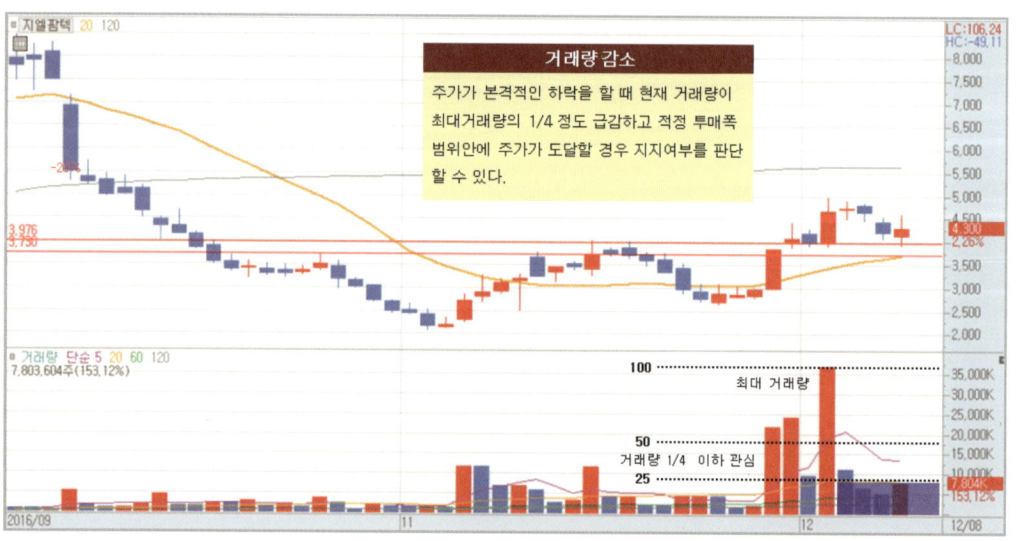

셋째, 거래량입니다. 급등주 투매폭에서 주가가 하락할 때 거래량 급감한 상태에서 하락하는 것이 좋습니다. 매수주체들이 차익실현 매도물량이 크게 나오지 않는다면 추후 반등할 가능성이 높습니다. 또한 주가가 적정 투매폭 범위까지 하락한 상태에서 최대거래량의 1/4 정도 거래량이라면 단기 반등의 신호로 해석하고 지지여부를 판단할 수 있습니다.

[그림 103] **지엘팜텍 15분봉**

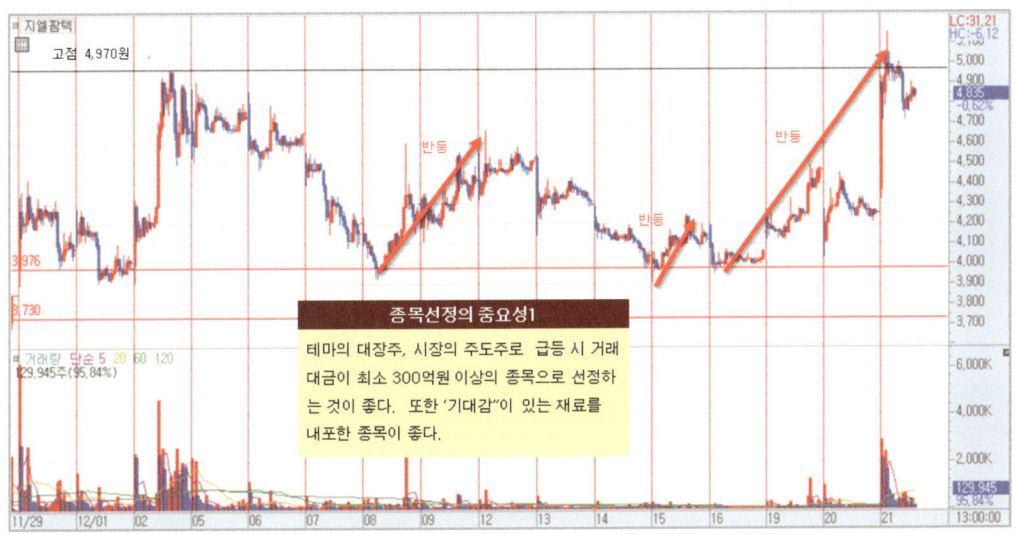

테마의 대장주, 시장의 주도주, '기대감'이 있는 재료주 가 종목선정의 조건입니다. 이는 탄력적인 시세뿐 아니라 여러 차례 지지선에서 반등이 나오기 때문입니다. 지엘팜텍의 경우 세 번 정도 지지선에서 반등이 나왔습니다.

[그림 104] **지엘팜텍 일봉**

또 하나의 종목선정 요건은 차트상 직전 고점을 강력하게 돌파한 종목입니다. 누가 봐도 명확하게 직전의 고점을 돌파한 차트는 기존 매수 세력이 신규 매수 세력에 의해 손바뀜 과정이 이루어지는 "초기"시점입니다. 이러한 "초기"시점에서 적정 투매폭 범위에서 반등도 잘 나오는 편이며 추가 급등을 하는 경우도 많습니다.

> **요약정리**
>
> 적정 투매폭 범위에서 주가 지지를 확인하는 방법
> 1) RSI 지표가 과매도 권에서 탈출하게 되었을 때 과매도권의 저점을 기준으로 지지여부 확인(주가가 현재 적정 투매폭 범위에 있을 경우)
> 2) 적정 투매폭 범위 안에 특정 지지선이 존재할 경우, 그 지지선을 기준으로 주가 지지여부 확인(주가가 현재 적정 투매폭 범위에 있을 경우)
> 3) 최대거래량의 1/4 수준으로 줄어들 때 주가 지지여부 확인(주가가 현재 적정 투매폭 범위에 있을 경우)

실제 예시사례를 보겠습니다.

[그림 105] 대성파인텍 일봉

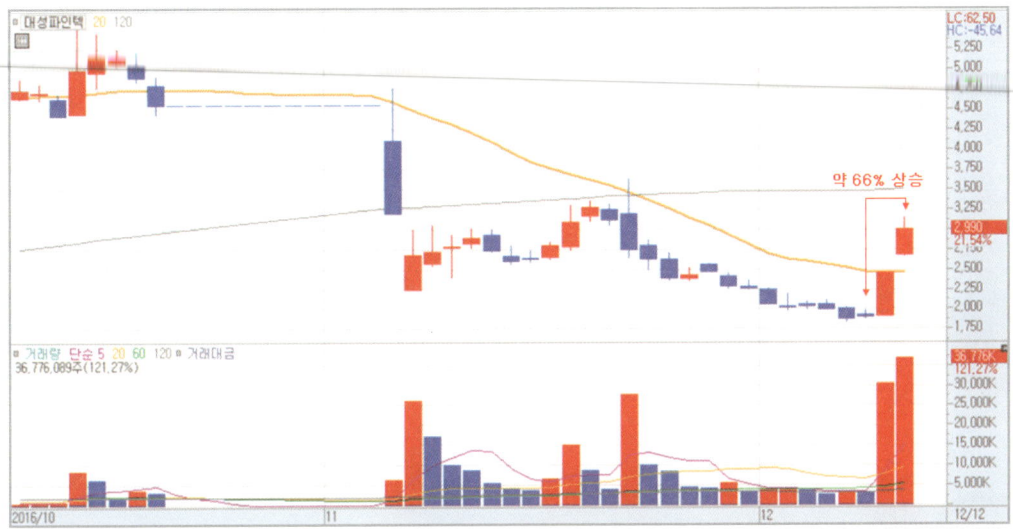

2016년 12월말 당시 문재인 대선 관련주로 편입된 종목으로 바닥대비 66% 상승했습니다. 상승폭 66%의 적정 투매폭은 20~25%입니다.

[그림 106] 대성파인텍 15분봉

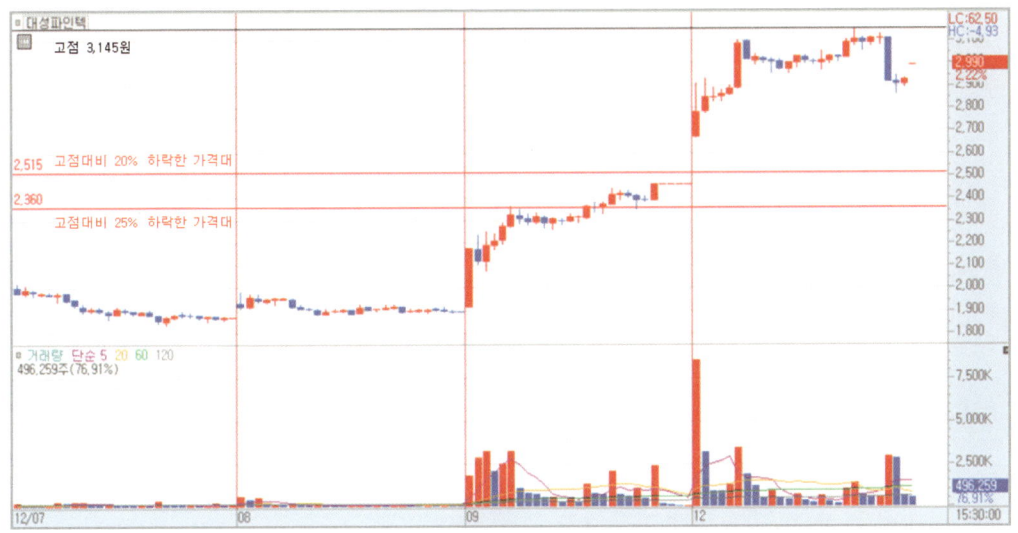

대성파인텍 12월 12일의 고가는 3,145원으로 고점대비 20% 하락한 가격은 2,515원, 25% 하락한 가격은 2,360원입니다. 주가가 이 범위에 하락할 때까지 기다려야겠지요? 섣부른 매매로 손실을 보기보다는 확실한 자리에 오기 전까지 기다리는 매매전략이 필요합니다.

[그림 107] 대성파인텍 15분봉

단기간 60% 이상 급등한 종목은 하루 만에 주가가 적정 투매폭 범위까지 하락하지 않습니다. 실제로 매매하게 될 때 관심종목에 넣어두고 실시간으로 해당 종목을 모니터링해야 합니다. 언제 급락할지 알 수 없기 때문입니다.

[그림 108] 대성파인텍 15분봉

보통 주가가 적정 투매폭까지 하락할 때 이틀에서 닷새정도 걸리지만 때에 따라 일주일 이상 소요될 수 있습니다.

[그림 109] 대성파인텍 15분봉

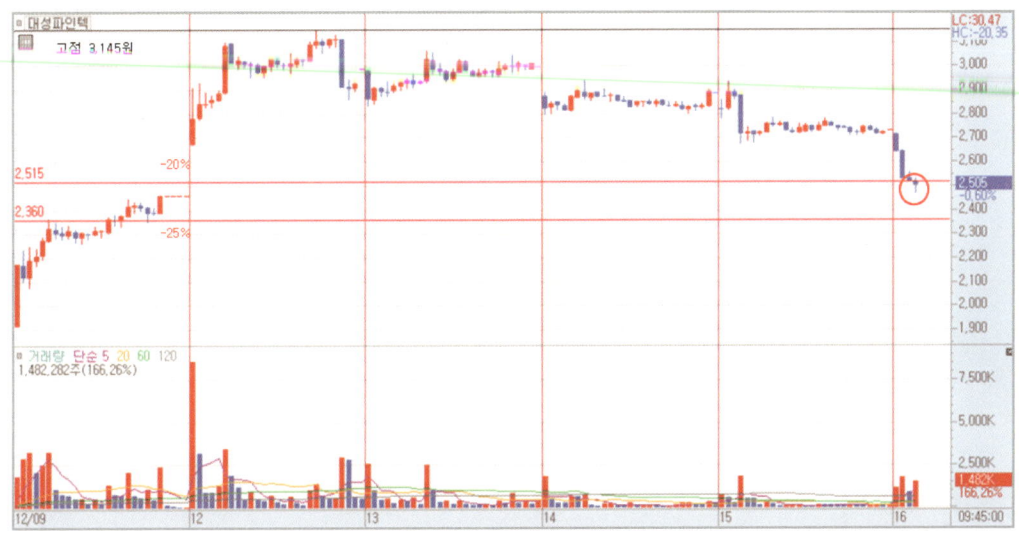

투매폭을 설정한지 5일 만에 주가가 적정투매폭 범위에 도달했습니다. 이 범위에서 주가가 지지를 받을지 판단하는 방법은 보조지표인 RSI를 활용하거나, 분봉차트의 지지점을 보거나, 거래량 감소상태를 체크해야 한다고 했습니다.

[그림 110] 대성파인텍 15분봉

RSI 지표를 보니 주가가 과매도 권에 진입했습니다. 이렇게 주가가 RSI 과매도 권에 진입하게 되면 주가 반등의 신호로 해석할 수 있습니다. 이 과매도권의 저점을 지지점(손절선)으로 보고 대응합니다.

[그림 111] 대성파인텍 15분봉

과매도권의 저점인 2,470원이 손절선이 되며, 주가가 이 손절선을 이탈하게 되면 전량매도로 대응합니다. 매수하는 방법은 손절선을 기준으로 +1~3% 부분에서 매수하는 것입니다. 저점(바닥)을 확인하고 매수하는 것이기 때문에 심리적으로 안전합니다.

[그림 112] 대성파인텍 15분봉

저점(바닥) 확인은 이렇게 RSI 지표가 과매도 권에 탈출하게 되는 순간입니다.

과매도권의 저점인 2,470원이 지켜질 가능성이 있어 보이면 매매하기 바랍니다. 단, 해당 종목이 회사에 아주 좋지 않은 악재로 인한 하락이거나 재료 소멸성 하락이라면 매매를 자제해야 합니다.

[그림 113] 대성파인텍 15분봉

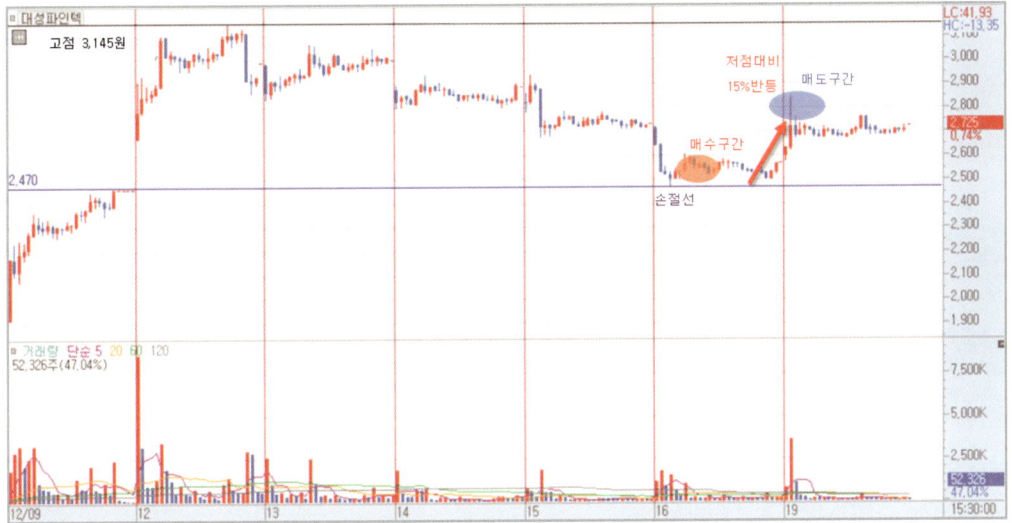

원칙대로 매매를 한다면 위와 같이 급반등이 나와 꽤 높은 수익률을 달성할 수 있습니다. 저점대비 약 15% 정도 반등을 했습니다.

[그림 114] 대성파인텍 15분봉

반등하고 난 이후 차트를 보면 RSI 지표로 주가 반등의 시기를 대략적으로 알 수 있습니다.

[그림 115] 대성파인텍 15분봉

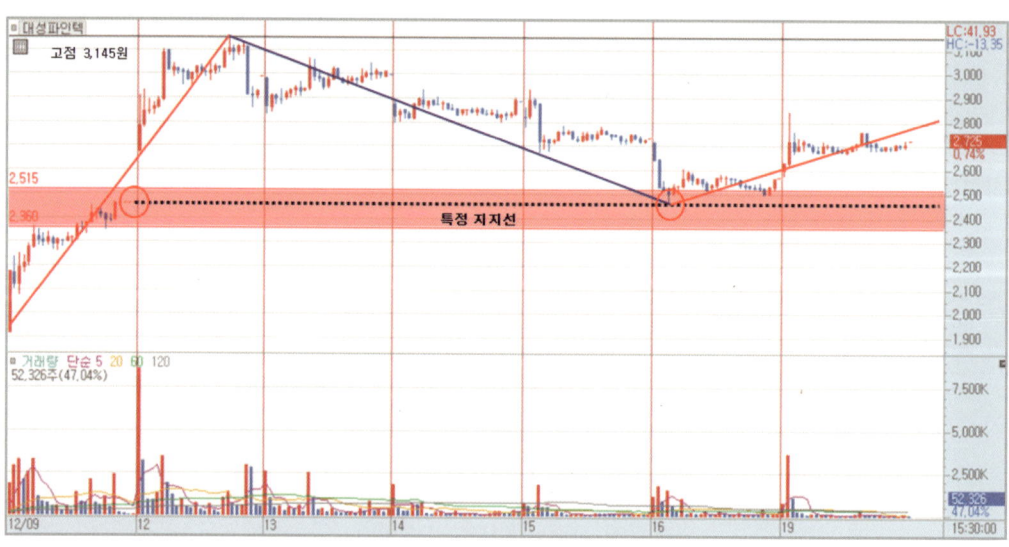

적정 투매폭 범위 안에 특정 지지점이 존재하는지 보겠습니다. 차트를 보면 특정 지지점이 보이지 않습니다. 그래도 굳이 찾으려면 12월 9일 종가를 특정 지지선으로 볼 수 있습니다. 일반적으로 상한가의 '종가'가 지지점이 되기도 합니다. 이 특정 지지선 부근에서 주가가 잘 버티고 있다면 추후 반등이 나올 여지가 높습니다.

[그림 116] 대성파인텍 일봉

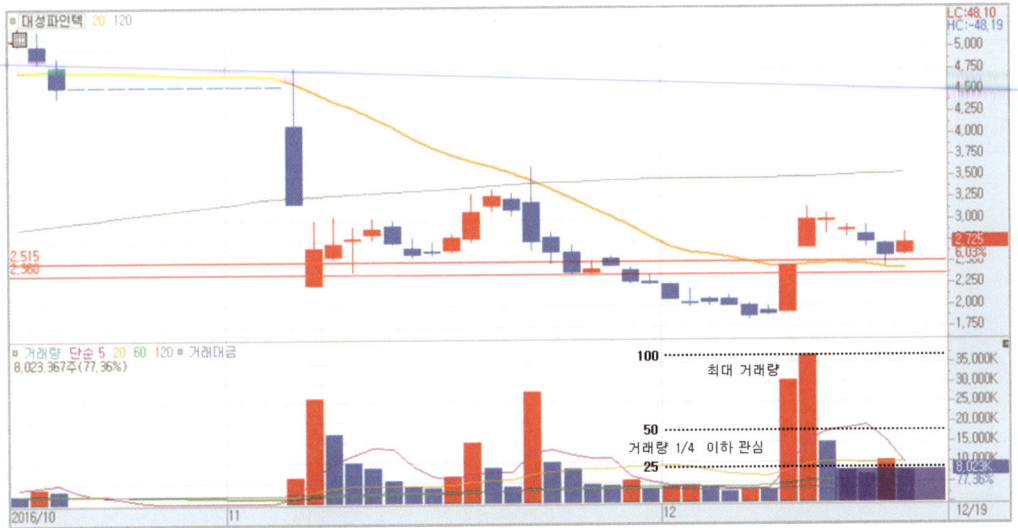

　거래량 감소를 체크해 보겠습니다. 주가가 적정 투매폭 범위까지 하락한 상태에서 최대 거래량의 1/4 수준 이하의 거래량이라면 주가 반등 및 지지의 신호입니다.

　차트를 보면 매수당일 거래량이 살짝 넘어선 상태지만 저 당시 장중에서는 1/4 이하였습니다. 거래량만 봐도 충분히 관심을 가질 만한 자리였습니다.

[그림 117] 대성파인텍 일봉

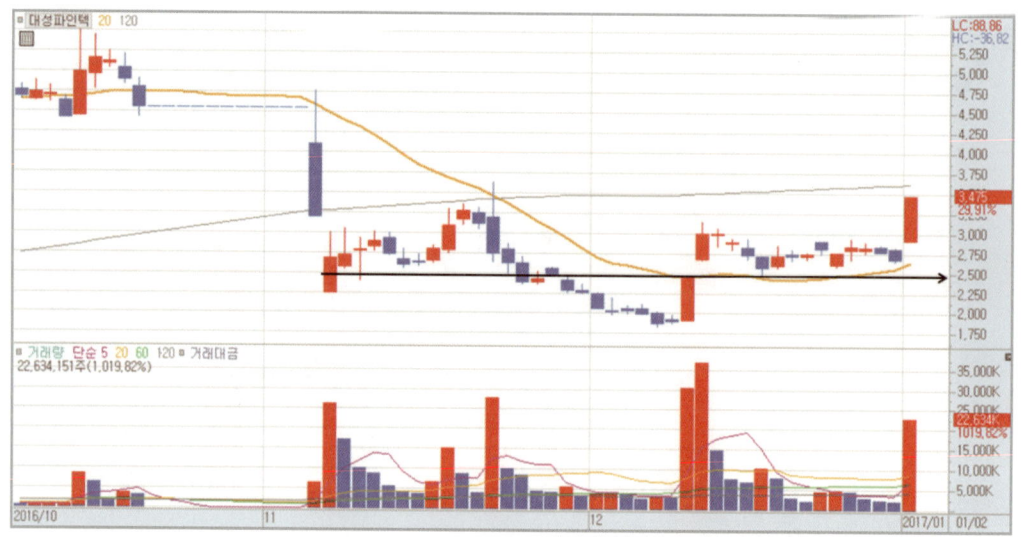

테마 대장주, 시장 주도주, '기대감'이 있는 재료주는 반등이 여러 차례 나옵니다.

이렇게 해서 주가가 적정 투매폭 범위에서 "지지를 어떻게 확인하는지" 알아보았습니다. 이번에는 다른 종목을 보겠습니다.

실전 매매에서는 위와 같이 정석대로 주가가 흐르지 않습니다.

[그림 118] 큐로홀딩스 일봉

단기간 68% 상승한 종목입니다. 상한가 당시 거래대금이 380억 원으로 반기문 대선관련주로 편입되었습니다.

[그림 119] 큐로홀딩스 15분봉

12월 21일 고점은 3,120원으로 고점에서 20% 하락한 가격은 2,500원, 25% 하락한 가격은 2,340원입니다.
주가가 2,340~2,500원 범위에 하락할 때까지 기다립니다.

[그림 120] 큐로홀딩스 15분봉

투매폭 설정 이후 삼일 만에 주가가 적정 투매폭 범위까지 하락했습니다. 여기서 주가가 지지를 받는지 확인해야겠지요?

[그림 121] 큐로홀딩스 15분봉

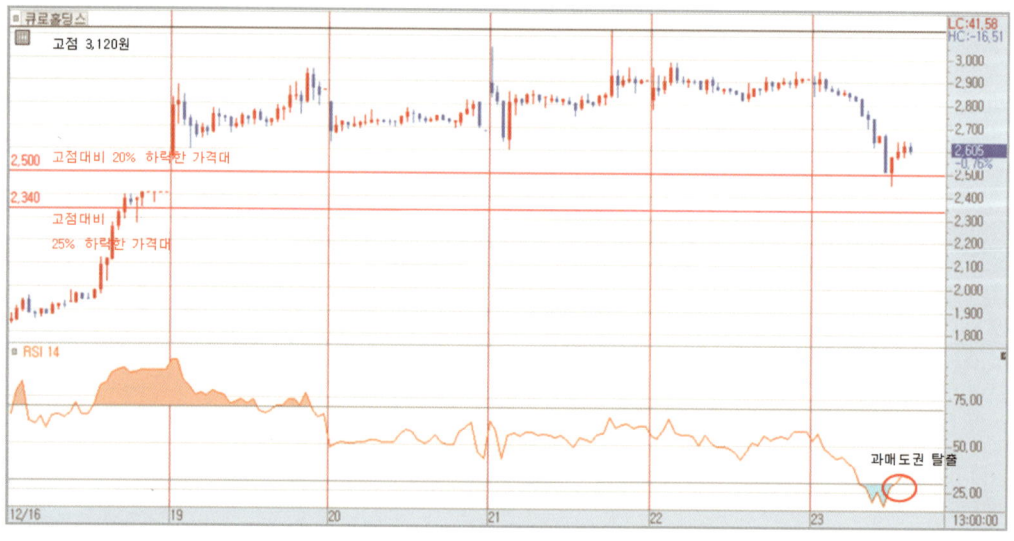

보조지표 RSI를 보니 주가가 과매도 권에 진입했었고 현재는 과매도 권에 탈출된 상태입니다. 지지를 받은 걸로 판단하고 매매해 보겠습니다.

[그림 122] 큐로홀딩스 15분봉

과매도권의 저점(2,455원)을 손절선으로 설정하고 매수를 합니다. 다음날 반등을 기대해 볼 수 있겠네요.

[그림 123] 큐로홀딩스 15분봉

그러나 다음날 갭 하락으로 손절선을 이탈했습니다. 손절선을 이탈하면 당연히 매도로 대응을 해야 합니다. 차트를 다시 한 번 살펴보니 22일 저점대비 8% 반등이 나온 상태였군요. 그러나 이렇게 손실로 마감된 채 매매가 끝난 것이 아닙니다.

[그림 124] 큐로홀딩스 15분봉

적정 투매폭 범위에 벗어났기 때문에 투매폭을 재조정합니다. 고점대비 25~30%로 범위로 재조정합니다. 단기간 60% 이상 급등한 종목의 경우 주가 하락 시 적정 투매폭을 벗어날 수 있습니다. 이럴 때 고점에서 30% 하락한 구간까지 봐주어야 합니다.

[그림 125] 큐로홀딩스 15분봉

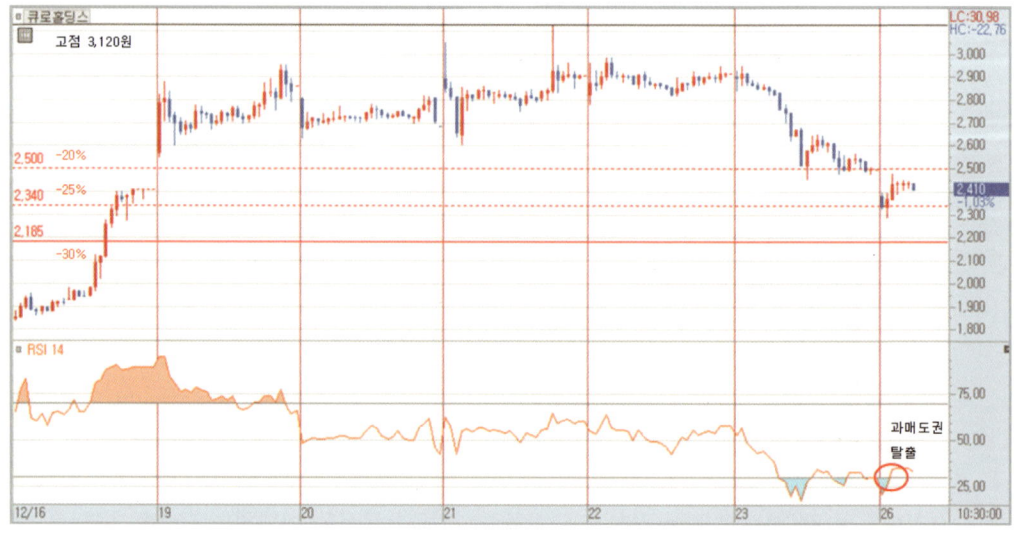

다시 보조지표 RSI를 보면 26일 오전 장 초반 과매도 권에 진입을 했었고 현재 과매도 권에 탈출된 상태입니다. 이번에는 정말 주가가 지지를 받는지 보겠습니다.

[그림 126] 큐로홀딩스 15분봉

손절선도 재설정이 되어야겠지요? 26일 과매도권의 저점인 2,290원이 손절선입니다.

[그림 127] 큐로홀딩스 15분봉

오전의 저점 2,290원을 잘 지켜주고 결국 반등이 나왔습니다. 무려 저점대비 17% 반등했습니다. 이후 어떻게 흘렀는지 보겠습니다.

[그림 128] 큐로홀딩스 15분봉

　한 번 더 매매기회가 있었습니다. 테마의 대장주, 시장의 주도주인 경우 여러 차례 투매폭 범위에 반등이 나오기 때문에 잘 지켜보시기 바랍니다.

　＊위 차트상 분봉상의 지지점(특정 지지선)은 16일의 종가(상한가 종가) 외에 보이질 않습니다.

[그림 129] 큐로홀딩스 15분봉

　여기서 중요한 점은 주가가 적정 투매폭에서 벗어나는 경우 투매폭을 재조정해야 한다는 것입니다.

적정 투매폭 20~25% 이탈 시 고점대비 25~30% 범위로 변경을 해주어야 합니다.

이 외에도 각 상승폭 구간마다 적정 투매폭 범위가 다르지만 주가가 적정 투매폭을 벗어나 추가하락 할 경우 투매폭 범위를 ~30%까지 봐주시기 바랍니다.

[그림 130] 큐로홀딩스 15분봉

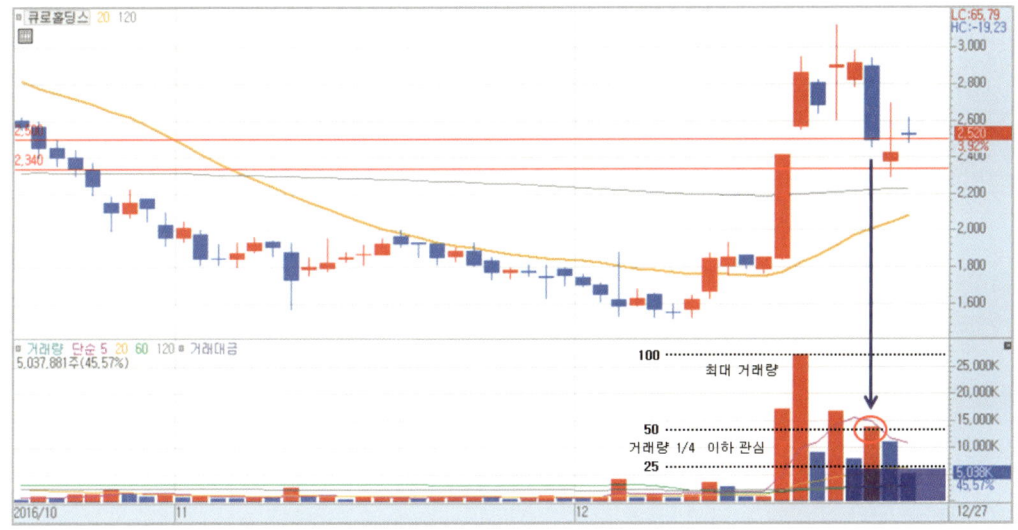

주가가 적정 투매폭에 최초로 도달한 날, 최대 거래량의 절반인 거래량으로 주가 반등에 부담이 되는 자리였습니다.

적어도 매매할 때 거래량이 급감된 상태에서 매수하는 것이 좋습니다.

상승폭에 따라 적정 하락폭 범위(급등 전일의 종가에서~하락하기 직전의 고가까지 상승폭 산정)

- 20~30% 상승한 경우, 적정 수준의 하락폭은 고점에서 10~15%
  (이후 저점대비 7% 이상의 반등)
- 31~40% 상승한 경우, 적정 수준의 하락폭은 고점에서 14~18%
  (이후 저점대비 7% 이상의 반등)
- 41~50% 상승한 경우, 적정 수준의 하락폭은 고점에서 15~21%
  (이후 저점대비 7% 이상의 반등)
- 51~60% 상승한 경우, 적정 수준의 하락폭은 고점에서 18~24%
  (이후 저점대비 7% 이상의 반등)
- 61~70% 상승한 경우, 적정 수준의 하락폭은 고점에서 20~25%
  (이후 저점대비 7% 이상의 반등)
- 71~80% 상승한 경우, 적정 수준의 하락폭은 고점에서 21~24%
  (이후 저점대비 7% 이상의 반등)
- 81~90% 상승한 경우, 적정 수준의 하락폭은 고점에서 24~27%
  (이후 저점대비 7% 이상의 반등)
- 91~100% 상승한 경우, 적정 수준의 하락폭은 고점에서 25~28%
  (이후 저점대비 7% 이상의 반등)
- 101%~ 상승한 경우, 적정 수준의 하락폭은 고점에서 28~34%
  (이후 저점대비 7% 이상의 반등)

＊위 데이터는 상승폭에 대한 적정 하락폭을 나타낸 것입니다.
＊31~40% 이상의 상승폭 구간은 고점에서 ~30% 하락폭까지 봐줄 것

적정 투매폭에서 지지를 확인하는 방법(주가가 적정 투매폭 범위에 있을 때)

1. 보조지표 RSI가 과매도권(30% 이하)에 진입했는지 체크, 과매도권의 저점을 기준으로 지지 여부 판단
2. 분봉차트 상 특정 지지선이 존재한다면 그 특정 지지선을 기준으로 지지 여부 판단
3. 일봉차트 상 거래량이 최대거래량의 1/4 이하일 때 주가 지지 여부를 판단

급등주 투매폭 매매하는 방법

1. 직전 고점을 강하게 돌파하는 종목을 선정(테마 대상주, 시장 주도주, "기대감"있는 재료주)
2. 고점확인 후 적정 투매폭 예상
3. 적정 투매폭 범위 내에 주가 지지 확인 후 매수, 손절선은 지지선 이탈 시
    * 매수 : 지지확인이 된 저점으로 부터 +1~3% 부근에서 매수
    * 손절 : 지지확인이 된 저점을 재차 이탈할 때
4. 매도는 저점대비 7% 반등 시부터 분할매도
5. 한 차례 매매 이후 재매수 시 재료 및 대장주, 시장 주도주인지 체크
    "고점확인→투매폭 예상→예상범위 근접→지지확인→매수"의 방식.

 매수를 할 때 거래량이 급감한 상태에서 매수하는 것을 권장
    * 주가가 20일선 이탈한 상태에서 매매금지

Chapter 2

투매폭 실전투자

　지금까지 급등주 투매폭 매매법의 쓰임새, 투매폭의 원리, 적정 투매폭 범위의 지지를 확인하는 방법에 대해 알아보았습니다.
　여기까지 읽고 의문 가는 사항이 있어도 일단 쭉 읽어두시고 처음부터 다시 천천히 읽어보시기 바랍니다.

　2장에서는 실전투자를 해보겠습니다.
　가상의 매매이긴 하지만 실제로 내 자본금을 가지고 투자했다고 가정해보시기 바랍니다.
　우선 미리 준비하실 것은 계산기와 자, 연필(펜)입니다. 직접 상승폭을 측정하고 투매폭을 예상하여 매매해 보시기 바랍니다.
　일단 직접 하기 전에 예시 사례를 보겠습니다.

실천차트 예시

[실전차트 예시 1] 선도전기 일봉

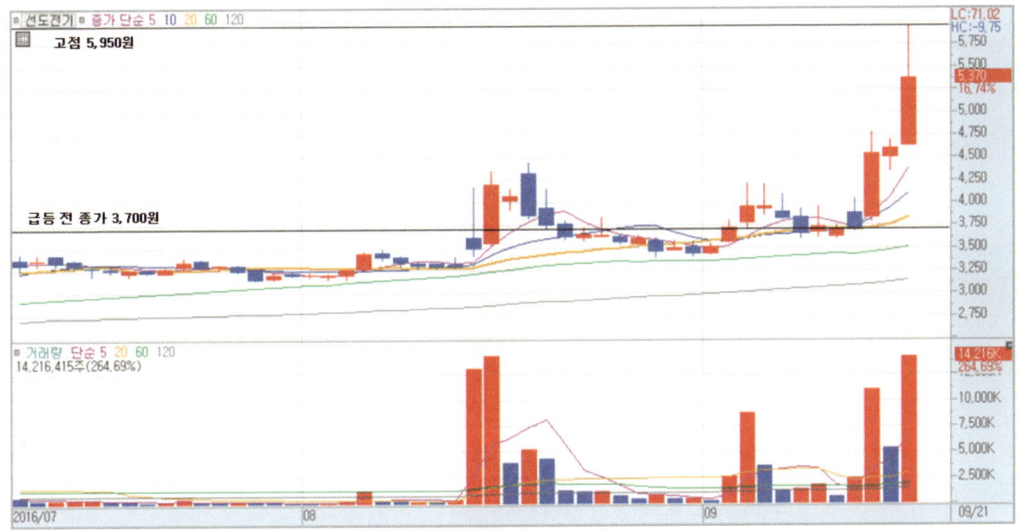

 급등주 투매폭 매매법의 종목선정 조건은 테마 대장주, 시장 주도주이며 차트상 직전 고점을 강하게 돌파한 종목입니다.

 위 선도전기 초기 거래대금은 480억 원입니다.

 자 그러면, 이 종목이 몇% 상승했는지 상승폭을 구해보겠습니다.

 3,700원에서 5,950원까지의 상승폭은 [(5950 − 3700) / 3700] × 100 = 60.8%가 나옵니다.

 약 60% 수준의 상승폭입니다.

 이 상승폭의 적정 투매폭을 그어봐야겠지요?

 각 상승구간에 따른 적정 투매폭 데이터는 102페이지를 참고하시기 바랍니다.

[실전차트 예시 2] 선도전기 일봉

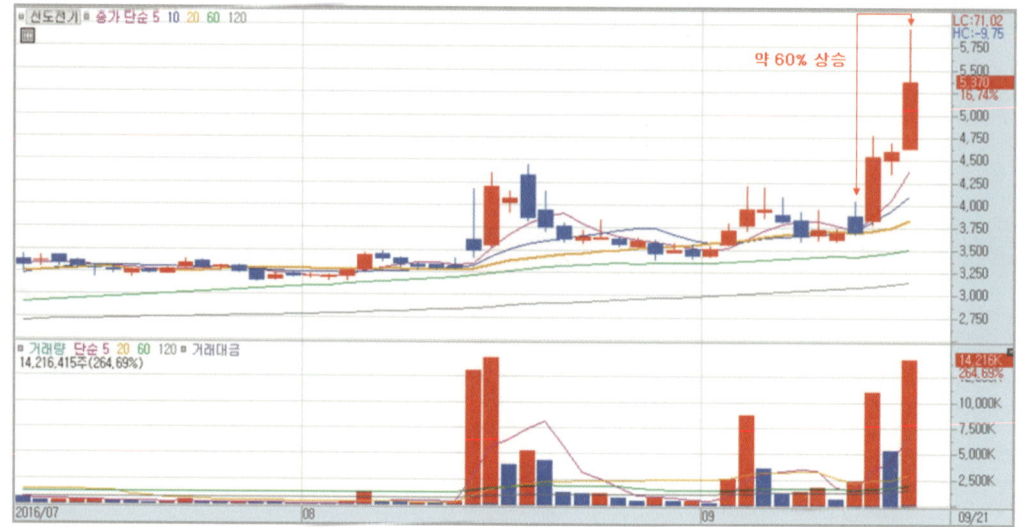

상승폭이 약 60% 수준의 적정 투매폭을 찾아보니 어떤 투매폭을 적용해야 할지 어려운 부분이 있습니다. 상승폭 51~60% 구간의 적정 투매폭인 18~24%를 적용할 것인지, 상승폭 61~70% 구간의 적정 투매폭인 20~25%를 적용할 것인지에 관한 부분일 것입니다. 이럴 때에는 사실 아무 투매폭을 적용해도 상관없습니다. 다만 시장 주도주, 테마 대장주의 경우라면 일반 급등주 보다 크게 하락하지 않는 경향이 있기 때문에 상대적으로 투매폭 범위를 낮은 쪽으로 설정하는 것이 좋습니다.

[실전차트 예시 3] 선도전기 15분봉

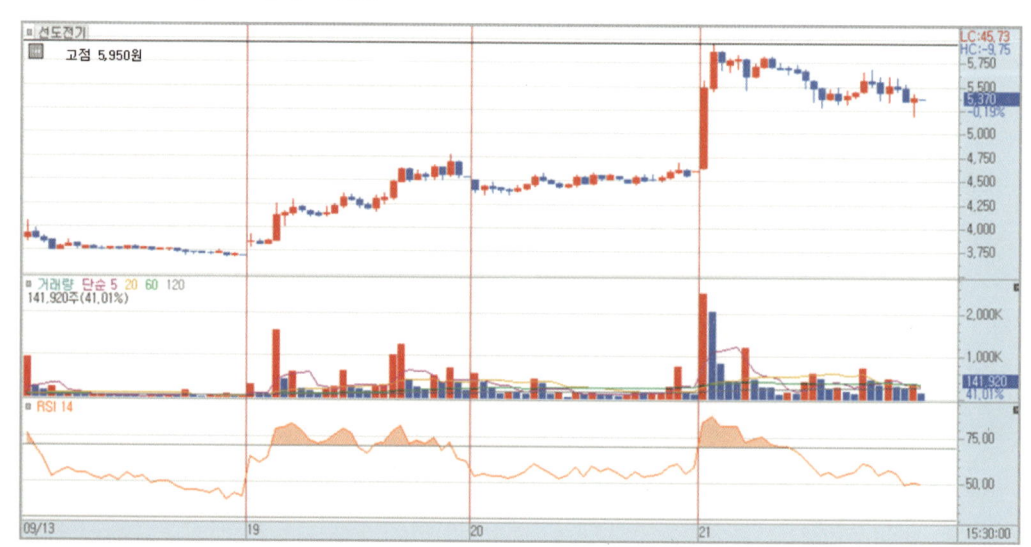

분봉 차트입니다.

저는 18~24%의 투매폭을 적용하겠습니다.

그리고 고점 5,950원에서 18% 하락한 가격, 24% 하락한 가격을 차트에 표시해 보겠습니다.

[실전차트 예시 4] 선도전기 15분봉

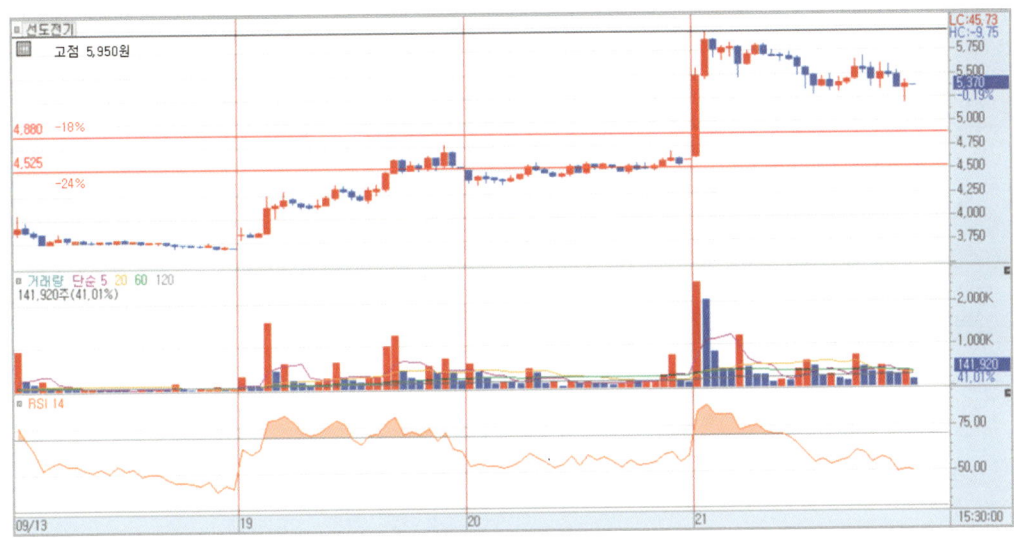

고점 5,950원에서 18% 하락한 가격은 4,880원, 24% 하락한 가격은 4,525원이 나옵니다. 이 범위까지 주가가 하락할 때까지 기다립니다.

* 고점에서 18% 하락한 가격대 4,880원=5,950×(1−0.18)

  고점에서 24% 하락한 가격대 4,525원=5,950×(1−0.24)

[실전차트 예시 5] 선도전기 15분봉

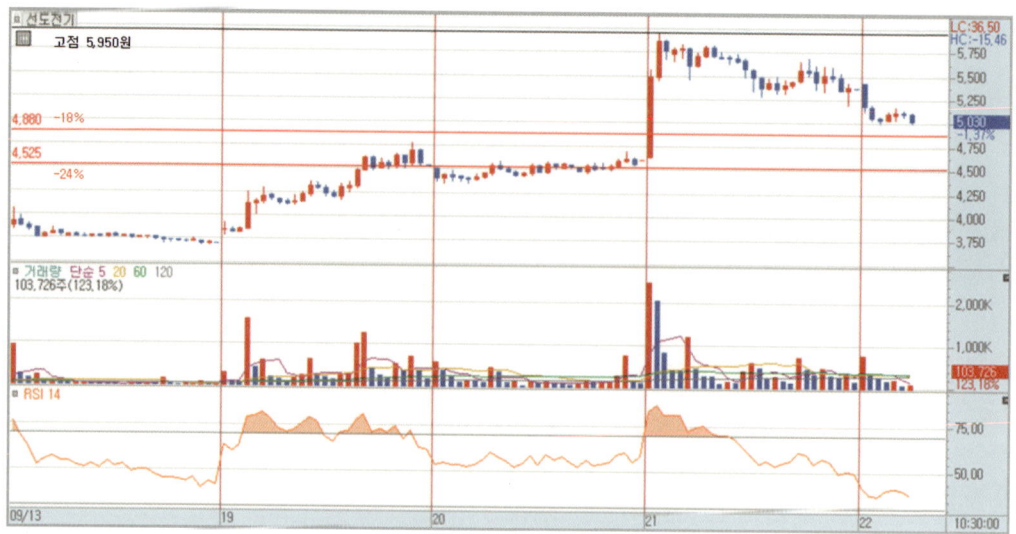

하루 만에 주가가 적정 투매폭 범위까지 내려올 수 있을까요?

[실전차트 예시 6] 선도전기 15분봉

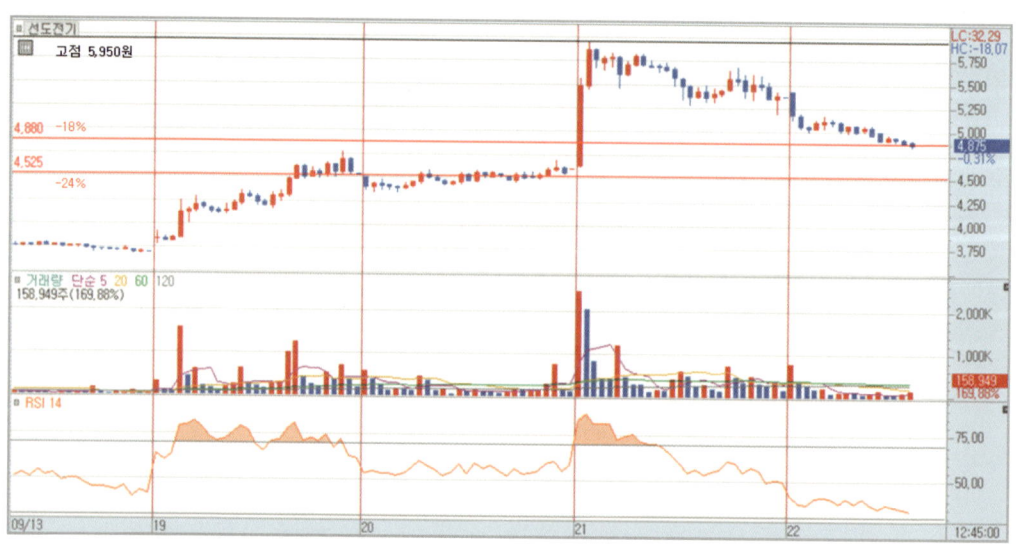

주가가 적정 투매폭 범위까지 하락했습니다. 그럼 이 적정 투매폭 범위에서 주가가 지지를 받는지 확인해야 합니다. RSI 지표를 보면 과매도 권에 진입하지 않았습니다. 그렇다고 이 자리에서 매수를 포기할까요? 주가가 과매도 권에 진입하지 않았다고 해서요? 어느 정도의 유연한 판단은 필수입니다.

[실전차트 예시 7] 선도전기 15분봉

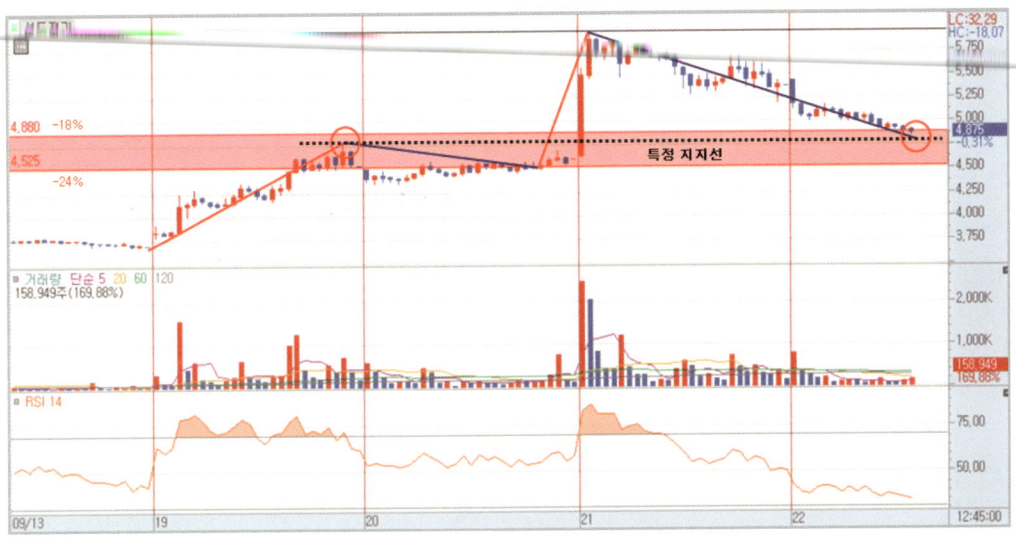

시야를 좀 더 넓게 보면 적정 투매폭 범위에 특정 지지선이 존재하는 것을 발견할 수 있습니다. 주가가 이 특정 지지선 위에서 지지받는 모습을 보인다면 매수해도 괜찮지 않을까요?

[실전차트 예시 8] 선도전기 15분봉

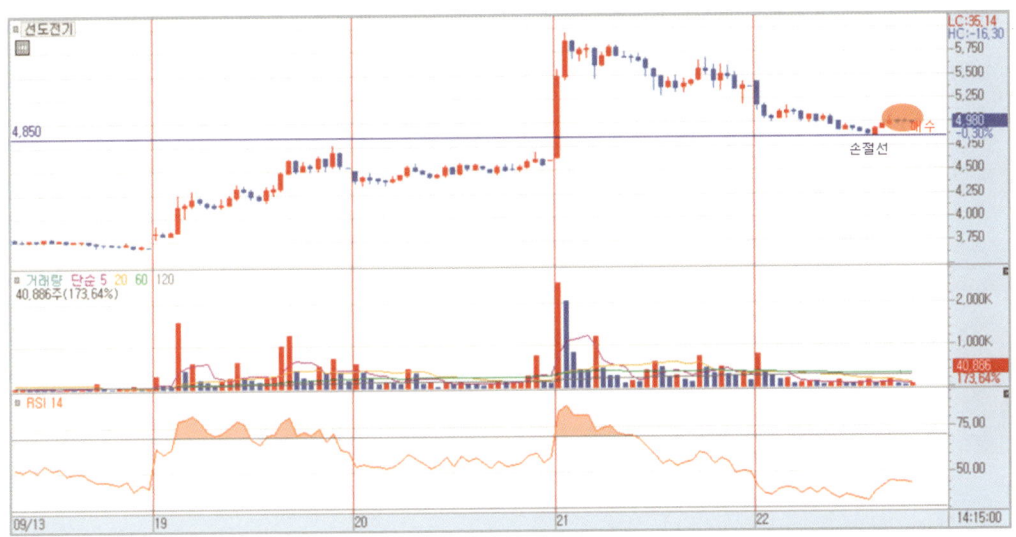

특정 지지선에서 주가가 지지된 것을 확인하고 매수합니다. 손절선은 22일 저점 4,850원입니다.

[실전차트 예시 9] 선도전기 15분봉

다음날 오전, 장 초반에 급등을 했습니다. 주가 상승 시 저점대비 7% 이상에서부터 분할로 매도를 합니다. 여기서 저점대비의 기준은 22일 저점인 4,850원을 말합니다. 이 4,850원에서 7% 반등한 시점에서부터 분할로 매도를 한다는 것입니다.

[실전차트 예시 10] 선도전기 15분봉

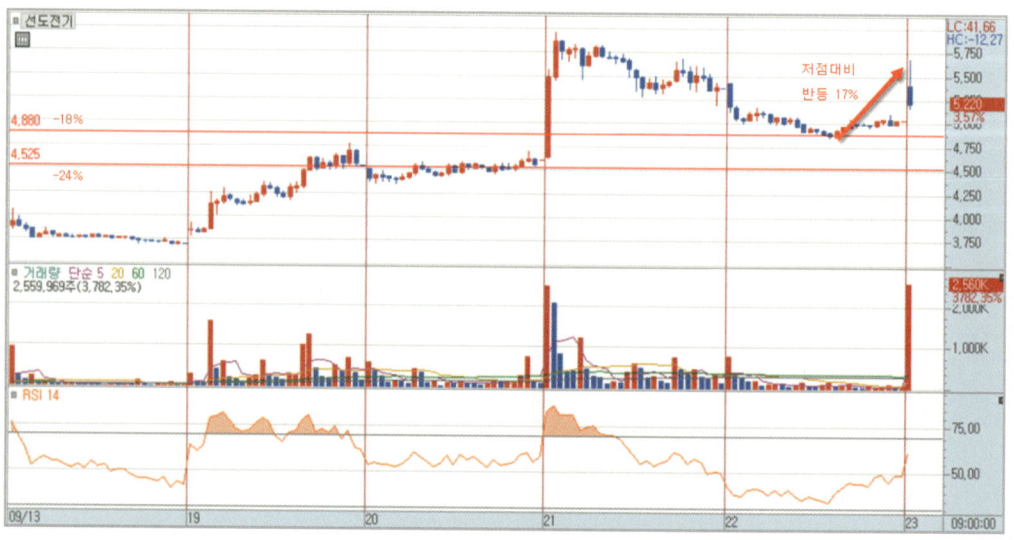

무려 반등이 저점대비 17%로 꽤 높은 수익률을 달성할 수 있습니다.
이 이후 또다시 주가가 적정 투매폭 범위까지 하락한다면 한 번 더 매매할 수 있을까요?

[실전차트 예시 11] 선도전기 15분봉

테마 대장주, 시장 주도주의 경우 재차 하락 시 여러 번 매매가 가능합니다.

선도전기는 차트 상 직전고점을 강력하게 돌파한 테마의 대장주였습니다. 여러 차례 반등할 가능성을 열어두어야겠지요?

[실전차트 예시 12] 선도전기 15분봉

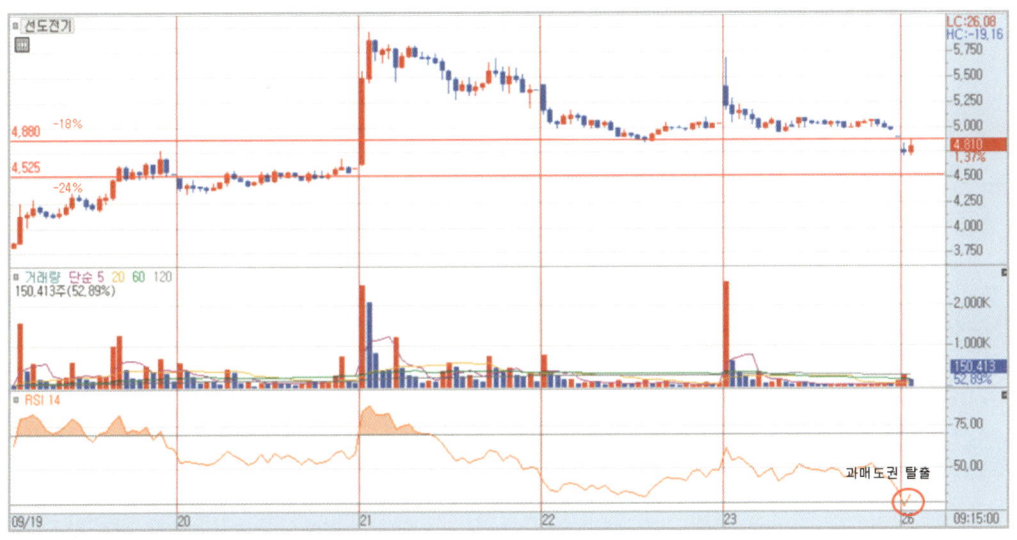

23일 주가가 적정 투매폭 범위에 있습니다. RSI 지표를 보니 지표가 과매도 권에 진입했었던 상태로 충분히 매수를 고려해 봐도 될 만한 자리입니다.

[실전차트 예시 13] 선도전기 15분봉

매수를 했습니다. 손절선은 과매도권의 저점인 4,715원입니다. 과연 이 저점을 지지하는지 쭉 살펴보겠습니다.

[실전차트 예시 14] 선도전기 15분봉

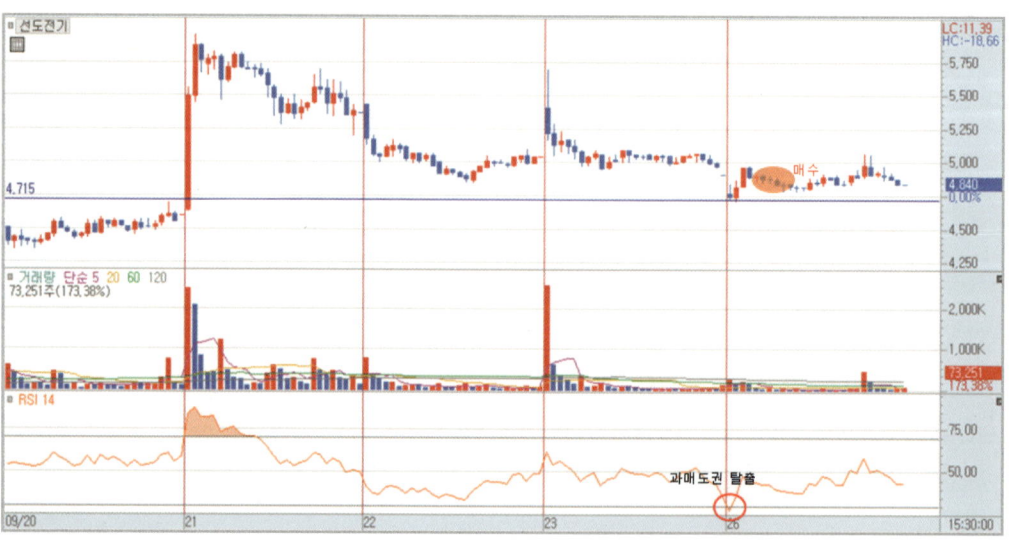

매수 후 주가는 곧바로 급반등을 하지 않았습니다. 주가가 손절선을 이탈하기 전까지 그대로 보유합니다. 설사 2~3일 정도 반등이 나오지 않더라도 테마의 대장주라면 보유하는 것이 좋습니다.

[실전차트 예시 15] 선도전기 15분봉

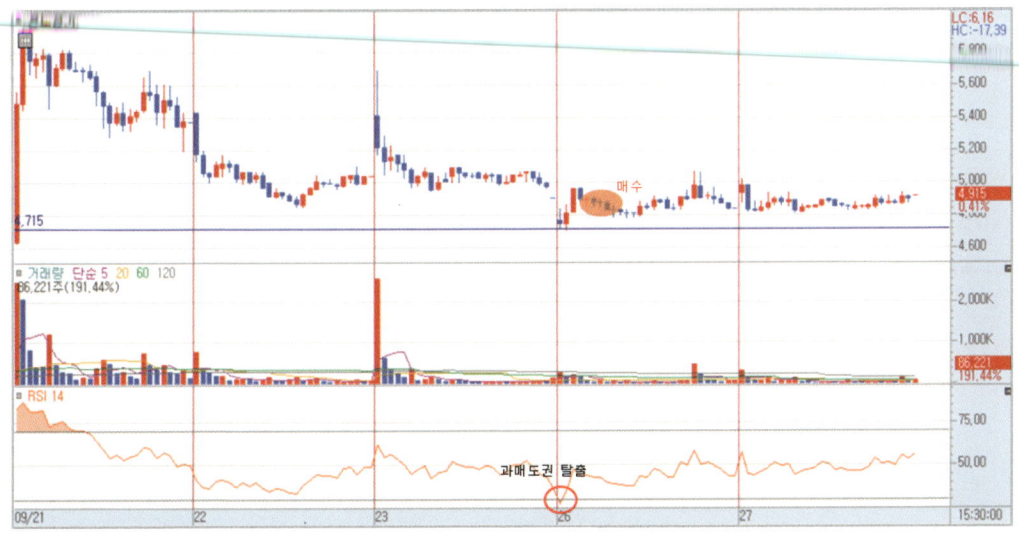

더 기다려보겠습니다. 아직 주가는 손절선을 건드리지 않았습니다.

[실전차트 예시 16] 선도전기 15분봉

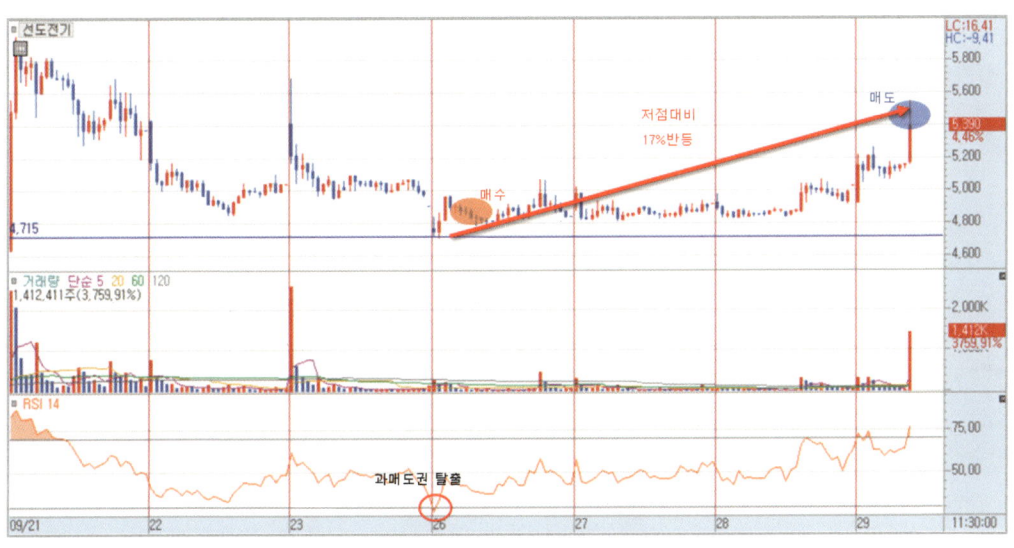

매수한 지 4일 만에 주가는 저점대비 17% 급반등했습니다. 손절선을 건드리지 않고 결국 반등에 성공했습니다. 만약 테마 대장주가 아닌 경우 위와 같이 반등이 나왔을지 의문이 듭니다.

[실전차트 예시 17] 선도전기 일봉

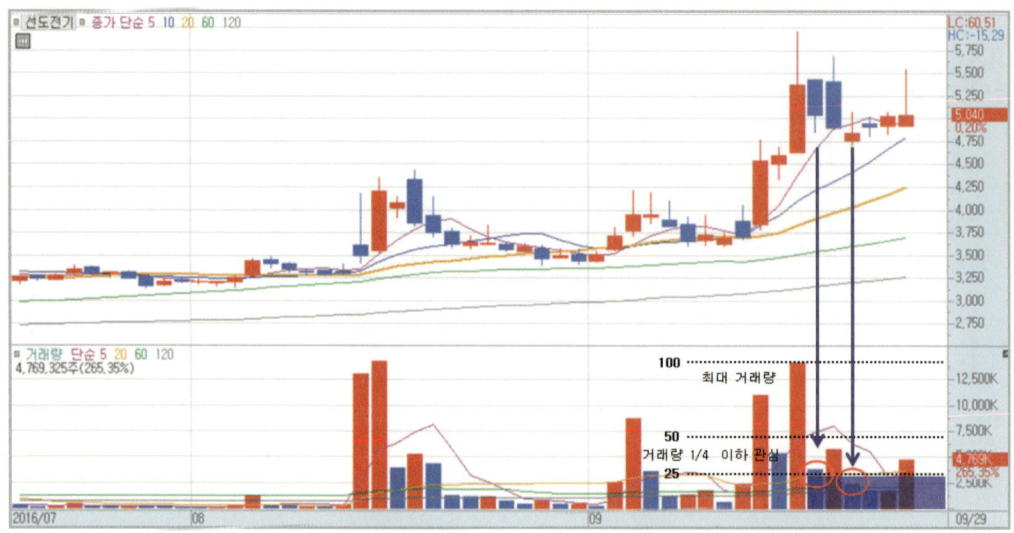

　　주가가 적정 투매폭 범위까지 하락한 상태에서 '거래량이 최대 거래량의 1/4 이하의 수준' 이라면 단기 반등의 신호로 해석하고 주가 지지를 판단할 수 있다고 했습니다. 위 차트의 거 래량을 보면 매수했던 자리는 결국 최대거래량의 1/4 수준으로 급감한 상태였습니다.

[실전차트 예시 18] 선도전기 일봉

　　이 이후의 흐름입니다. 급등주의 생명인 20일선을 이탈하게 되면 매매를 종료합니다. 이는 추세이탈로 이어져 하락폭은 길고 상승폭은 짧은 흐름이 이어질 수 있기 때문입니다.

이제 직접 실전투자를 해보시기 바랍니다.
예상 시나리오를 직접 작성하여 매매해 보세요.

앞서 말씀드린 급등주 투매폭의 메커니즘은 다음의 방식입니다.

고점확인→투매폭 예상→예상범위 근접→지지확인→매수

직접 계산기로 상승폭을 구해보며 연필로 적정 투매폭을 그려보고 손절선도 직접 설정하여 가상 매매를 하시기 바랍니다.
종목을 한 번 검증해보는 시간을 갖도록 하겠습니다.

실전차트 1

[실전차트 1] DSR 일봉

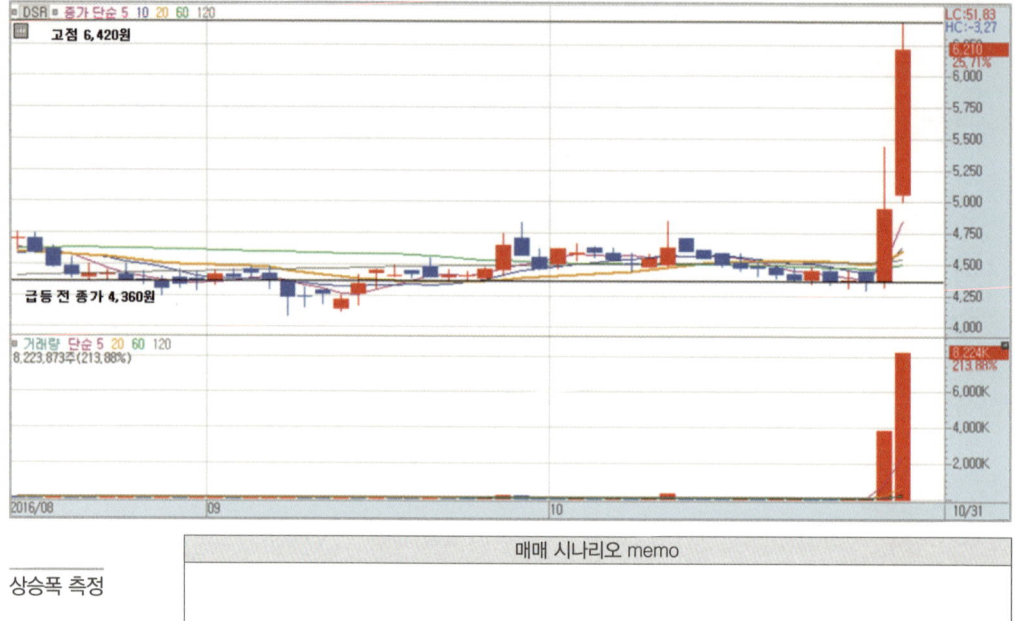

매매 시나리오 memo
상승폭 측정

[실전차트 2] DSR 15분봉

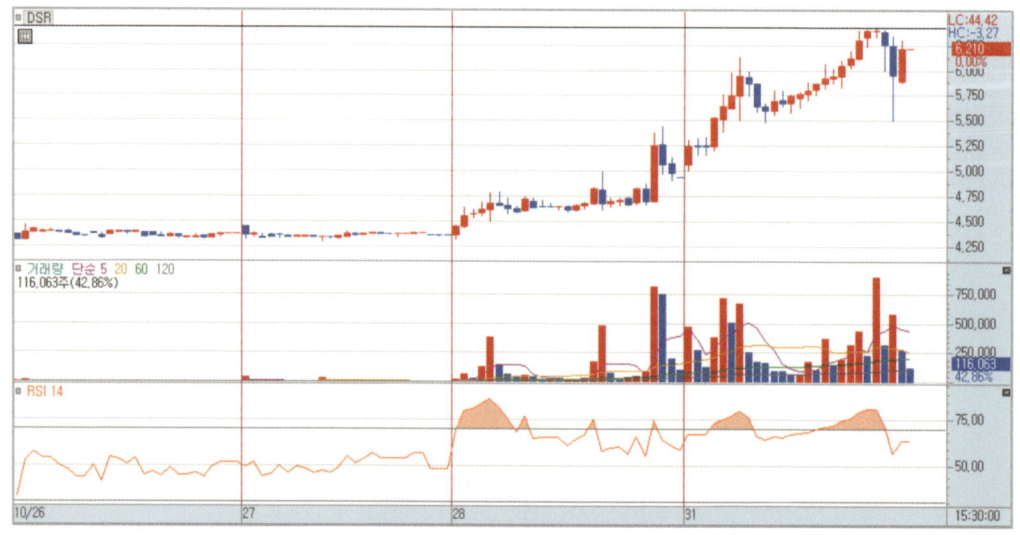

매매 시나리오 memo
적정 투매폭 그리기

[실전차트 3] DSR 15분봉

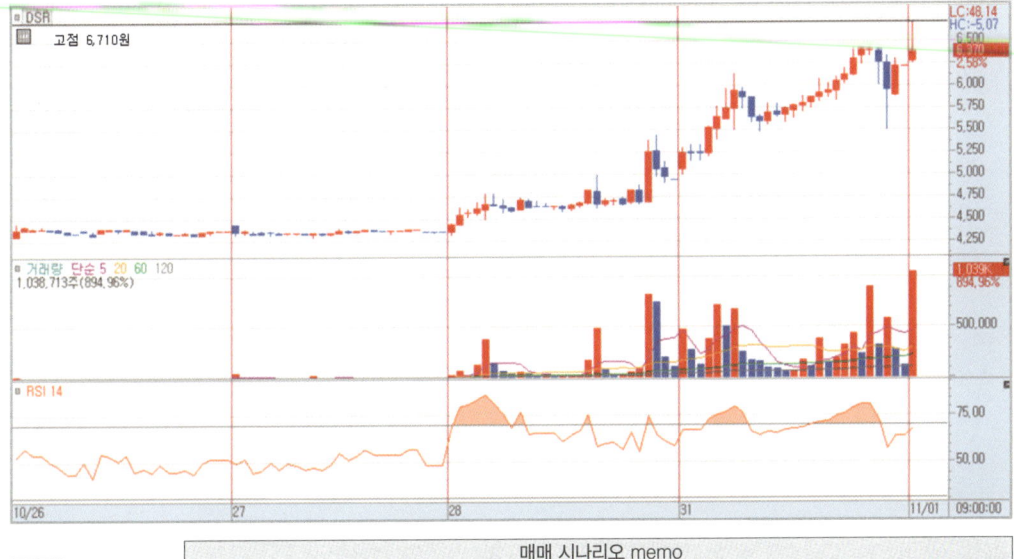

매매 시나리오 memo

투매폭
재조정하기

[실전차트 4] DSR 15분봉

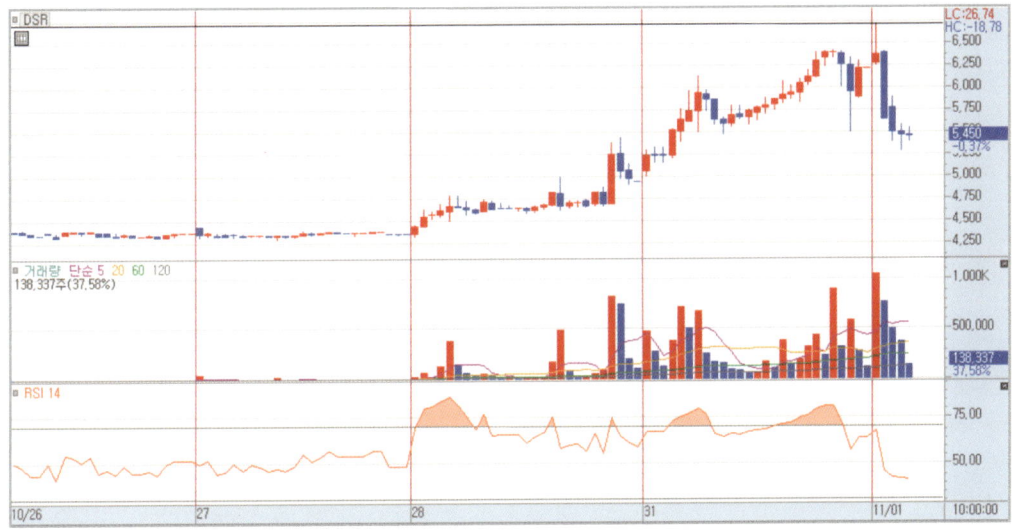

매매 시나리오 memo

적정 투매폭
그리기

[실전차트 5] DSR 15분봉

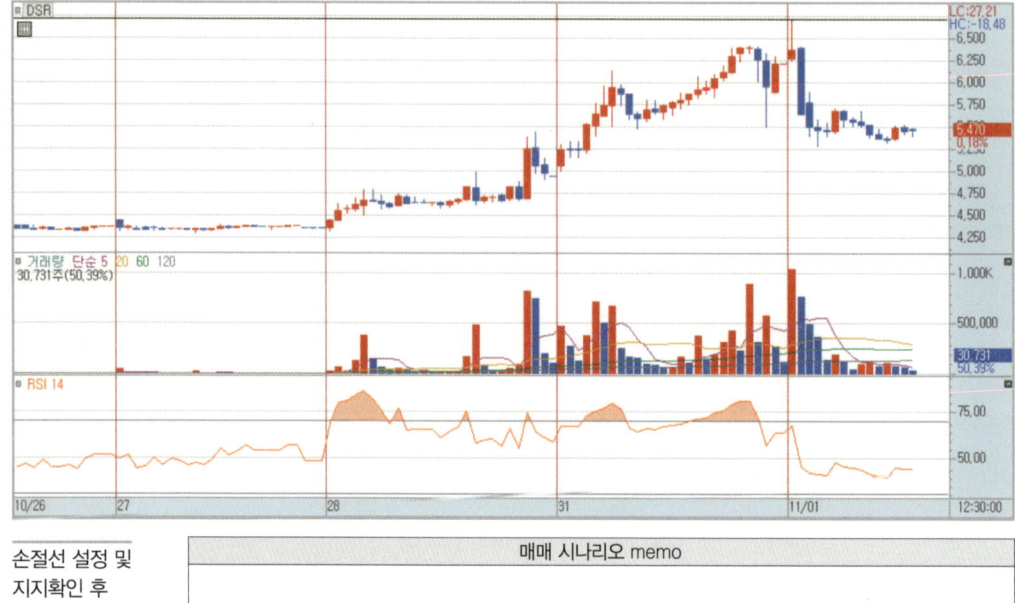

손절선 설정 및
지지확인 후
매매

매매 시나리오 memo

[실전차트 6] DSR 15분봉

매매 시나리오 memo

[실전차트 7] DSR 15분봉

매도계획	매매 시나리오 memo

[실전차트 8] DSR 15분봉

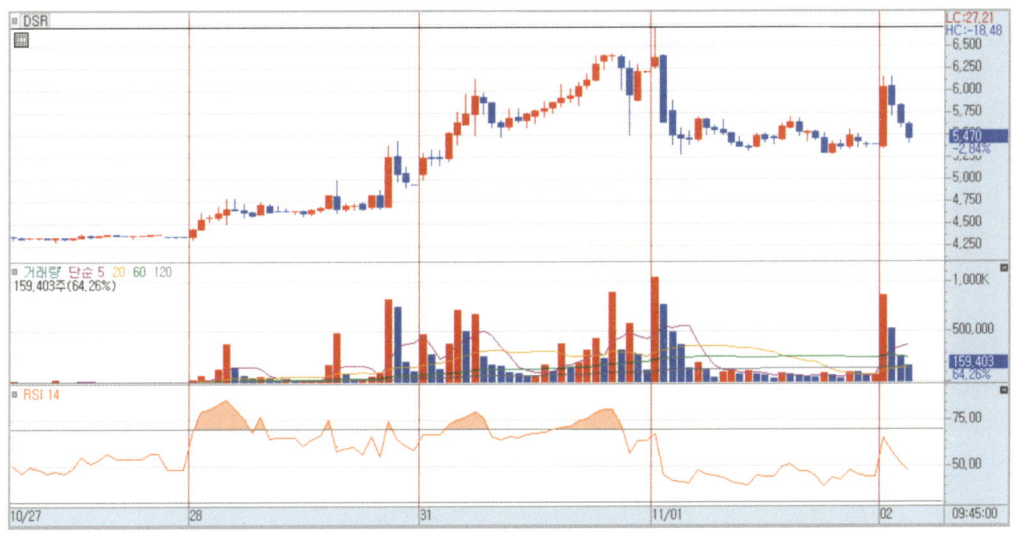

재매수 여부 투매폭 그리기	매매 시나리오 memo

[실전차트 9] DSR 15분봉

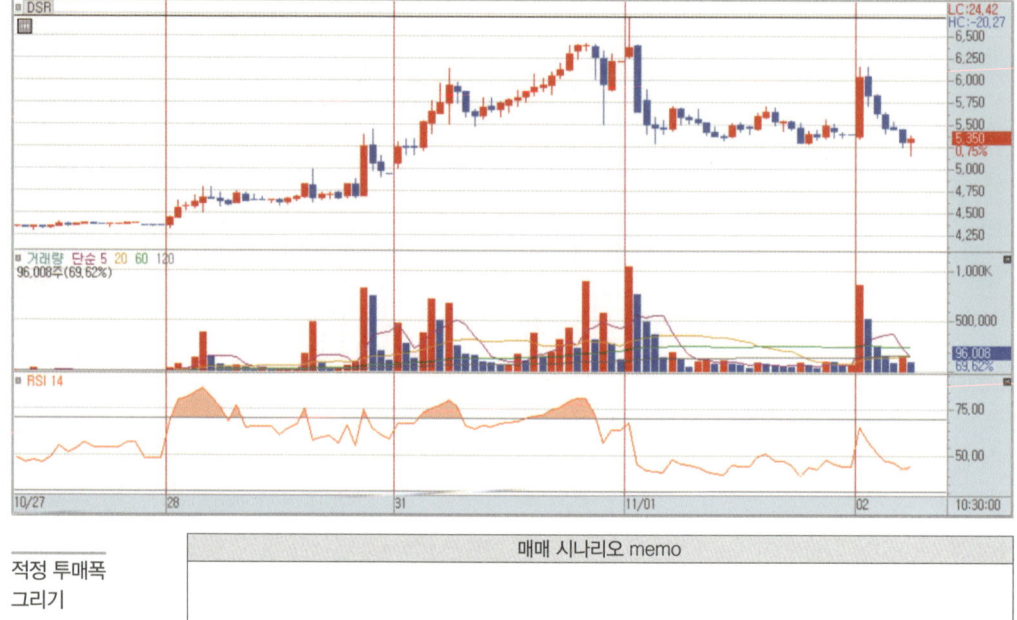

적정 투매폭
그리기

매매 시나리오 memo

[실전차트 10] DSR 15분봉

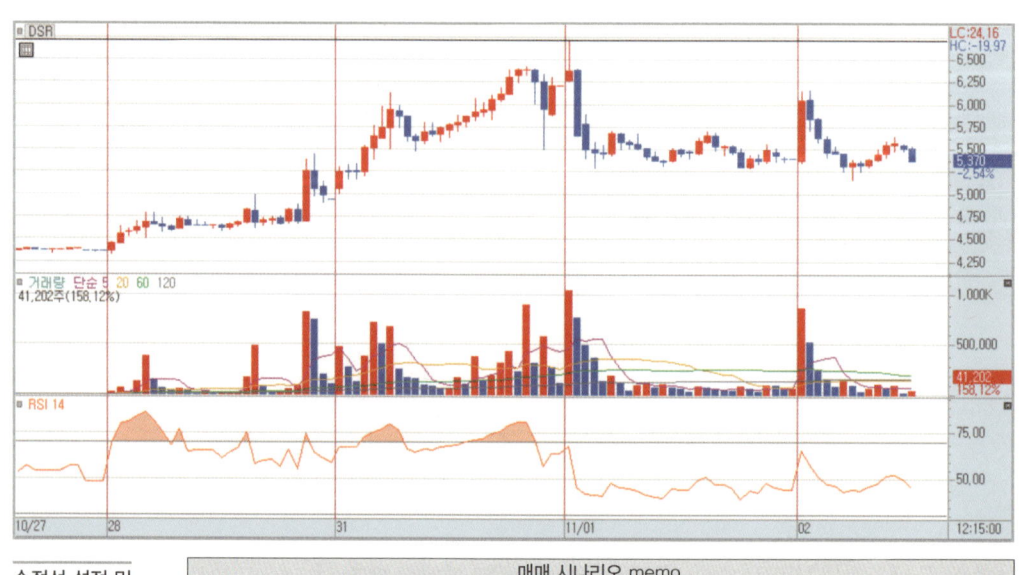

손절선 설정 및
지지 확인 후
매매

매매 시나리오 memo

[실전차트 11] DSR 15분봉

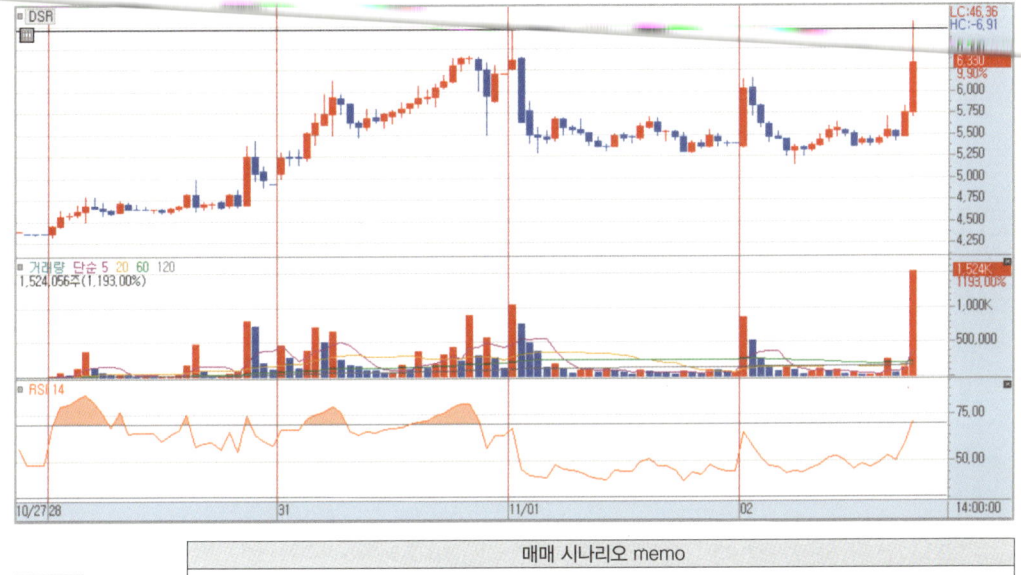

매도계획	매매 시나리오 memo

[실전차트 12] DSR 15분봉

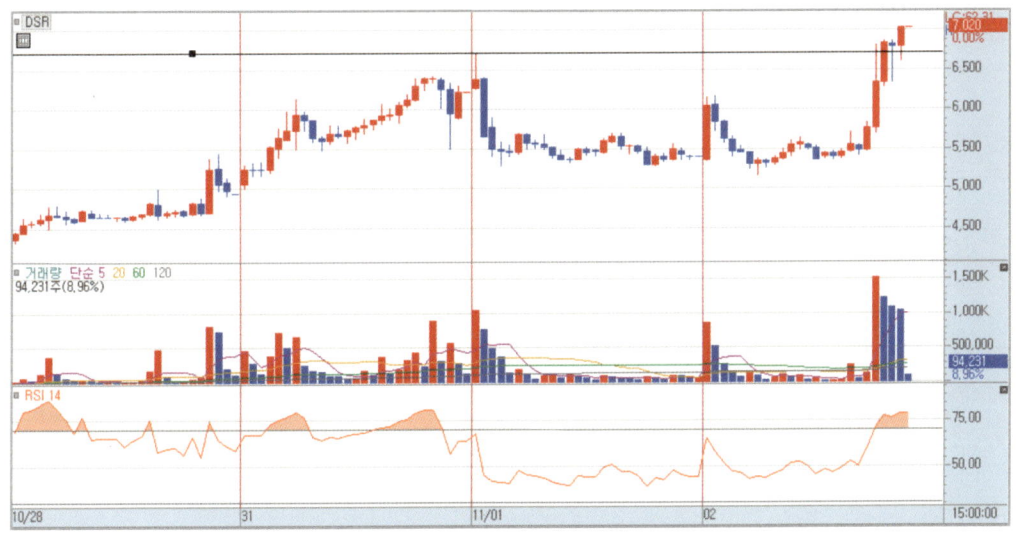

재매수 여부	매매 시나리오 memo

[실전차트 13] **DSR 15분봉**

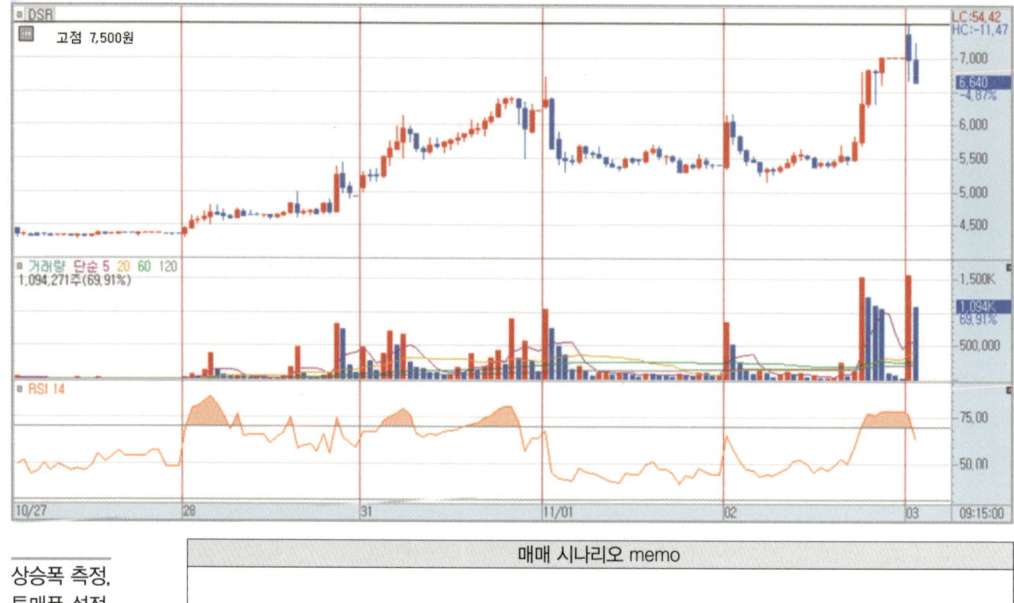

상승폭 측정,
투매폭 설정

매매 시나리오 memo

[실전차트 14] **DSR 15분봉**

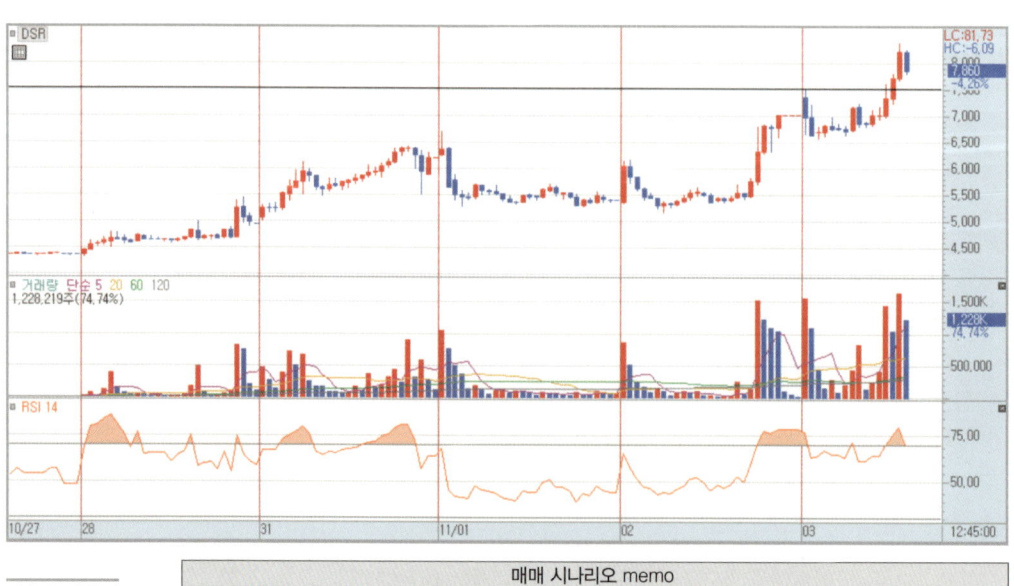

상승폭 재측정
투매폭 재설정

매매 시나리오 memo

[실전차트 15] **DSR 15분봉**

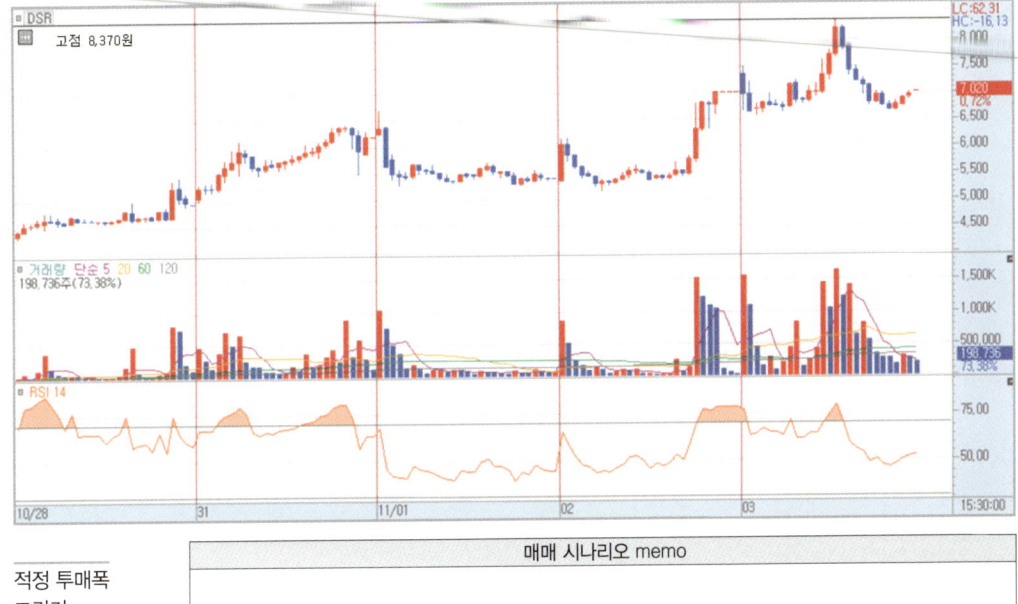

매매 시나리오 memo

적정 투매폭
그리기

[실전차트 16] **DSR 15분봉**

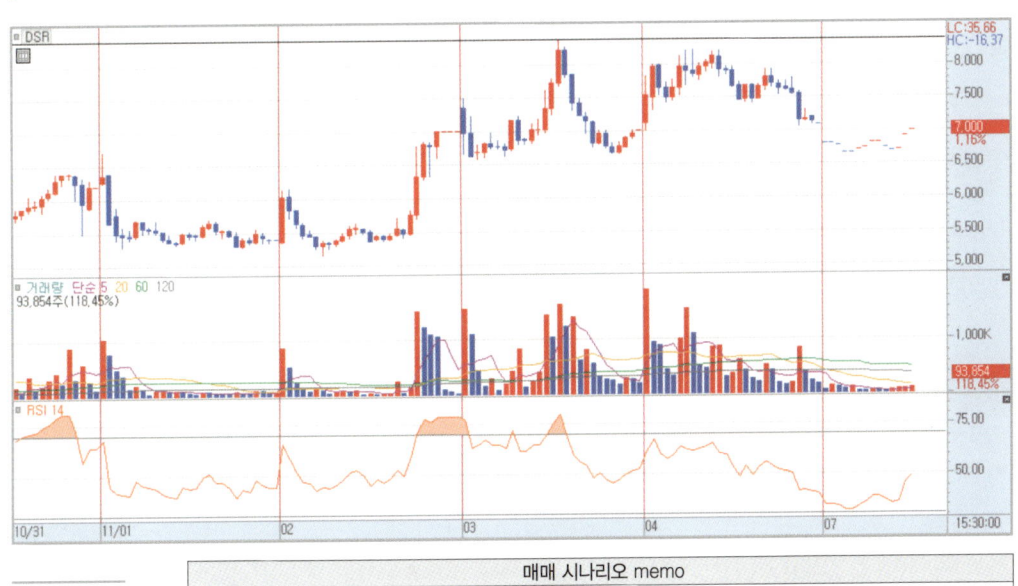

매매 시나리오 memo

기다리는 것도
투자입니다.

[실전차트 17] DSR 15분봉

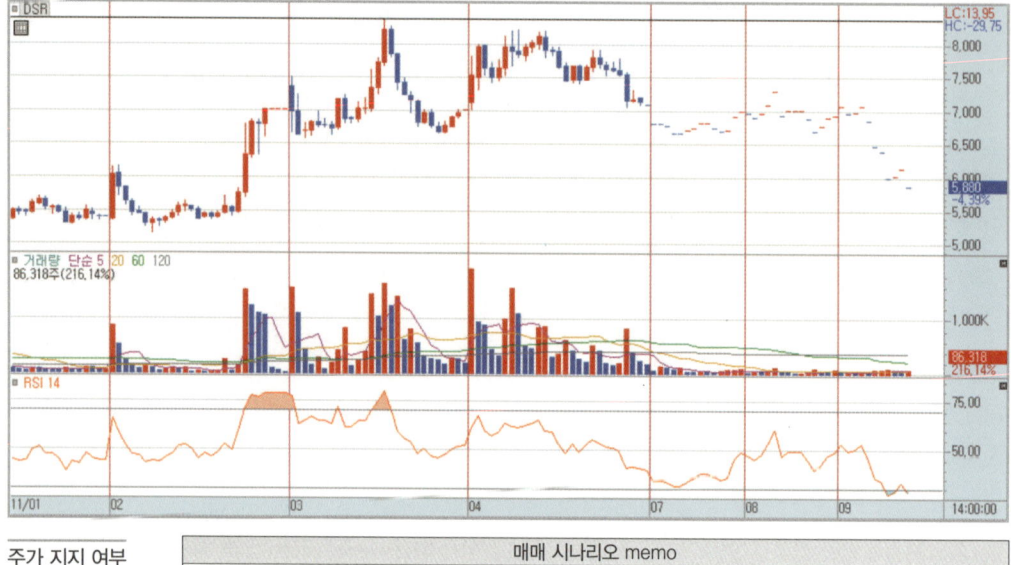

주가 지지 여부
확인, 손절선
설정 후 매매

매매 시나리오 memo

[실전차트 18] DSR 15분봉

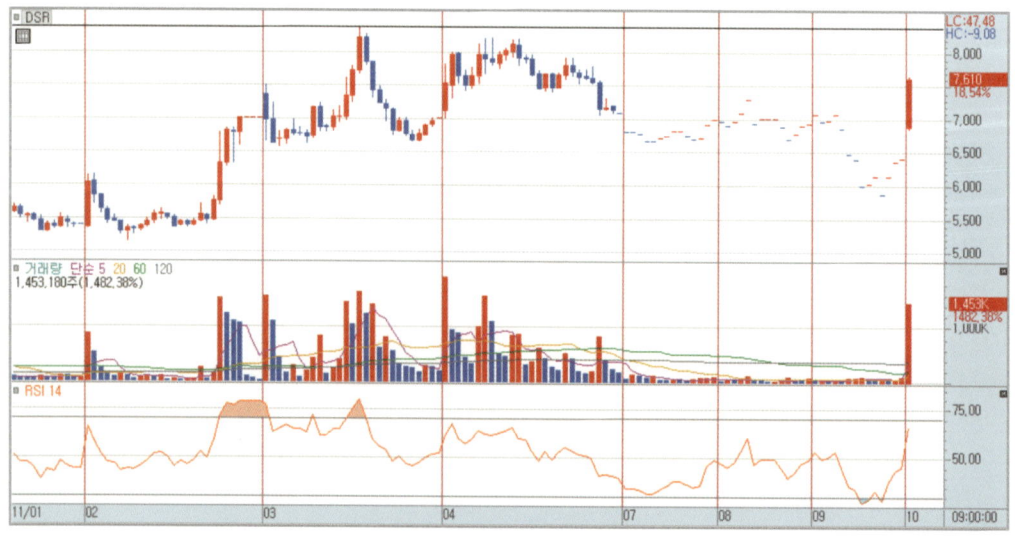

매도계획

매매 시나리오 memo

[실전차트 19] DSR 15분봉

향후 매매
여부 판단

매매 시나리오 memo

[실전차트 20] DSR 일봉

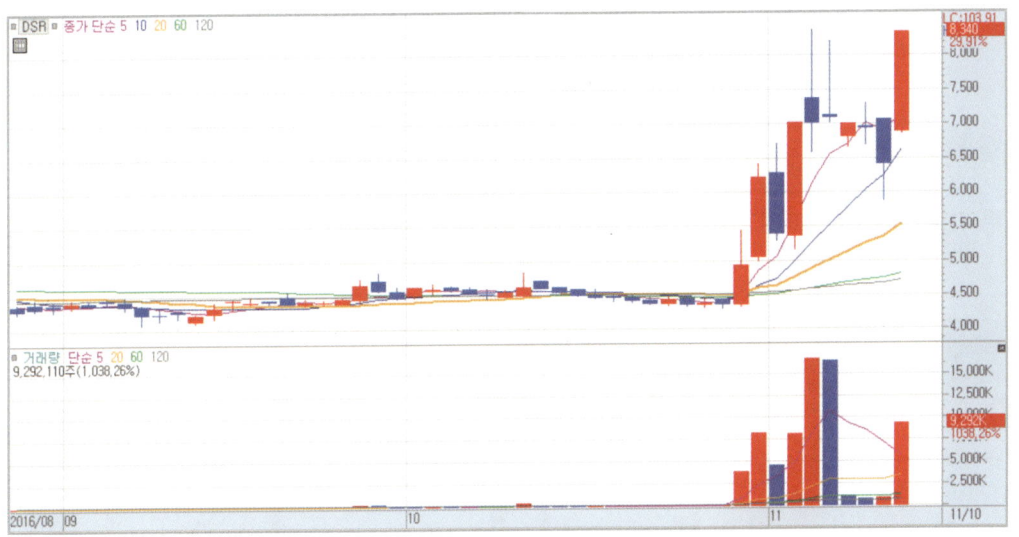

거래량 감소
여부 체크

매매 시나리오 memo

[실전차트 해석 1]

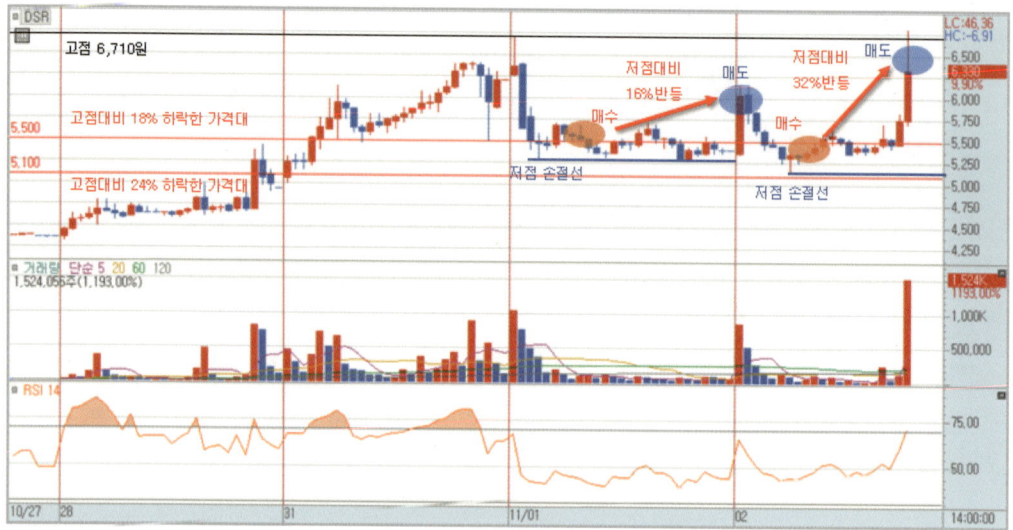

DSR 차트를 보면 11월 1일 주가 최고점(6,710원)을 기준으로 적정 투매폭을 산정해야 합니다. 그전에 몇 % 상승했는지 측정합니다. 상승폭이 약 53%가 나옵니다.

  * 상승폭 구하기 = (6710 − 4360)/4360 × 100 = 53.8%

상승폭 53%의 적정 투매폭은 18~24%로 주가가 이 범위에 하락할 때까지 기다려야겠지요? 위 차트를 보면 두 번 정도의 매매기회가 있었습니다. 테마 대장주, 시장 주도주의 경우 여러 번 공략 가능합니다.

[실전차트 해석 2]

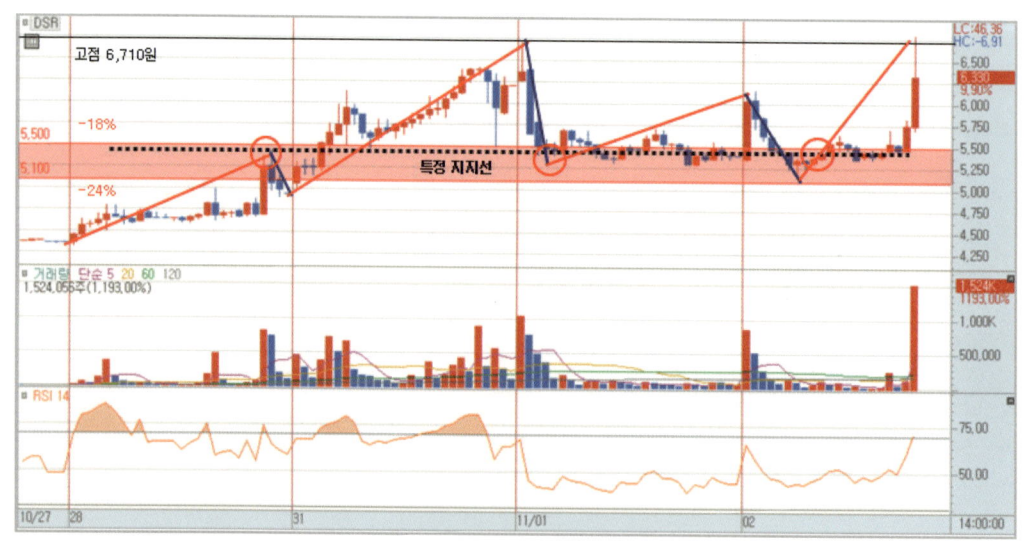

위 차트에서 RSI 지표로 주가가 지지받는지 확인하기 어렵습니다. 보조지표로 판단하기 어렵다면 특정 지지선에서 지지여부를 판단해야 입니다. 주가가 특정 지지선에서 하락을 멈추거나 일정 시간 동안 소폭 반등을 한다면 지지를 받은 걸로 판단합니다.

[실전차트 해석 3]

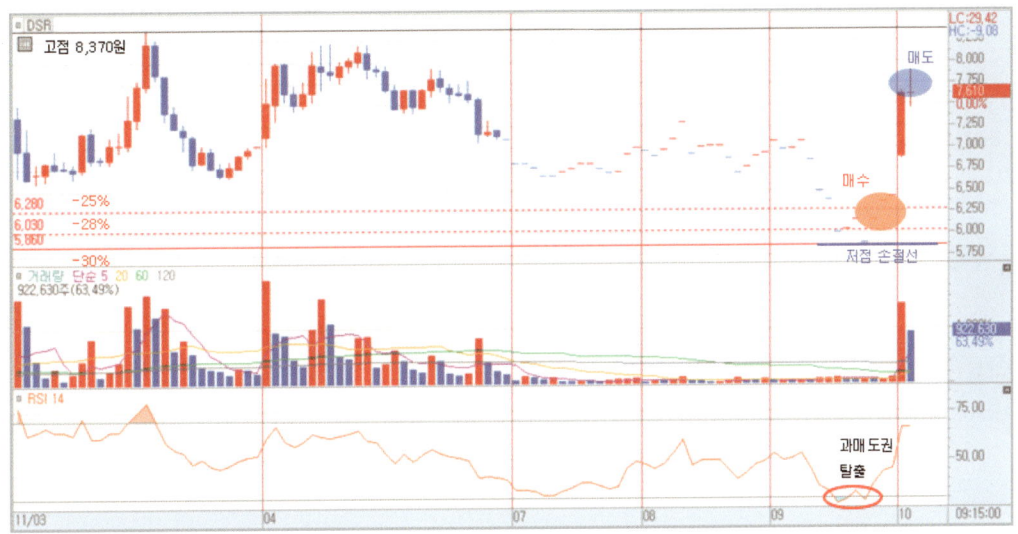

이번에는 11월 3일이 최고점입니다. 고점 8,370원까지 상승했는데, 상승폭이 약 92% 정도가 나옵니다.

* 상승폭 구하기 = $(8370 - 4360)/4360 \times 100 = 91.9\%$

상승폭 92%의 적정 투매폭은 25~28%입니다. 하지만 주가가 적정 투매폭을 이탈하면 ~30%까지 봐주어야 합니다.

위 차트를 보면 적정 투매폭을 살짝 벗어나 ~30%까지 하락한 이후 반등이 나왔습니다. 보조지표인 RSI가 과매도 권에 진입했었던 것을 보면 반등구간, 주가 지지구간이란 것을 알 수 있습니다.

실전차트 2

[실전차트 21] 비엠티 일봉

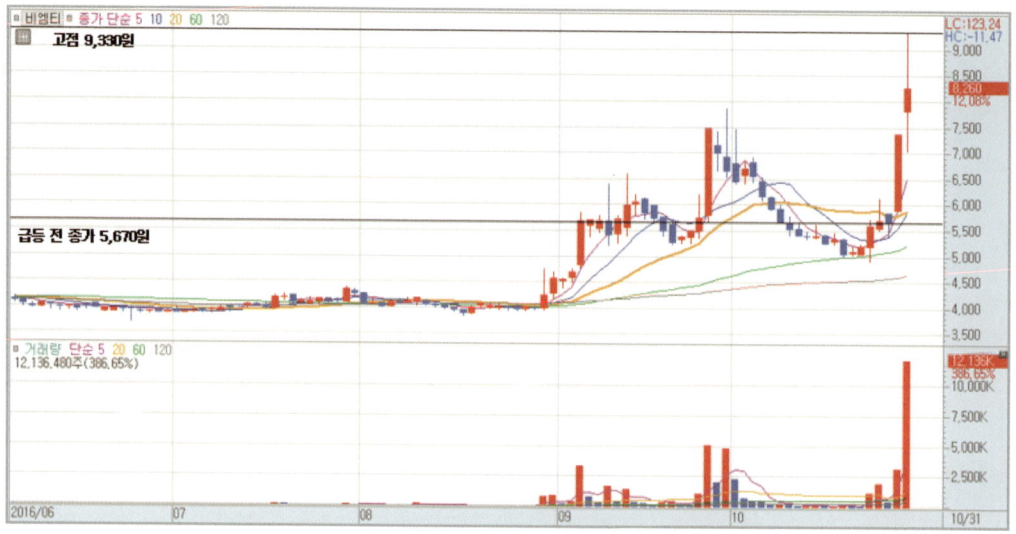

상승폭 측정

매매 시나리오 memo

[실전차트 22] 비엠티 15분봉

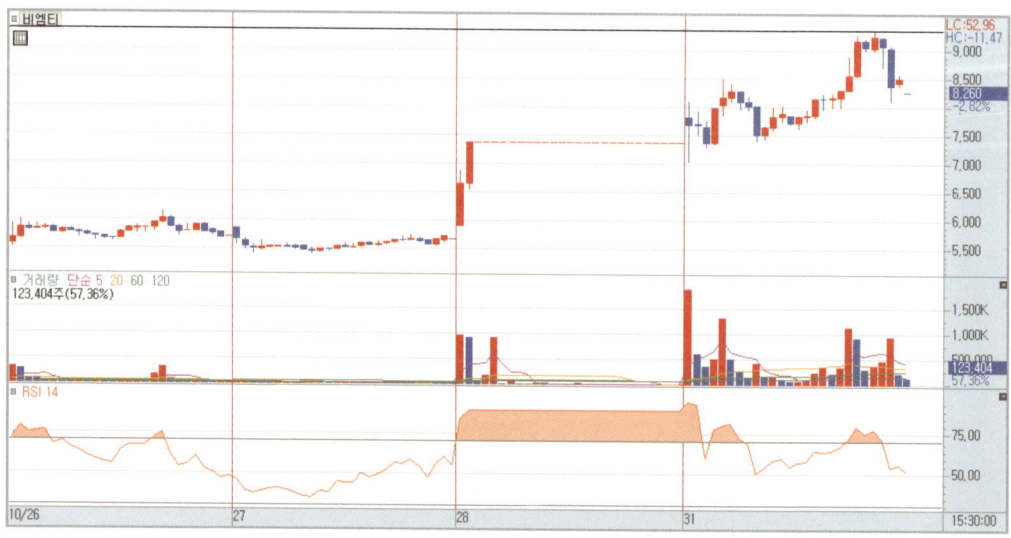

적정 투매폭
그리기

매매 시나리오 memo

[실전차트 23] 비엠티 15분봉

매매 시나리오 memo

주가 지지
여부 확인

[실전차트 24] 비엠티 15분봉

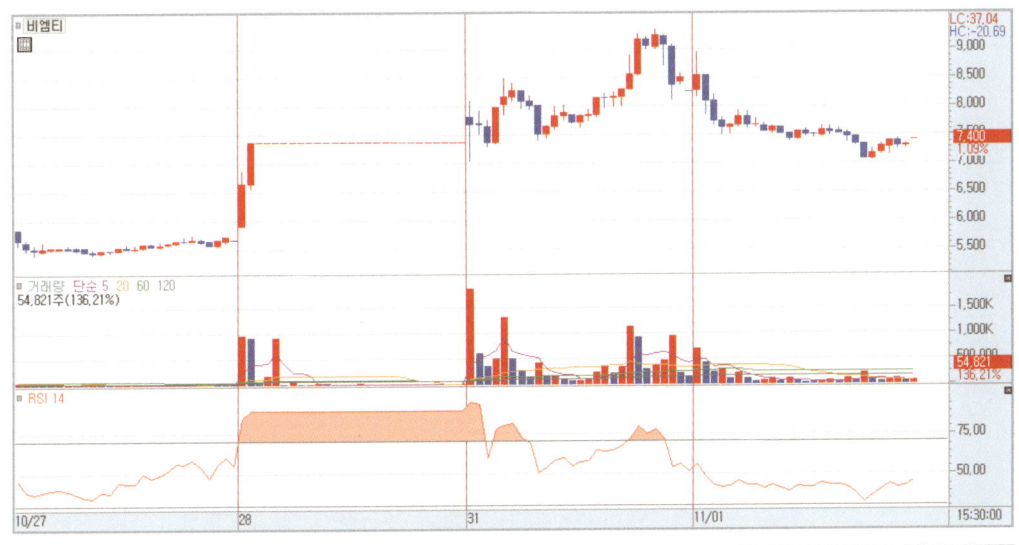

매매 시나리오 memo

손절선 설정 후
매매

[실전차트 25] 비엠티 15분봉

매도계획 | 매매 시나리오 memo

[실전차트 26] 비엠티 15분봉

재매수 여부 | 매매 시나리오 memo

[실전차트 27] 비엠티 15분봉

추가 투매폭
그리기

매매 시나리오 memo

[실전차트 28] 비엠티 15분봉

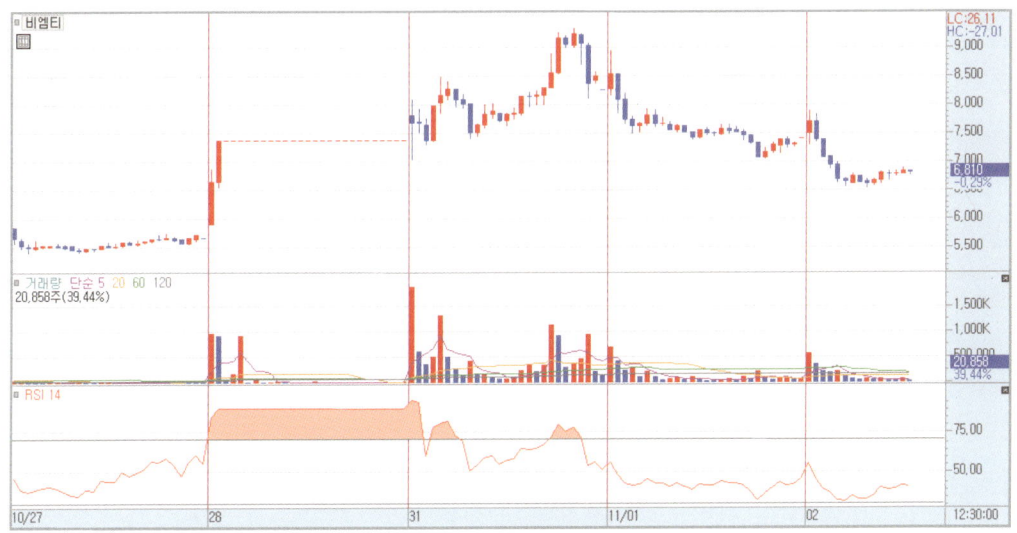

주가 지지
여부 판단

매매 시나리오 memo

[실전차트 29] 비엠티 15분봉

손절선 설정 후 매매

매매 시나리오 memo

[실전차트 30] 비엠티 15분봉

매도계획

매매 시나리오 memo

[실전차트 31] 비엠티 15분봉

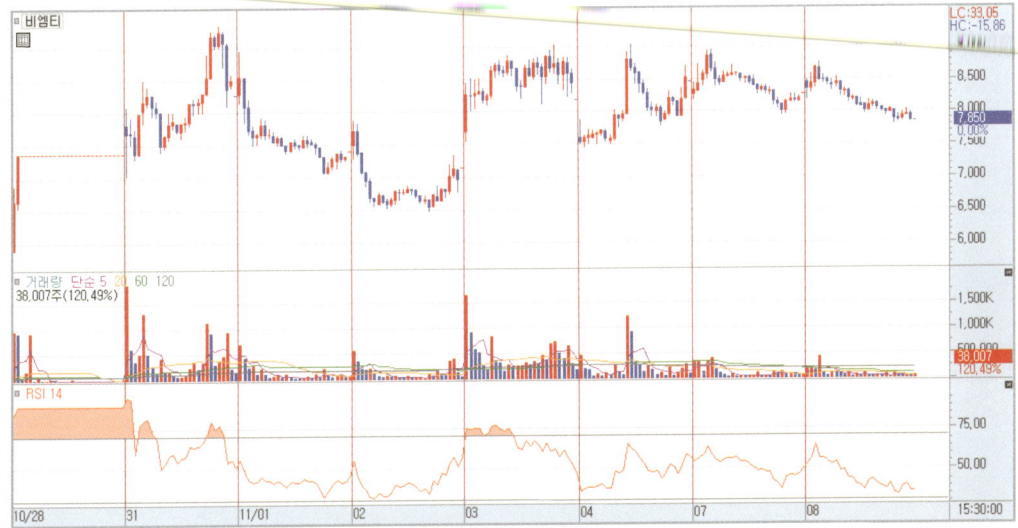

재매수 여부
투매폭 그리기

매매 시나리오 memo

[실전차트 32] 비엠티 15분봉

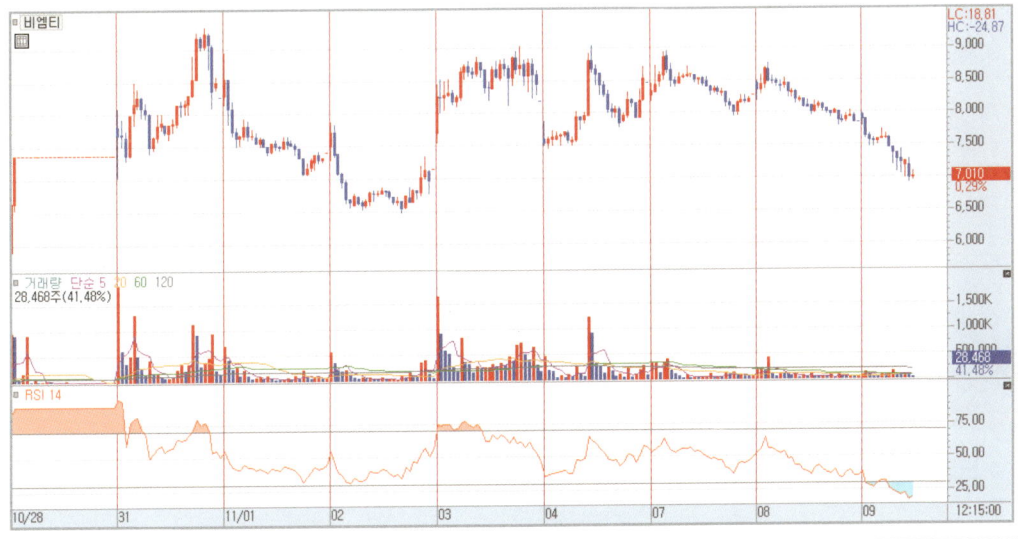

주가 지지 확인

매매 시나리오 memo

[실전차트 33] 비엠티 15분봉

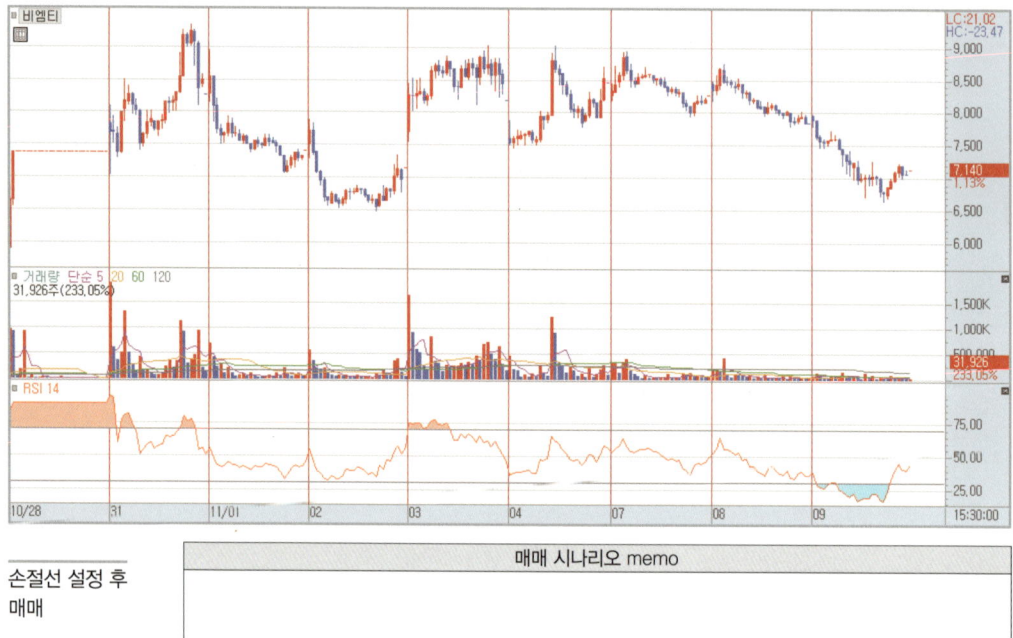

손절선 설정 후
매매

매매 시나리오 memo

[실전차트 34] 비엠티 15분봉

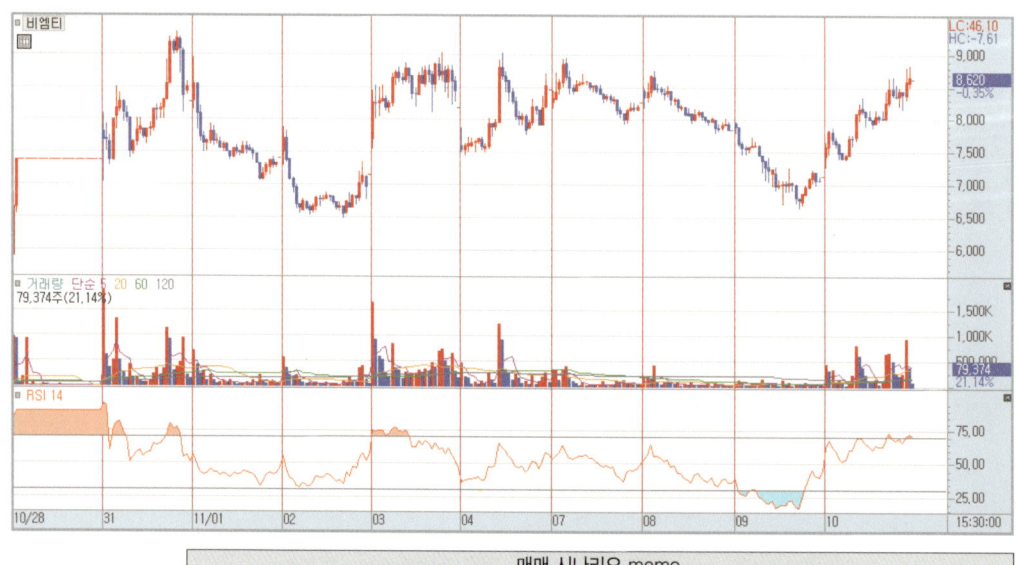

매도계획

매매 시나리오 memo

[실전차트 35] 비엠티 일봉

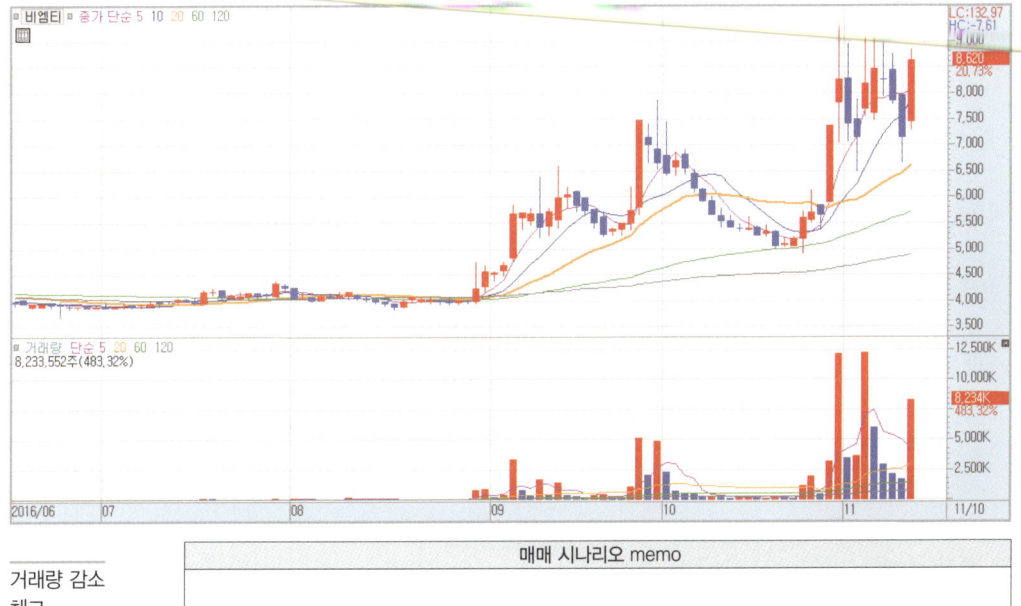

거래량 감소
체크

[실전차트 해석 4]

이번에는 비엠티 종목의 주가 움직임을 세세하게 파헤쳐 보겠습니다. 비엠티의 고점은 9,330원으로 상승폭은 대략 64% 정도 나오며 적정 투매폭은 20~25% 범위가 되겠습니다. 가격대는 대략 7,000~7,470원입니다.

[실전차트 해석 5]

적정 투매폭 범위에서 주가의 지지 확인을 무시한 채 매수했다고 가정해 보겠습니다. 지지 확인을 무시하고 매수해도 충분히 반등이 나올 수 있습니다.

[실전차트 해석 6]

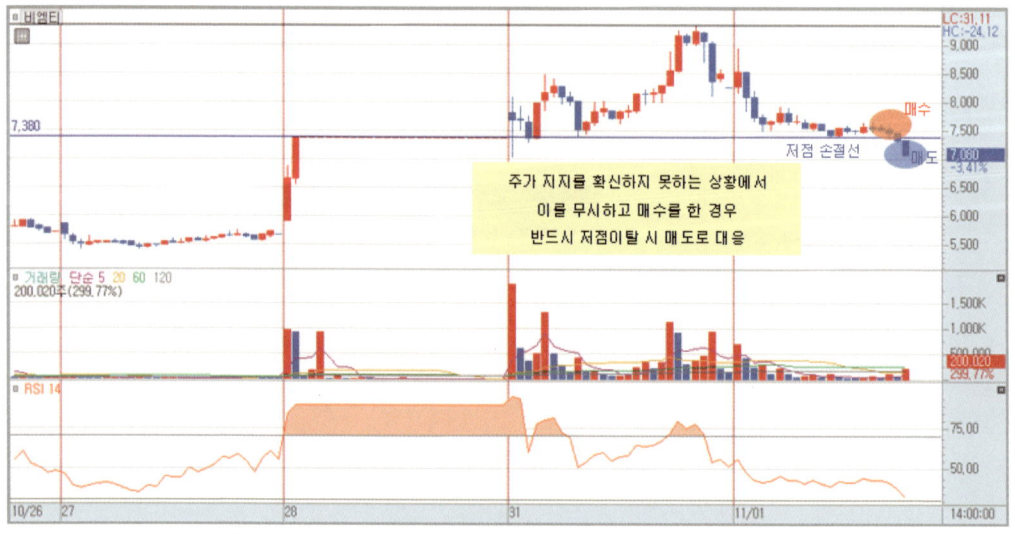

그러나 급등주의 특성상 장중 변동폭이 크기 때문에 주가의 지지를 확인하지 않고 매수한다면 손실 위험을 각오해야 합니다. 따라서 손절선(로스컷)을 짧게 설정하고 매매해야 합니다.

사실 실전에서는 안전하게 지지를 확인하고 매수한다거나 장 종료 직전에 매수하는 게 더

[실전차트 해석 7]

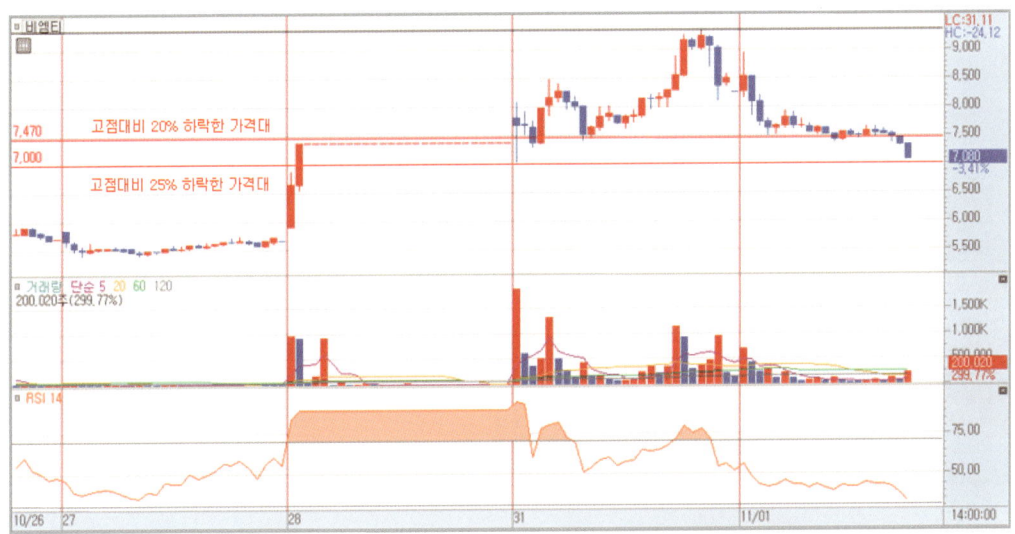

한 차례 손절을 했습니다. 그리고 다시 적정 투매폭을 그려보겠습니다.

[실전차트 해석 8]

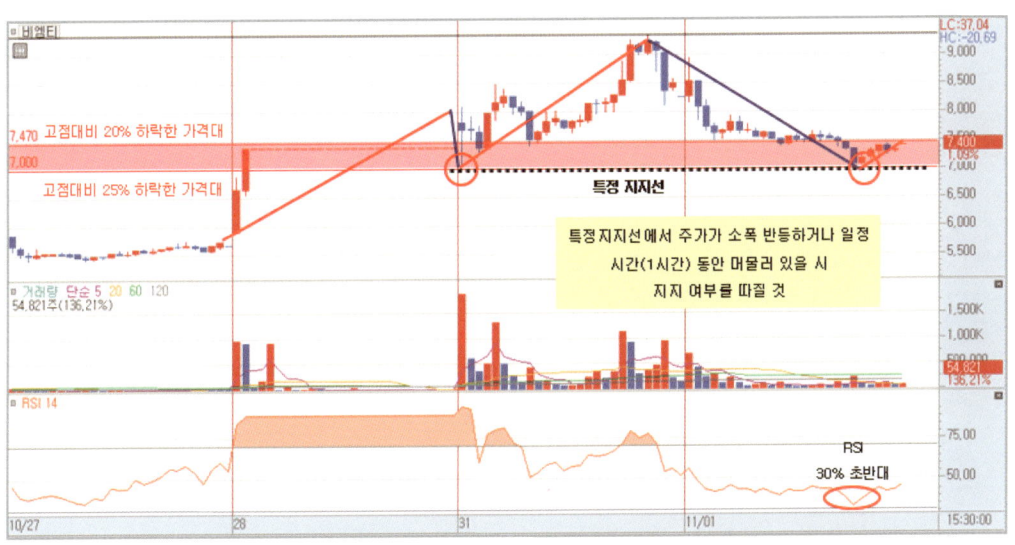

적정 투매폭 범위에서 주가 지지를 확인하는 방법 중 특정 지지선을 활용하는 방법이 있습니다. 이는 분봉 또는 일봉상 지지와 저항을 이용하여 특정 지지선을 찾아내는 것입니다. 중요한 것은 투매폭 범위 안에 특정 지지선이 존재해야 한다는 것입니다.

위 차트를 보면 7,000원이 특정 지지선이라는 것을 알 수 있습니다. 주가가 이 특정 지지선을 지지한다면 반등이 나올 확률이 높겠지요?

[실전차트 해석 9]

특정 지지선에서 주가 지지를 확인하고 매수했다면 다음날 수익을 볼 수 있습니다.

[실전차트 해석 10]

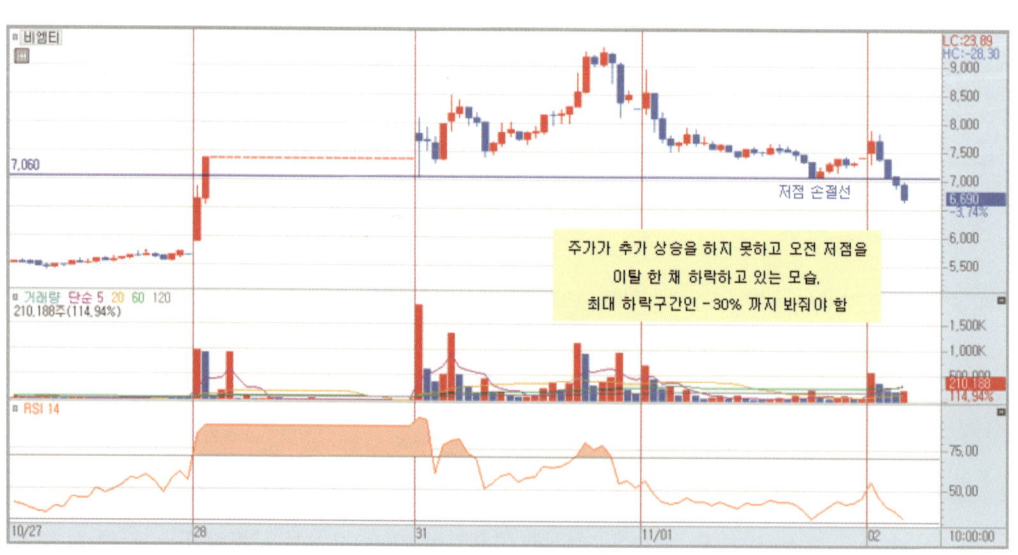

주가는 오전에 반등 이후 추가 상승을 하지 못하고 오히려 하락하게 됩니다.
만약 수익을 눈에 보려고 매도를 하지 못한 채 보유하게 되었다면 손실을 볼 수밖에 없습니다. 따라서 매도는 반드시 저점대비 7% 이상에서부터 분할로 매도하시길 바랍니다.

[실전차트 해석 11]

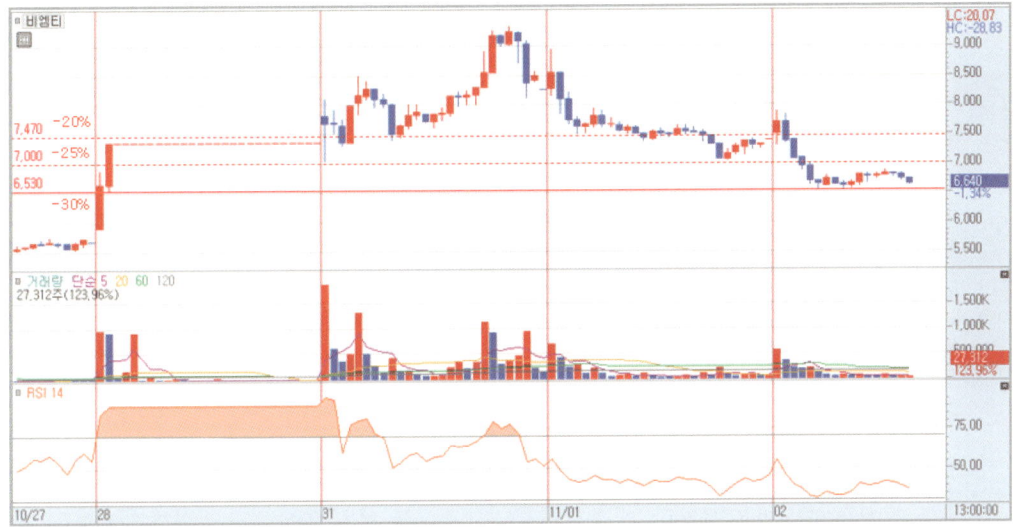

주가가 적정 투매폭을 벗어나 하락할 때는 고점에서 30% 하락한 구간까지 봐줘야 합니다.

[실전차트 해석 12]

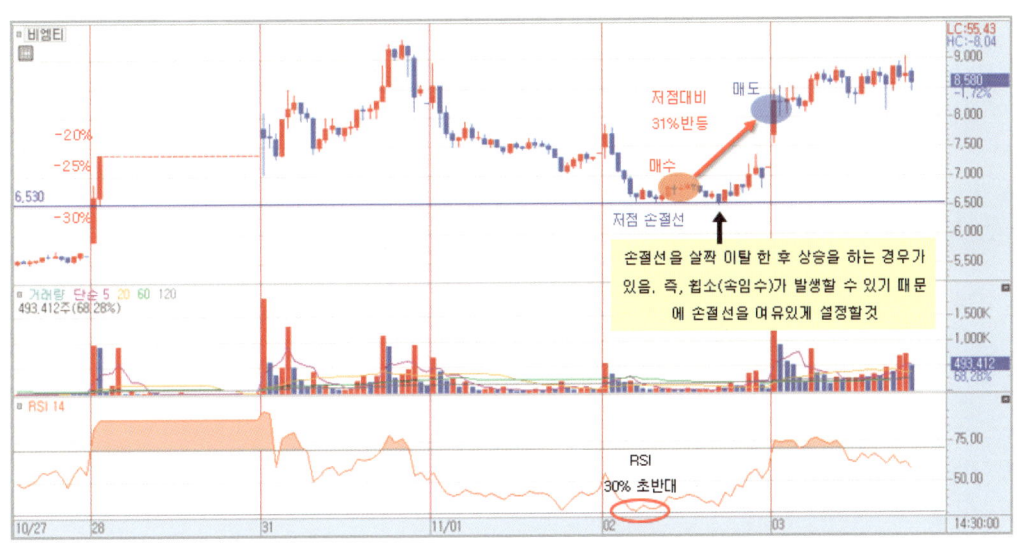

간혹 적정 투매폭 범위에서 휩소가 발생할 수 있습니다. 때에 따라서 손절선을 여유 있게 설정하거나 손절 후 재매수하시기 바랍니다.

[실전차트 해석 13]

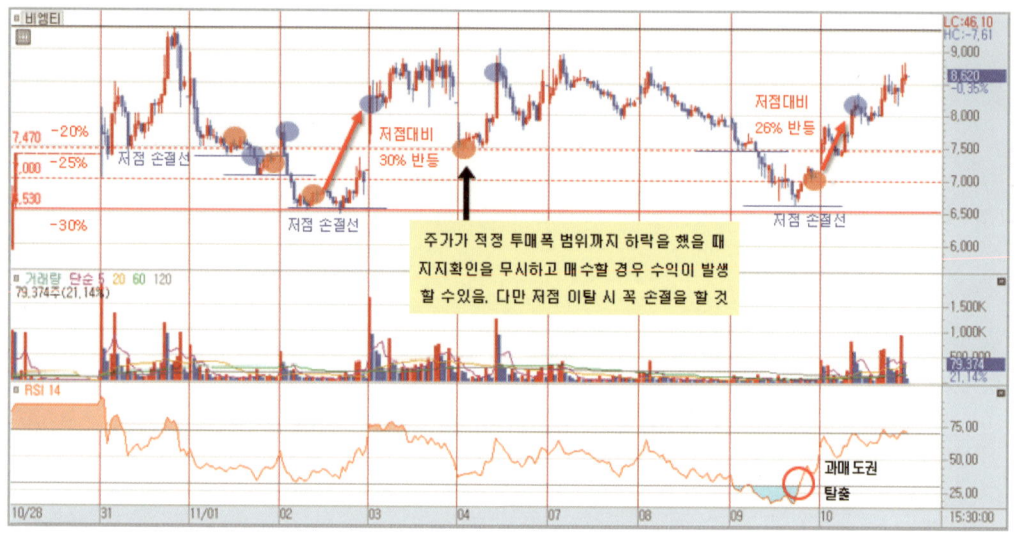

급등주 투매폭 매매법을 사용할 때 중요한 것은 "투매폭 범위를 어떻게 적절하게 활용할 것인가"에 따라 수익률과 손실률이 달라집니다.

안전하게 지지를 확인하고 매매한다거나 공격적으로 투매폭 범위에서 분할로 매수한다거나 등이 그에 해당됩니다.

세부적인 매수/매도의 스킬은 각 개인투자자들의 몫입니다.

무엇이 좋은 방법인지 잘 연구해서 투자자 본인에게 맞는 방법으로 체화하시기 바랍니다.

실전차트 3

[실전차트 36] 로보스타 일봉

상승폭 측정

매매 시나리오 memo

[실전차트 37] 로보스타 15분봉

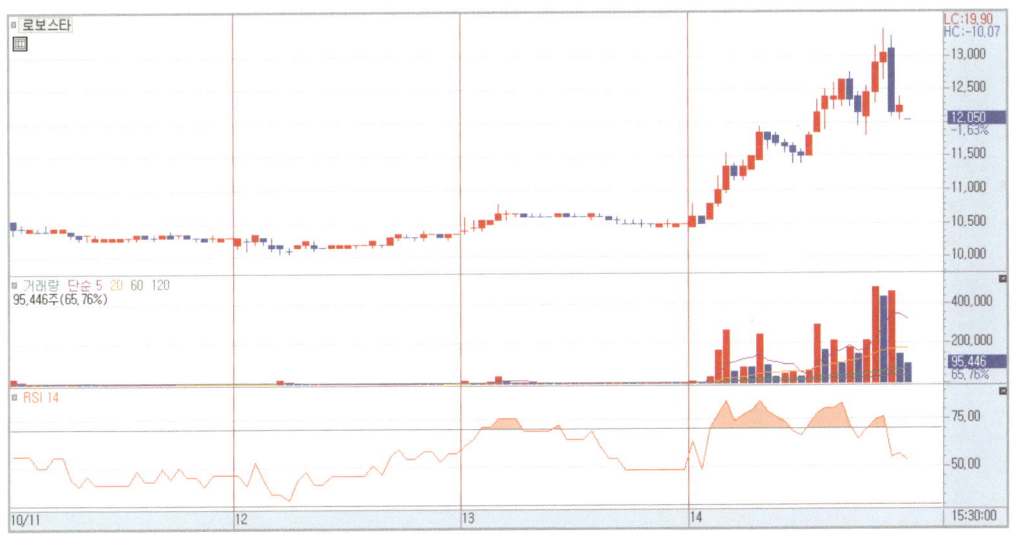

적정 투매폭
그리기

매매 시나리오 memo

[실전차트 38] 로보스타 15분봉

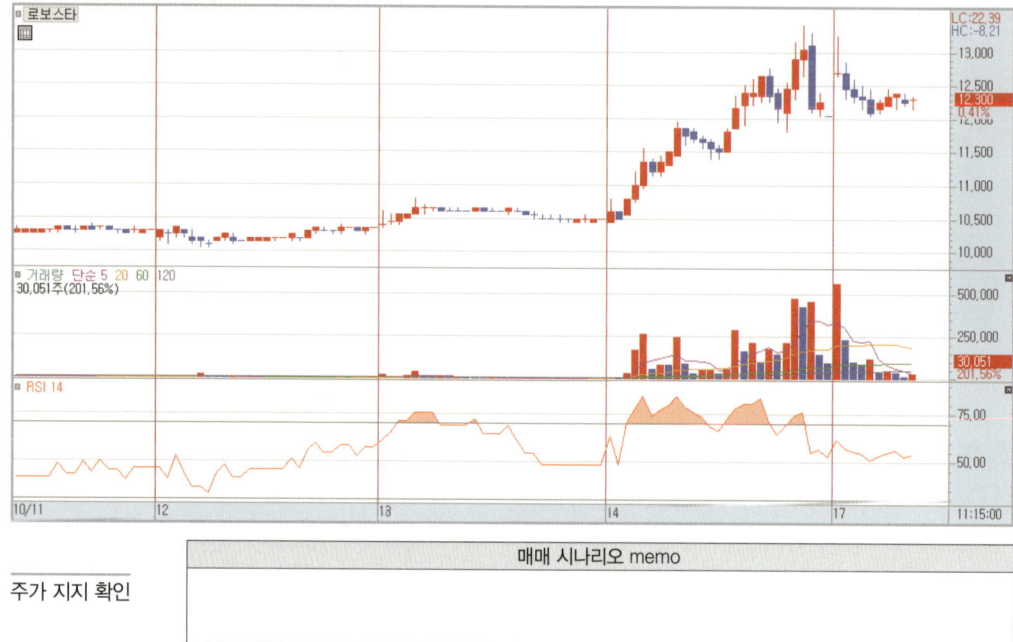

매매 시나리오 memo

주가 지지 확인

[실전차트 39] 로보스타 15분봉

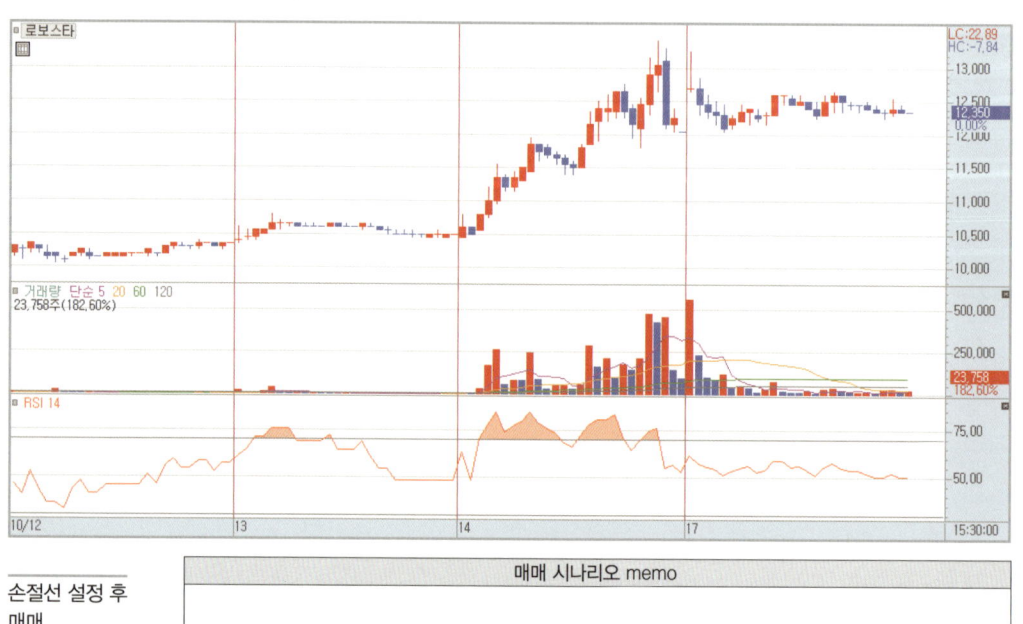

매매 시나리오 memo

손절선 설정 후
매매

[실전차트 40] 로보스타 15분봉

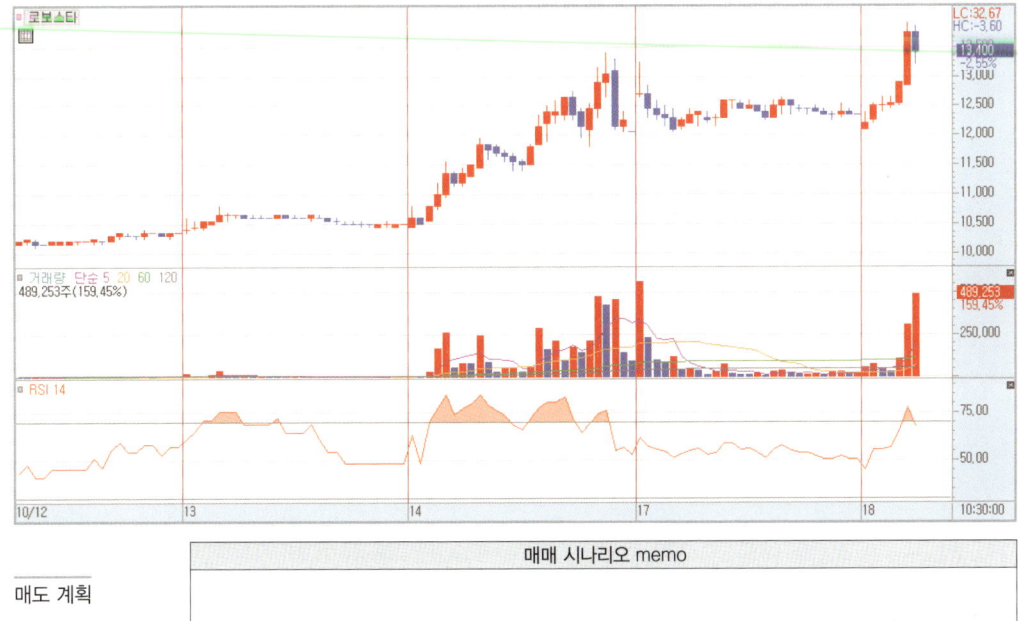

매도 계획 | 매매 시나리오 memo

[실전차트 41] 로보스타 15분봉

상승폭 재측정 | 매매 시나리오 memo

[실전차트 42] 로보스타 15분봉

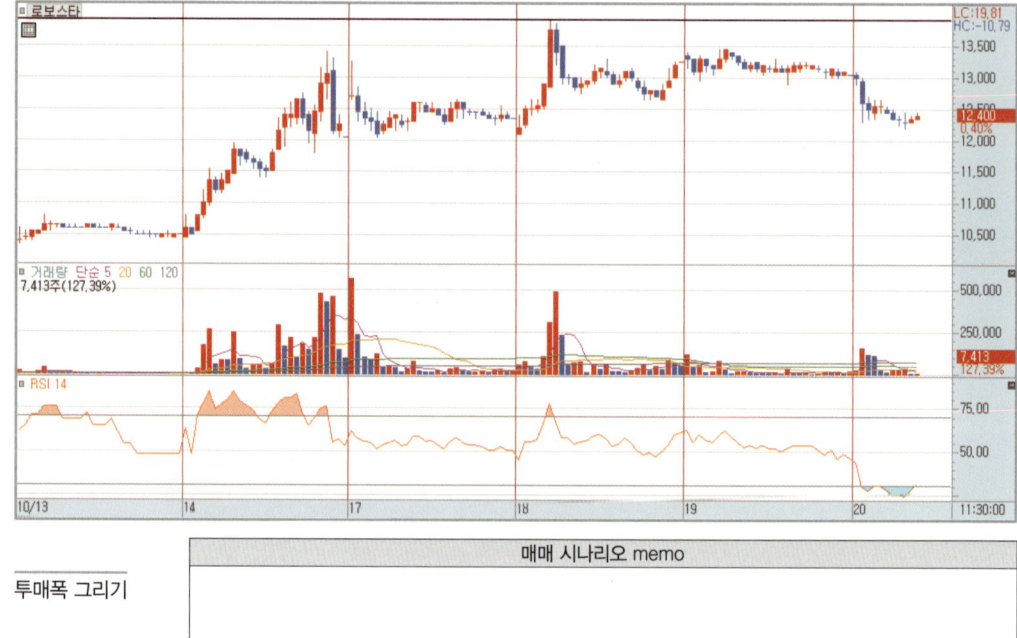

투매폭 그리기

[실전차트 43] 로보스타 15분봉

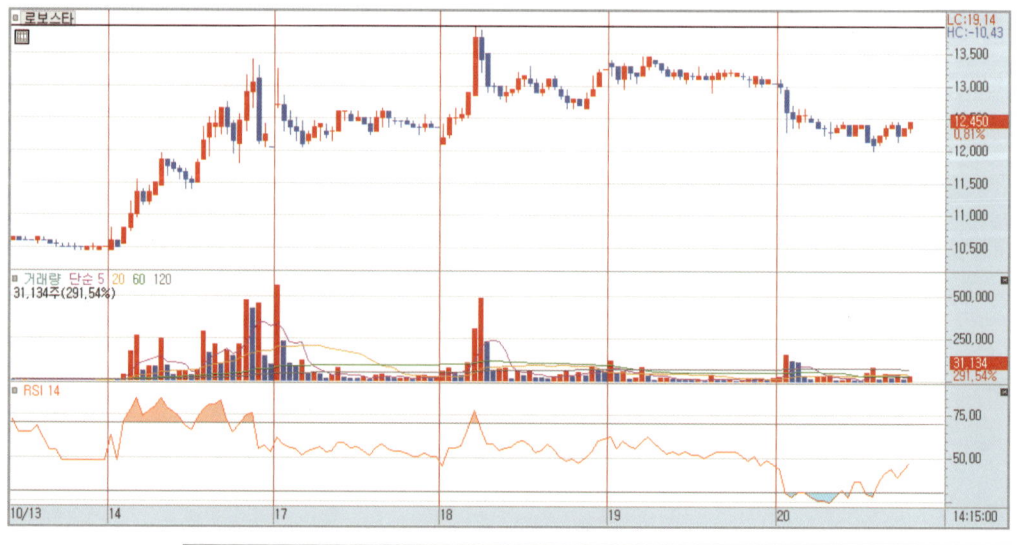

주가 지지확인
손절선 설정 후
매매

[실전차트 44] 로보스타 15분봉

매매 시나리오 memo

매도 계획

[실전차트 45] 로보스타 15분봉

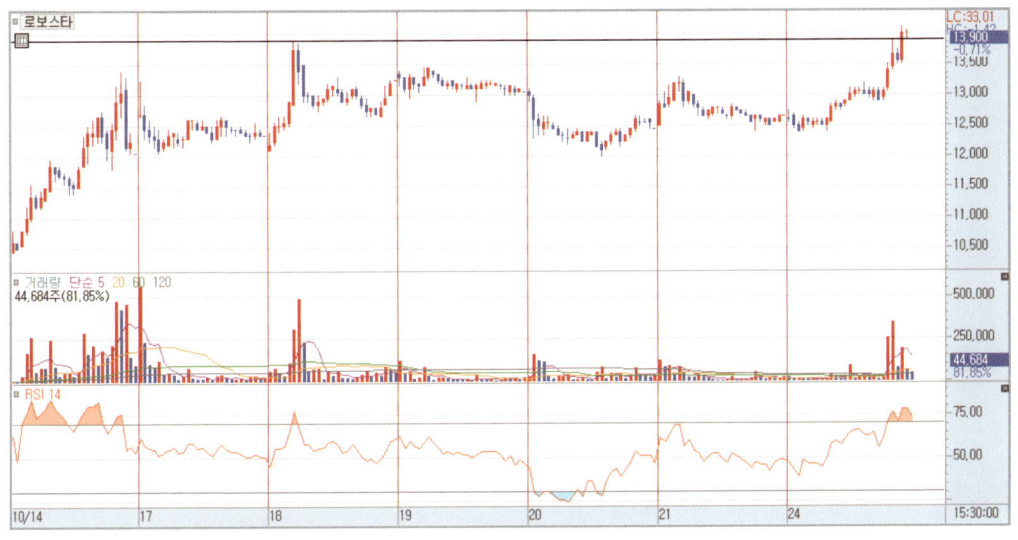

매매 시나리오 memo

매도 계획

[실전차트 46] 로보스타 일봉

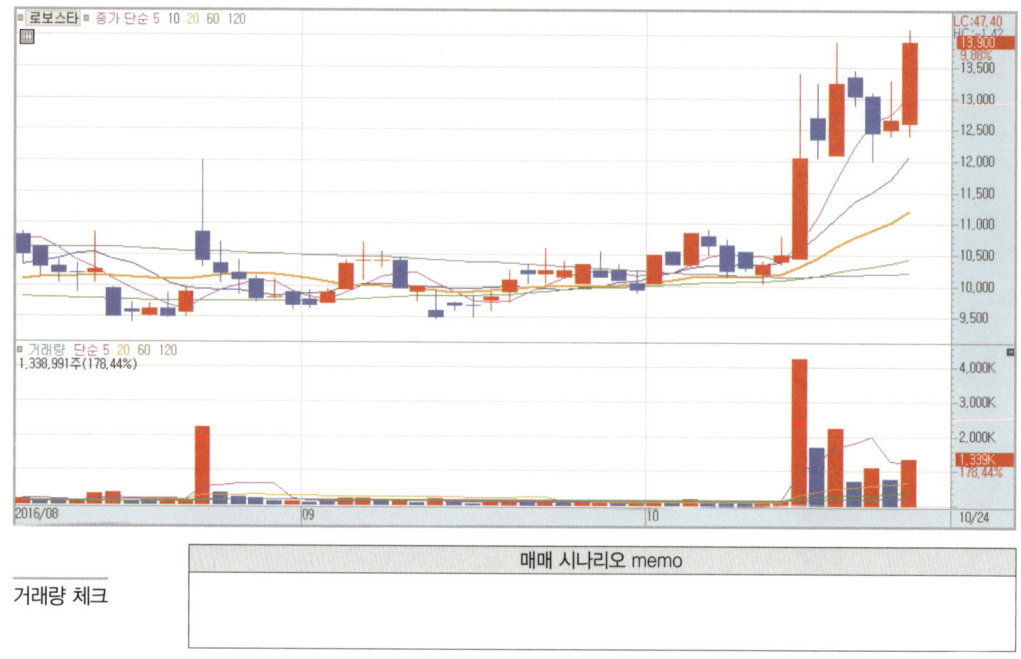

거래량 체크

매매 시나리오 memo

[실전차트 해석 14]

　　초기 상승폭은 27%가 나옵니다. 상승폭 20~30% 적정 투매폭은 10~15% 범위로 각각 고점에서 10% 하락한 가격은 약 12,100원, 15% 하락한 가격은 약 11,400원입니다. 위 차트를 보면 주가가 10% 하락한 가격대까지 살짝 내려온 후 반등했습니다.

[실전차트 해석 15]

고점이 다시 높아졌기 때문에 상승폭을 재측정합니다.

약 32%의 상승폭으로 적정 투매폭 범위는 14~18%입니다. 10월 20일 주가가 적정 투매폭 범위인 14%까지 하락한 이후 반등이 나온 모습입니다.

적정 투매폭 범위에서 주가지지 확인은 RSI 지표로 확인할 수 있었습니다.

실전차트 4

[실전차트 47] 이엠넷 일봉

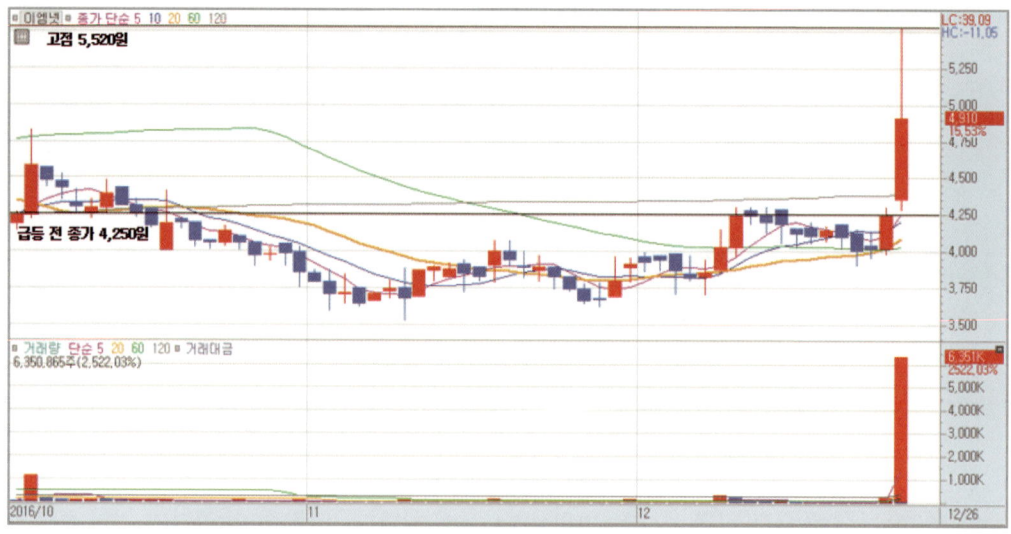

상승폭 측정

매매 시나리오 memo

[실전차트 48] 이엠넷 15분봉

투매폭 그리기

매매 시나리오 memo

[실전차트 49] 이엠넷 15분봉

주가 지지 확인
손절선 설정 후
매매

매매 시나리오 memo

[실전차트 50] 이엠넷 15분봉

매도 계획

매매 시나리오 memo

[실전차트 51] 이엠넷 15분봉

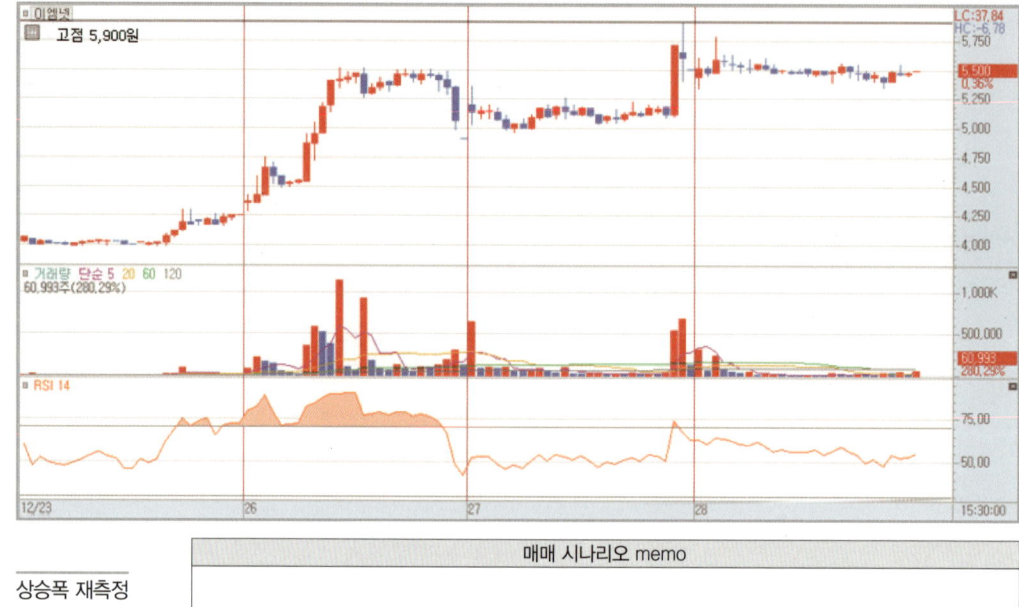

매매 시나리오 memo
상승폭 재측정

[실전차트 52] 이엠넷 15분봉

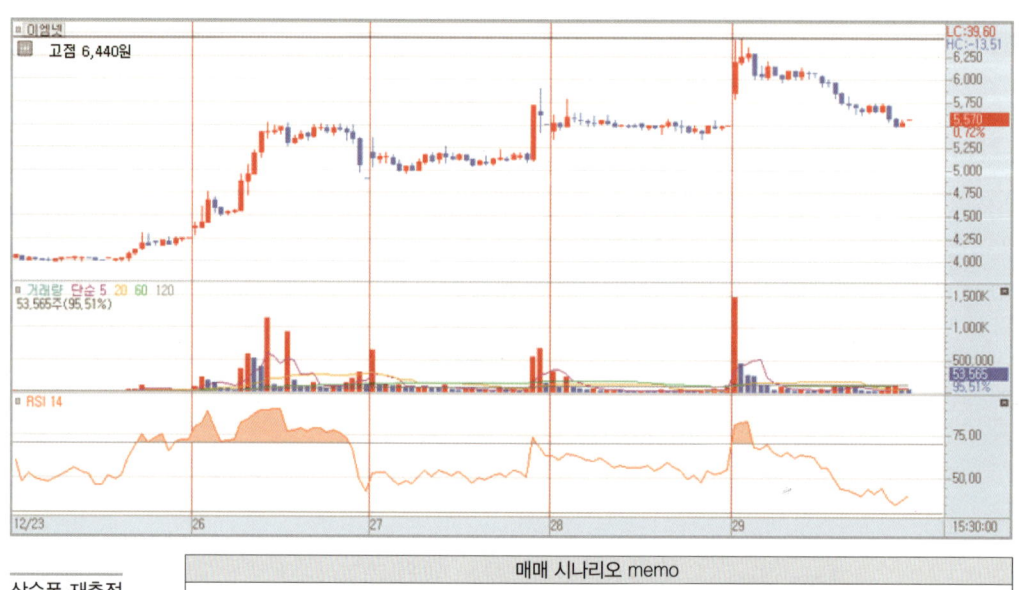

매매 시나리오 memo
상승폭 재측정 투매폭 그리기

[실전차트 53] 이엠넷 15분봉

매매 시나리오 memo

주가 지지 확인

[실전차트 54] 이엠넷 15분봉

매매 시나리오 memo

손절선 설정 후
매매

[실전차트 55] 이엠넷 15분봉

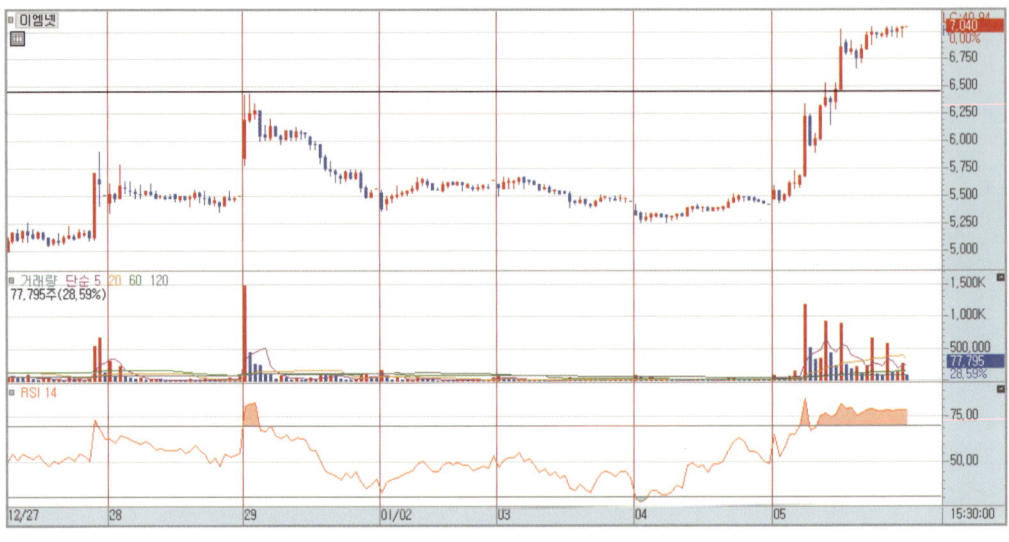

매도계획	매매 시나리오 memo

[실전차트 56] 이엠넷 일봉

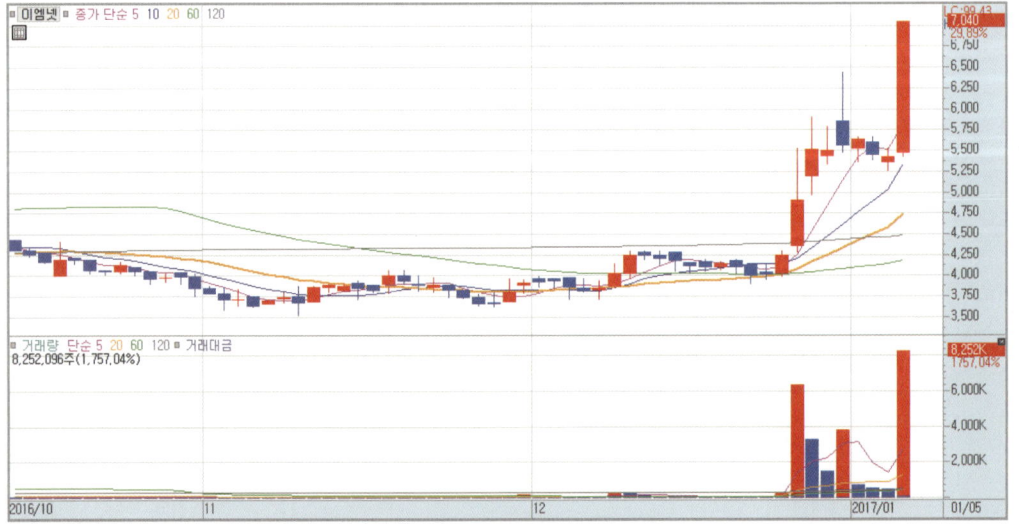

거래량 체크	매매 시나리오 memo

[실전차트 해석 16]

이엠넷의 고점 5,520원으로 주가 상승폭은 약 29%입니다. 적정 하락폭은 10~15%입니다.
특히 차트상 직전고점을 대량 거래량으로 돌파한 차트, 시장 주도주 또는 테마 대장주라면 적정하락폭 범위까지 주가가 하락하지 않을 수 있습니다. 워낙 시장의 인기주이다 보니 예상 외로 크게 하락하지 않고 추가 상승하는 경향이 있습니다.

[실전차트 해석 17]

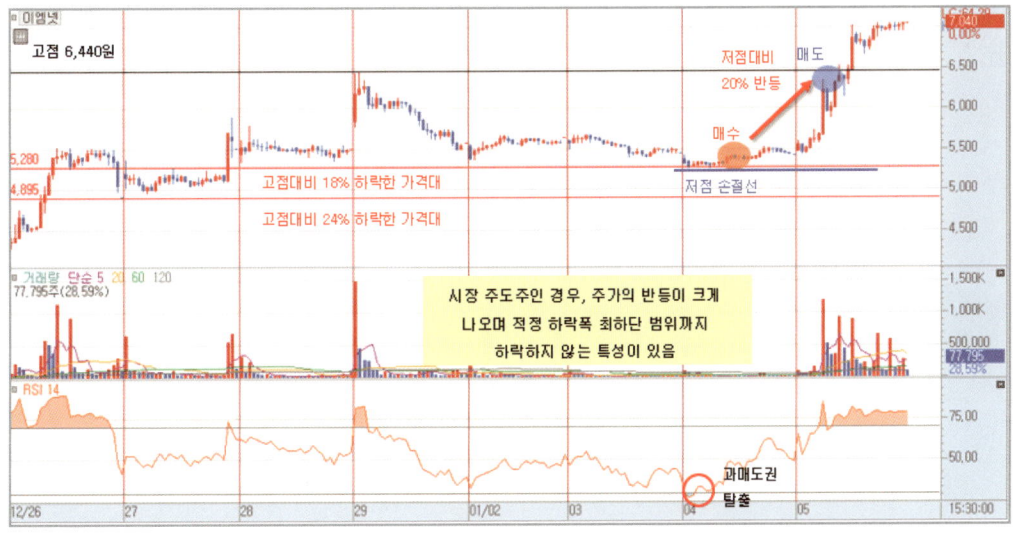

고점이 경신되었기 때문에 상승폭을 재측정합니다. 상승폭은 약 51% 정도가 나오네요.
그에 맞춰 적정 투매폭도 다시 설정해야 합니다. 이엠넷은 투매범위인 18%에서 반등이 나왔습니다.

실전차트 5

[실전차트 57] 한농화성 일봉

상승폭 체크

매매 시나리오 memo

[실전차트 58] 한농화성 15분봉

투매폭 그리기

매매 시나리오 memo

[실전차트 59] 한농화성 15분봉

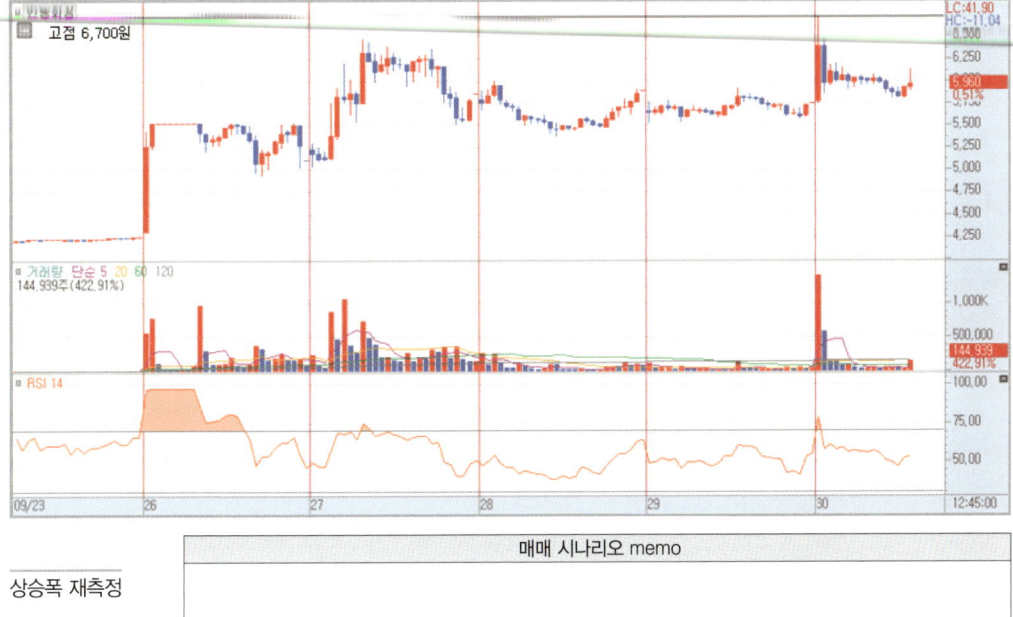

매매 시나리오 memo

상승폭 재측정

[실전차트 60] 한농화성 15분봉

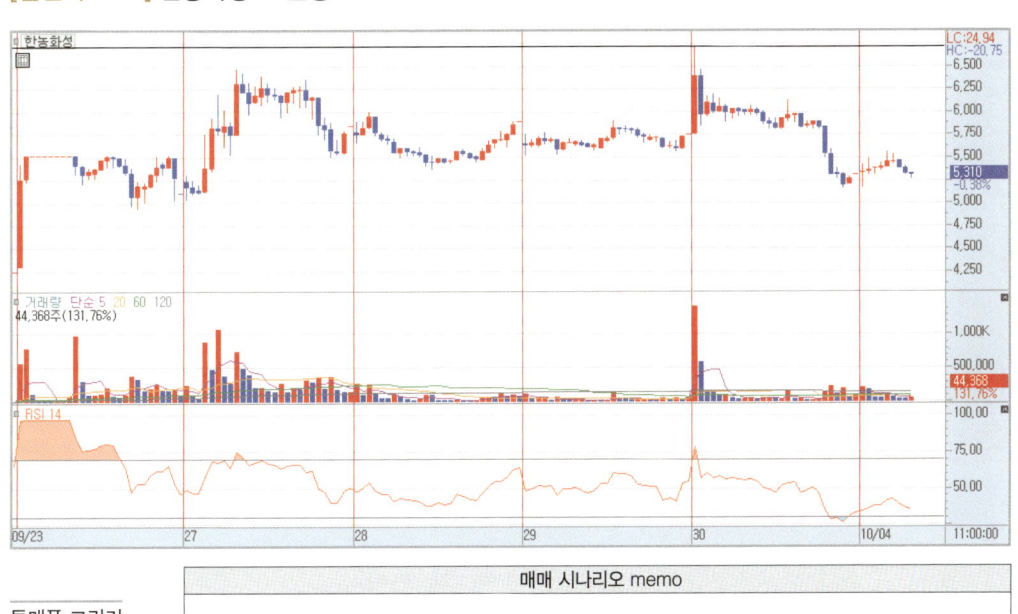

매매 시나리오 memo

투매폭 그리기

[실전차트 61] 한농화성 15분봉

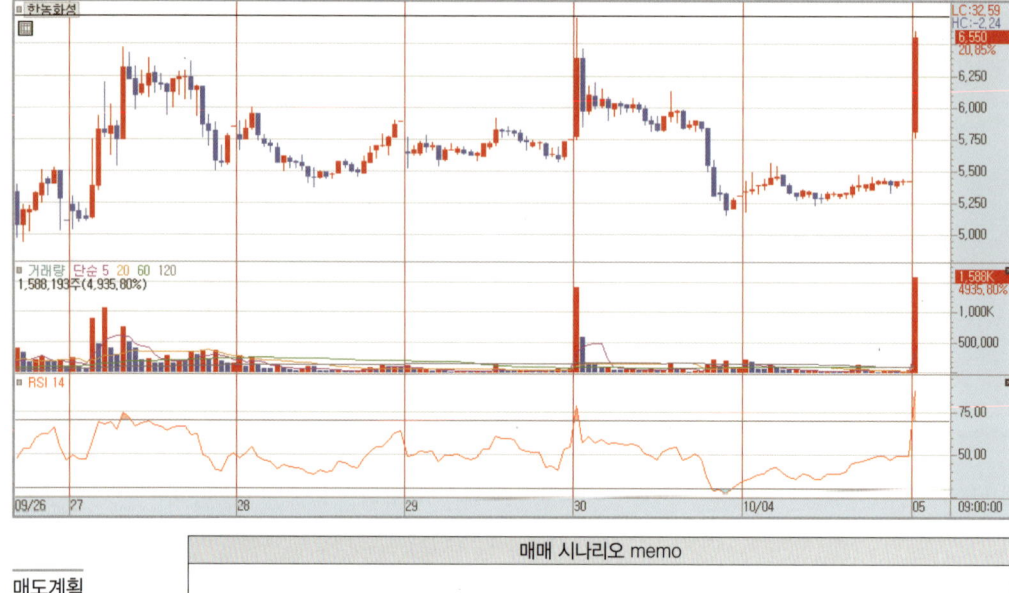

매매 시나리오 memo

매도계획

[실전차트 62] 한농화성 15분봉

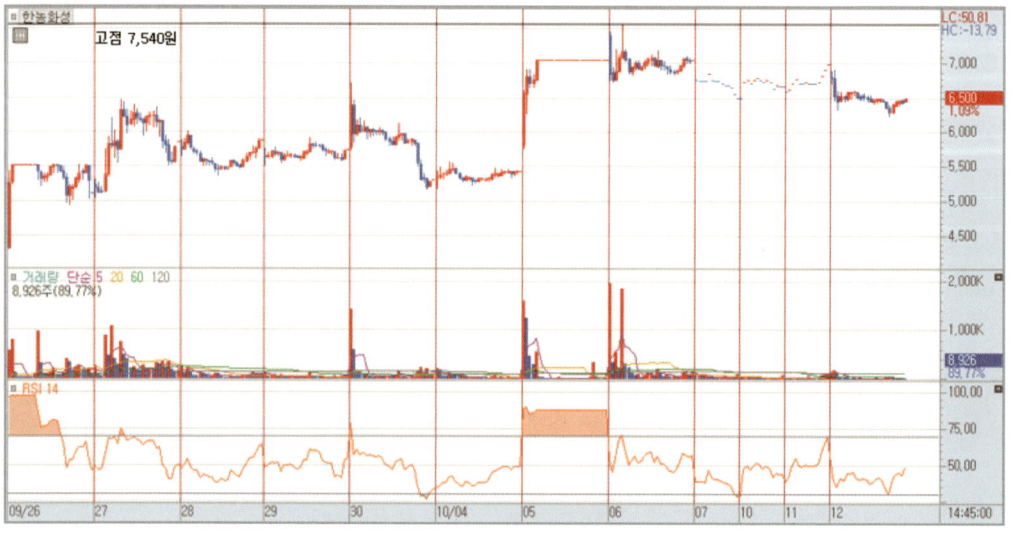

매매 시나리오 memo

상승폭 재측정
재매수 여부

[실전차트 63] 한농화성 15분봉

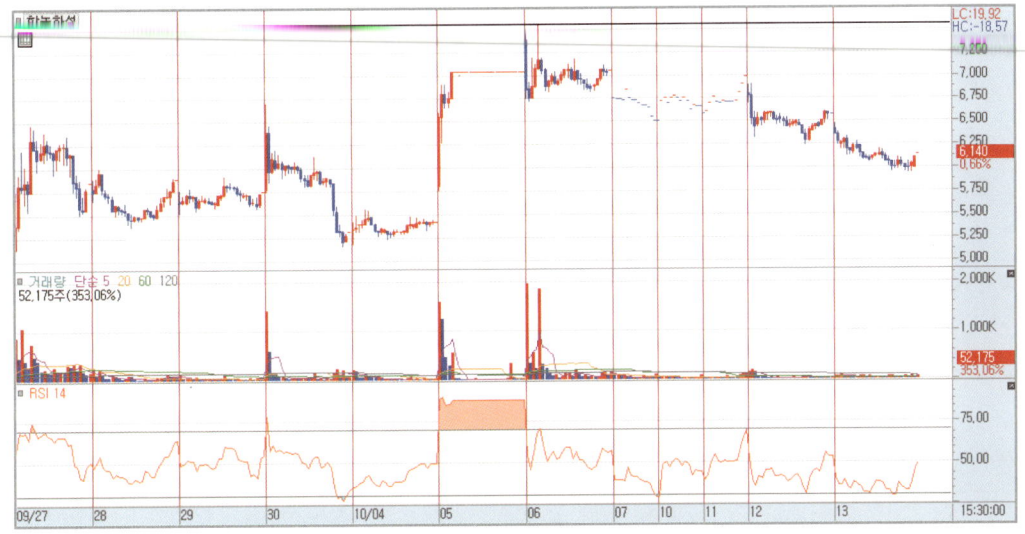

투매폭 그리기

매매 시나리오 memo

[실전차트 64] 한농화성 15분봉

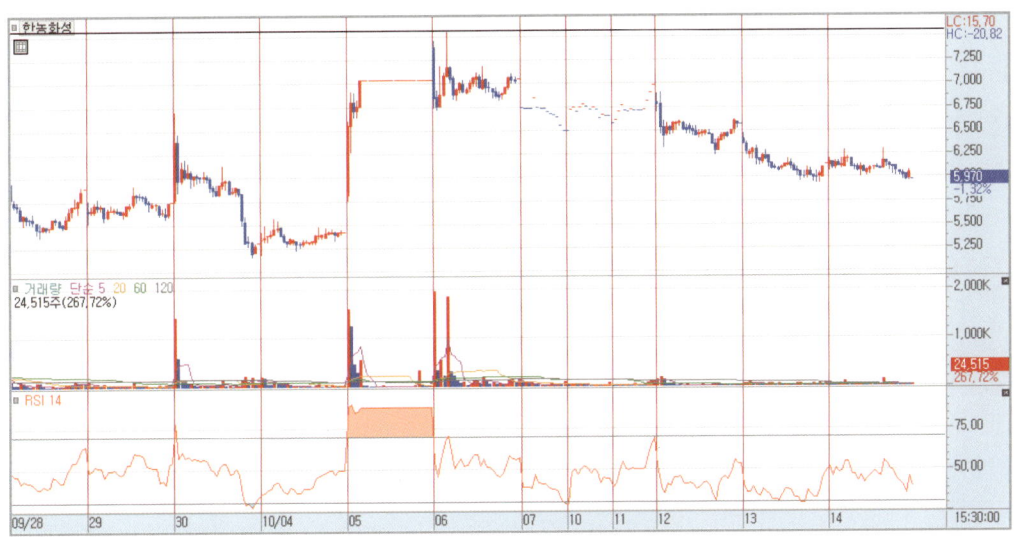

주가 지지확인
손절선 설정

매매 시나리오 memo

[실전차트 65] 한농화성 15분봉

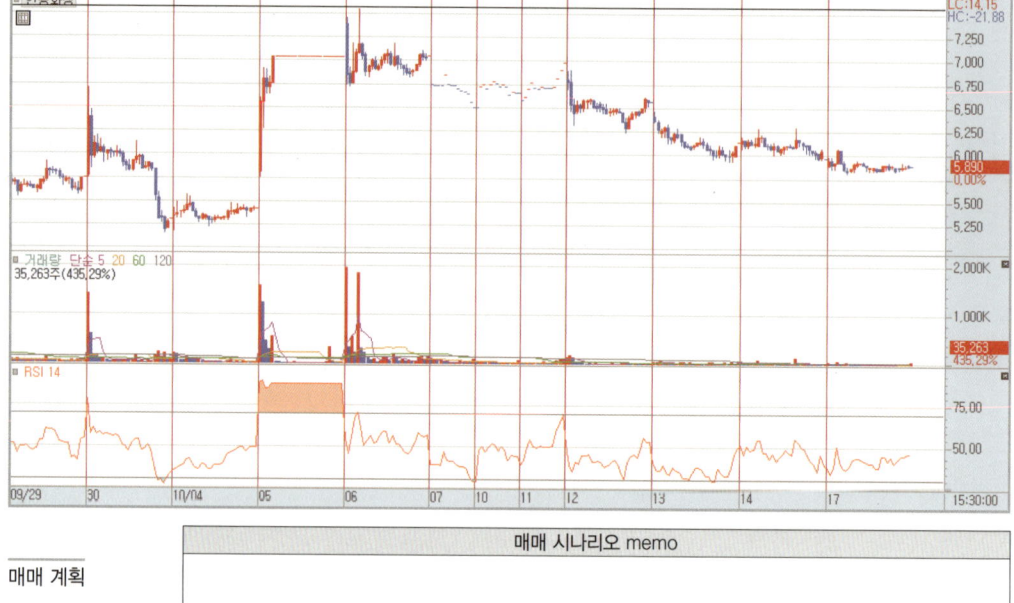

매매 계획	매매 시나리오 memo

[실전차트 66] 한농화성 15분봉

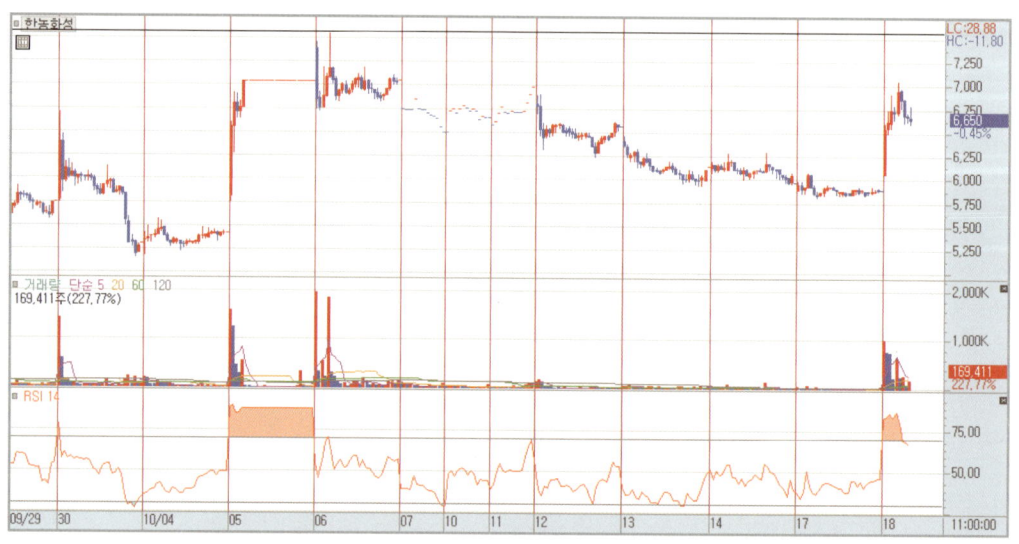

매도 계획	매매 시나리오 memo

[실전차트 67] 한농화성 15분봉

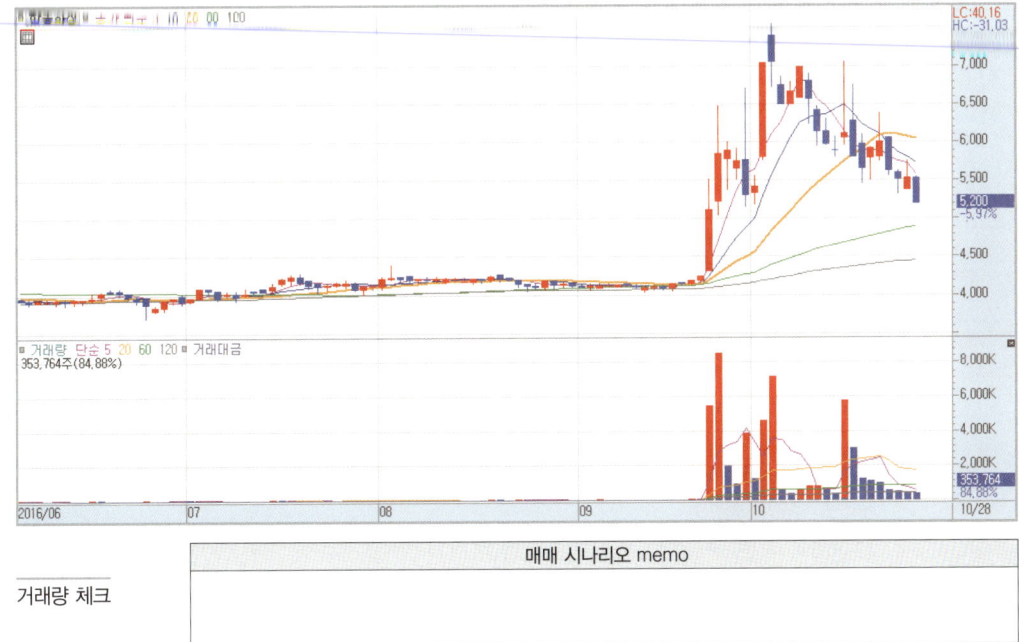

매매 시나리오 memo
거래량 체크

[실전차트 해석 18]

고점이 6,470원으로 상승폭은 52%입니다. 그러나 주가는 적정 투매폭 18~24% 범위까지 하락하지 않고 그 위에서 반등했습니다. 시장의 주도주, 테마 대장주는 대기 매수자가 많기 때문에 주가는 크게 하락하지 않습니다. 따라서 굳이 매매를 하려면 급하게 올라타기보다는 종가 또는 시가에 매수하는 것이 좋습니다.

[실전차트 해석 19]

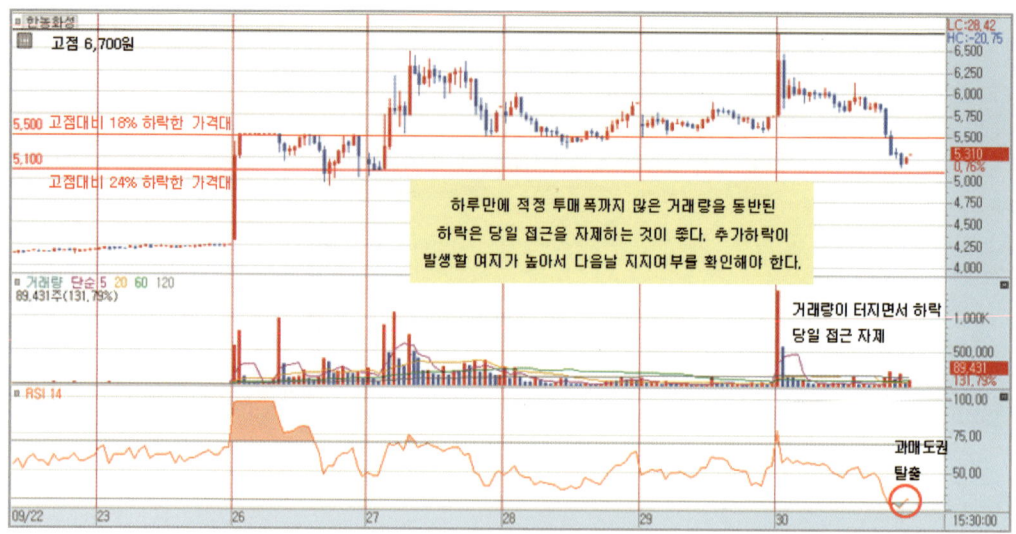

고점이 재차 높아졌습니다. 상승폭이 57%로 적정 투매폭은 동일합니다.

특히 매수할 때 조심해야 할 점은 거래량이 많이 동반된 하락을 하게 될 때입니다.

급등주 투매폭 매매법은

1) 주가가 하락한 이후

2) 지지를 확인하고

3) 거래량이 급감된 상태에서

4) 주가의 변동폭이 없을 때 매수하는 것입니다.

만약 위 조건들을 무시하고 매매한다면 손절선을 짧게 설정하고 대응에 각별히 신경 써야 합니다.

[실전차트 해석 20]

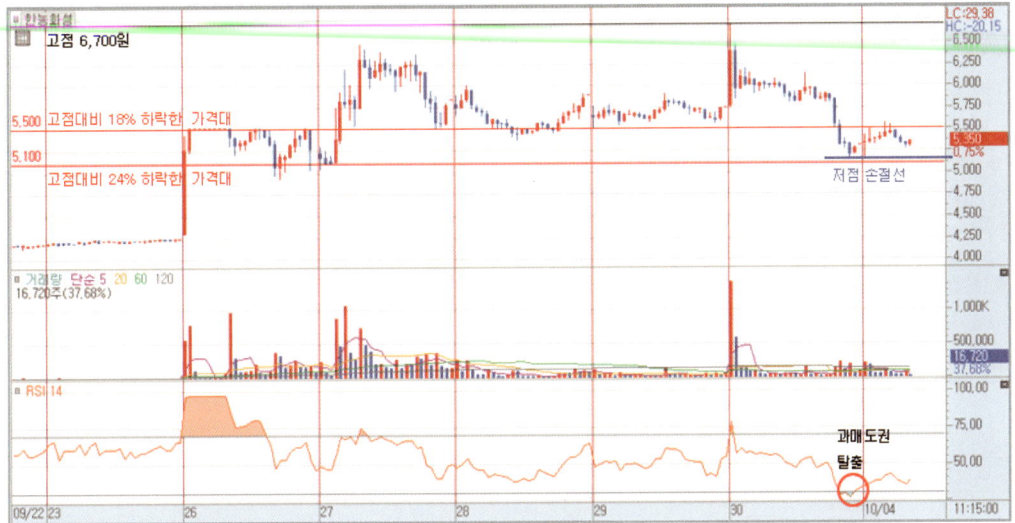

다음날 주가의 지지를 확인하고 매수에 임해도 괜찮다는 것이지요.

[실전차트 해석 21]

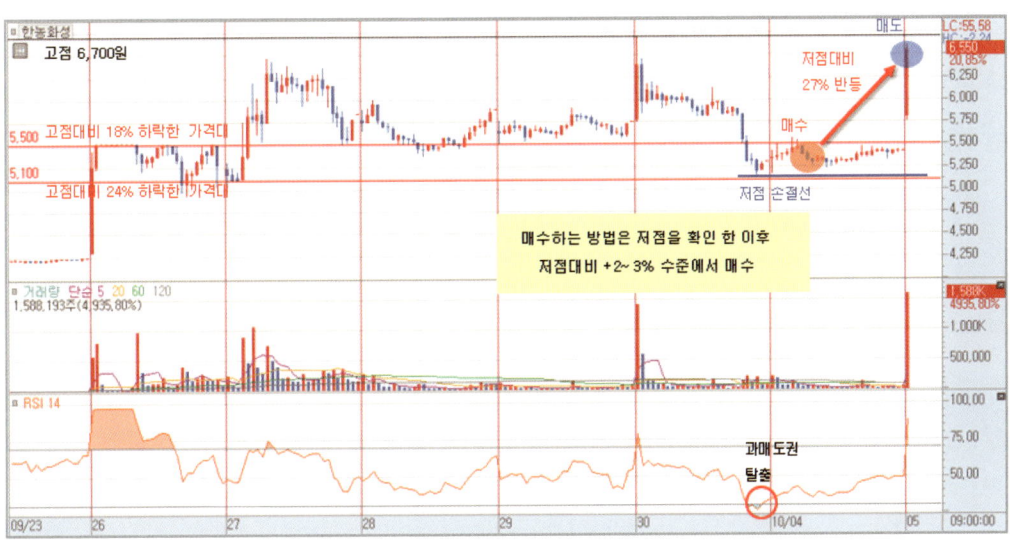

다시 한 번 정리하자면 매수하는 방법은 저점을 확인한 이후 저점대비 +1~3% 부근에서 매수합니다.

손절은 저점 이탈 시 전량 매도로 대응하면 되겠습니다.

[실전차트 해석 22]

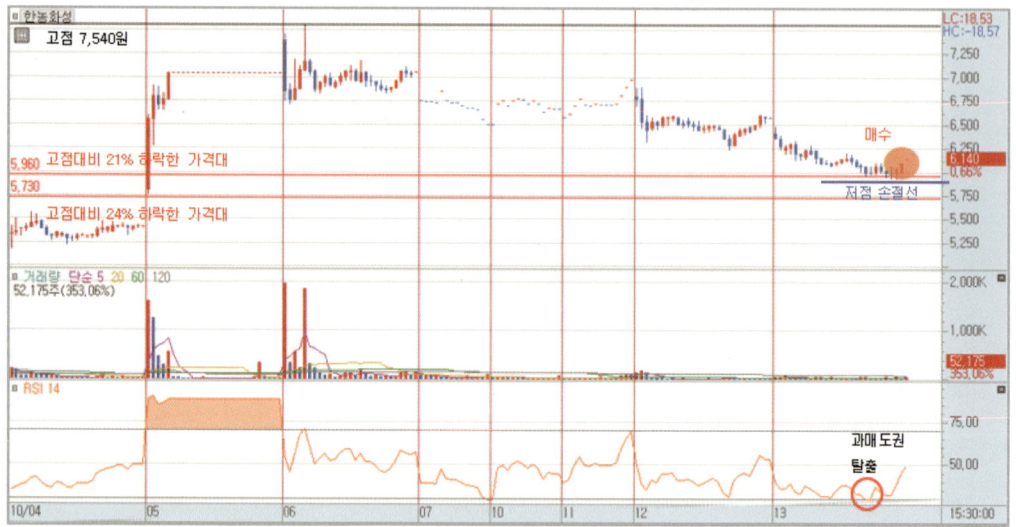

고점이 또 경신되었습니다. 이번에는 상승폭이 약 77%로 적정 투매폭은 21~24% 범위입니다.

이 범위에 주가가 하락할 때까지 기다린 후 지지를 확인하고 매수를 합니다.

[실전차트 해석 23]

매수한 이후 이틀이나 삼일 정도 또는 그 이후까지 저점대비 7% 이상 반등이 나오지 않을 수 있습니다. 이때는 투자자 본인의 판단에 따라 익절을 하든지 또는 저점 이탈 시까지 보유

하시기 바랍니다.

[실전차트 해석 24]

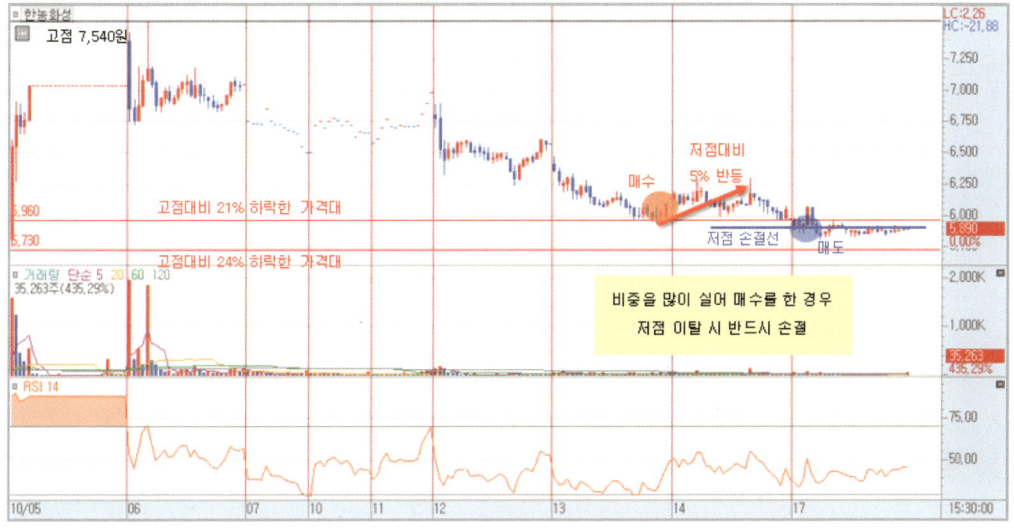

위와 같이 주가가 저점을 이탈하면 매도로 대응합니다.

[실전차트 해석 25]

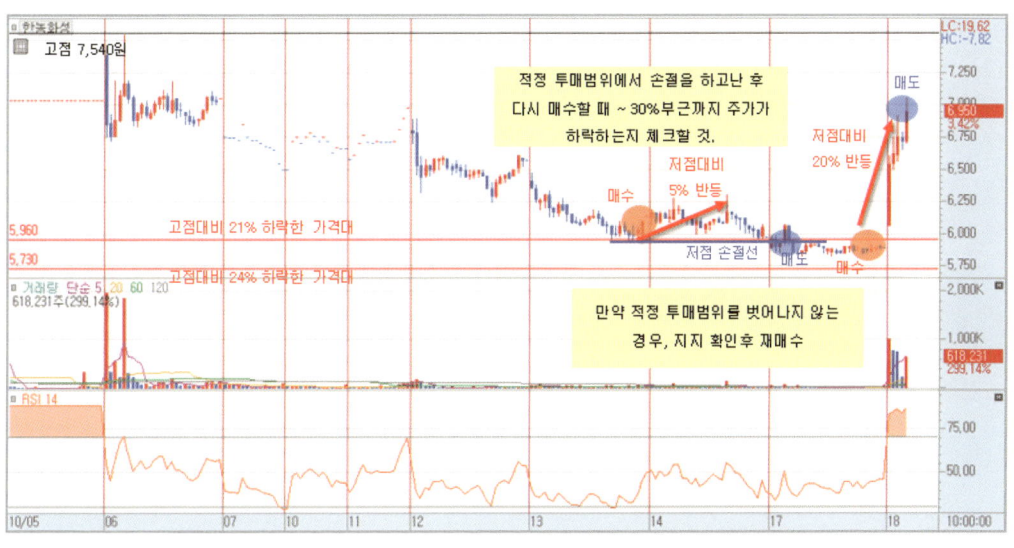

그러나 꼭 위의 설명대로 매매해야 하는 것은 아닙니다. 투자자 본인의 판단에 따라서 얼마든지 다르게 매매할 수 있습니다.

급등주 투매폭 매매법의 단점은 정확한 하락폭 수치를 알려주지 않습니다. 그렇기 때문에 위와 같이 정확한 지지점을 찾기가 어렵습니다.

[실전차트 해석 26]

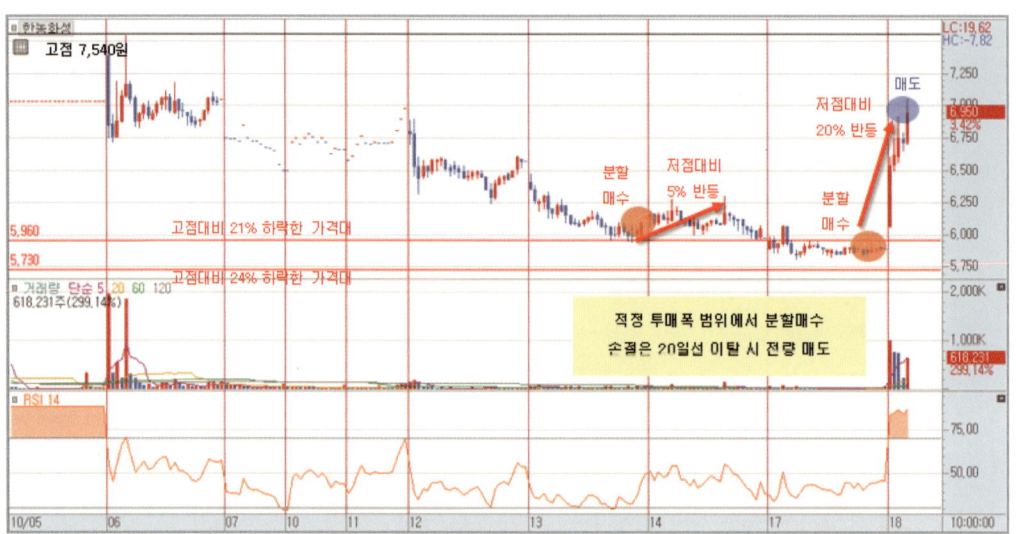

다른 매매방법으로는 적정 투매폭 범위인 5,730~5,960원 가격대에서 분할로 매수하는 것입니다. 사실 시장 주도주, 테마 대장주의 경우 여러 차례 반등을 하기 때문에 이렇게 매매해도 무방합니다. 다만 주가가 20일선을 이탈하게 되면 전체적인 추세가 하방으로 흐를 수 있습니다. 이점 유의하시기 바랍니다.

급등주 투매폭 복습정리

[급등주 투매폭 복습정리 1] 인터엠 일봉

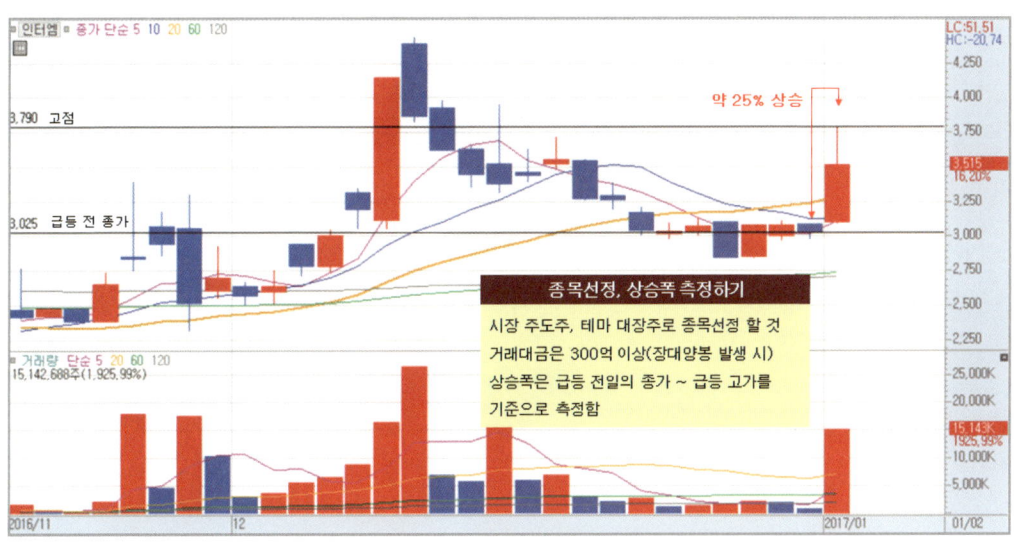

[급등주 투매폭 복습정리 2] 인터엠 15분봉

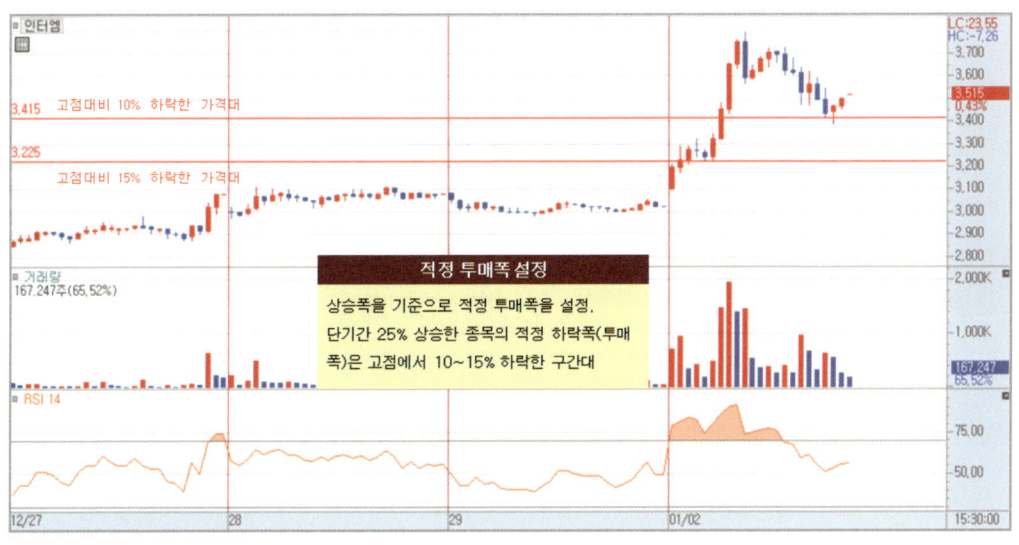

[급등주 투매폭 복습정리 3] 인터엠 15분봉

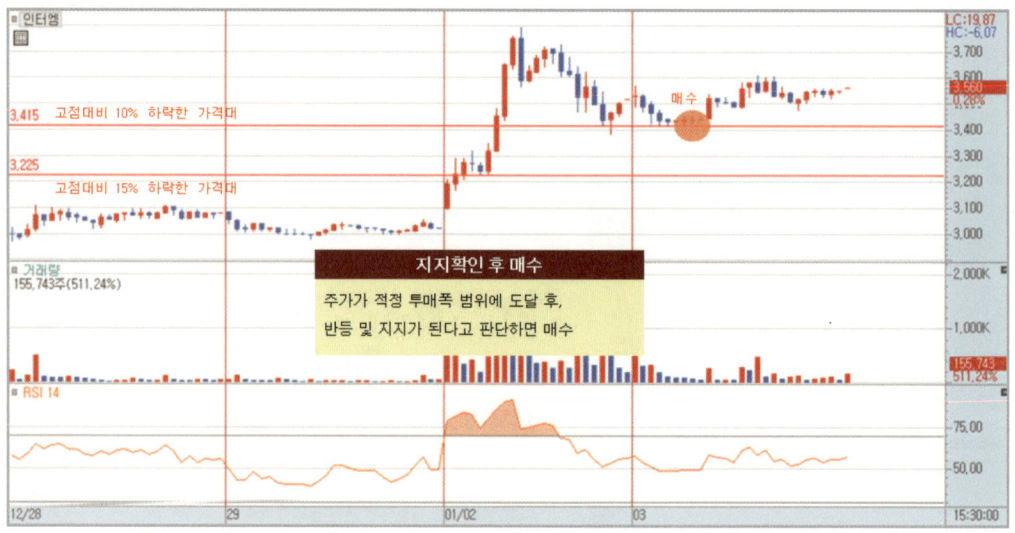

[급등주 투매폭 복습정리 4] 인터엠 15분봉

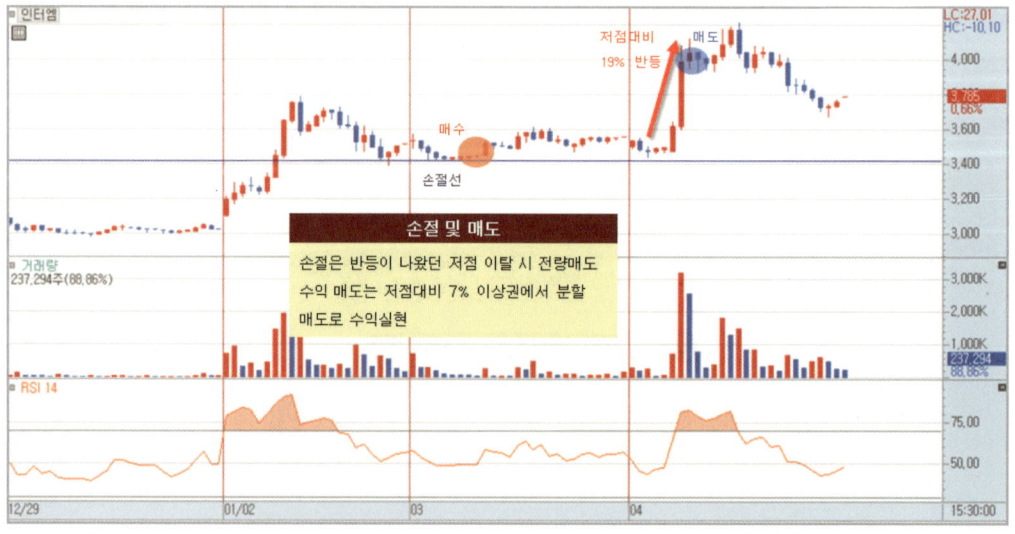

[급등주 투매폭 복습정리 5] 인터엠 15분봉

[급등주 투매폭 복습정리 6] 인터엠 15분봉

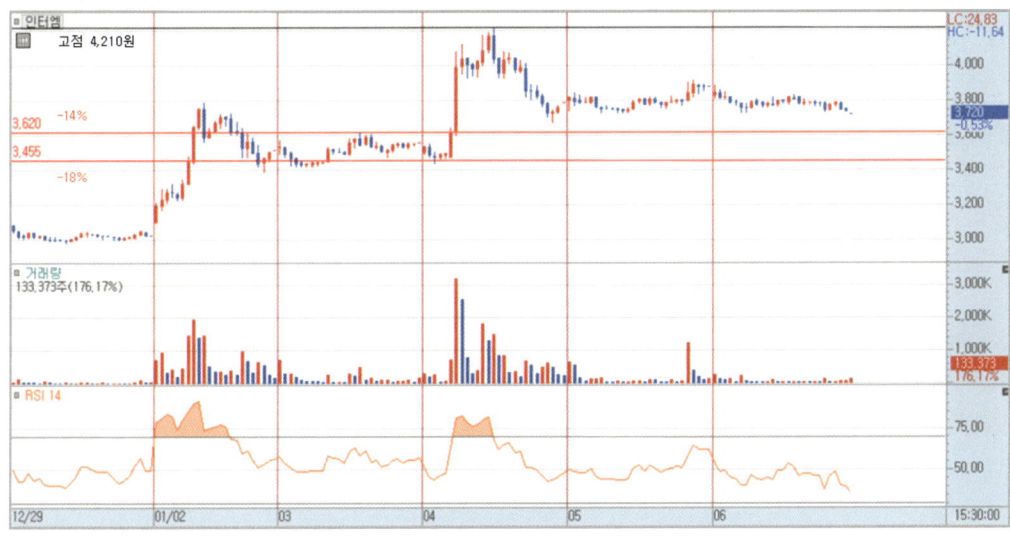

[급등주 투매폭 복습정리 7] 인터엠 15분봉

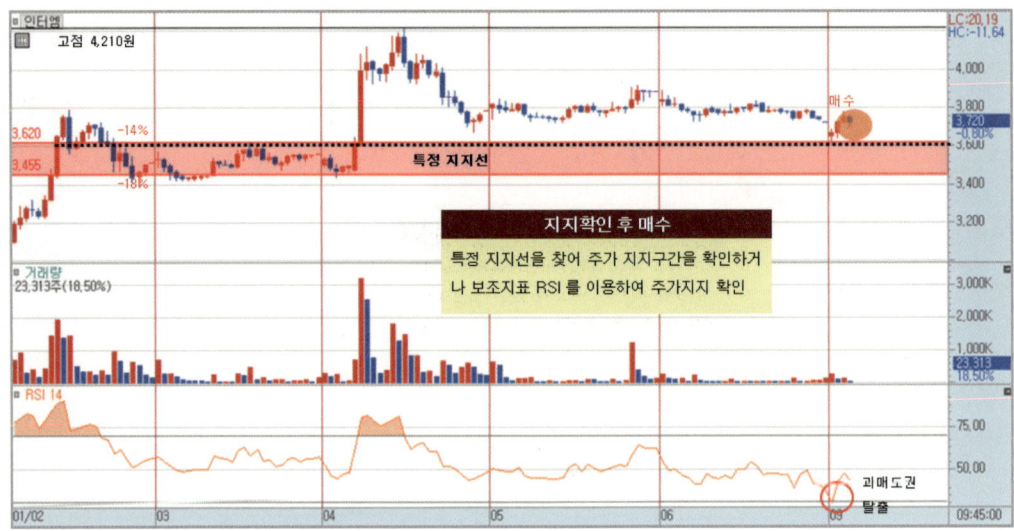

[급등주 투매폭 복습정리 8] 인터엠 15분봉

[급등주 투매폭 복습정리 9] 인터엠 15분봉

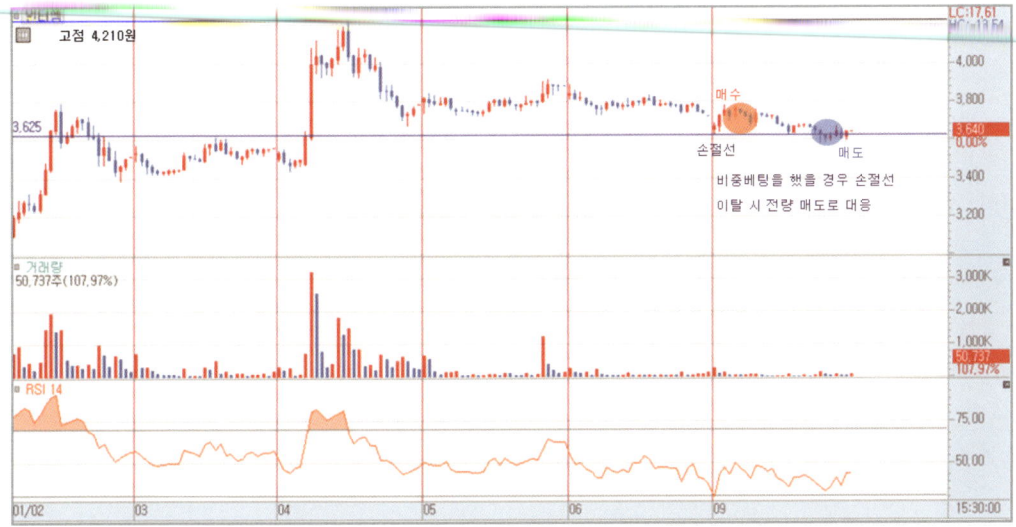

[급등주 투매폭 복습정리 10] 인터엠 15분봉

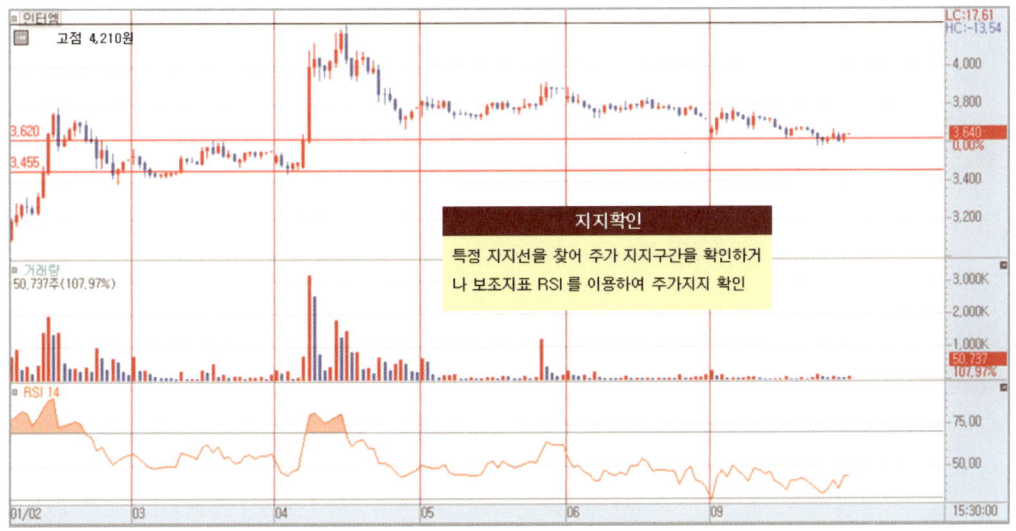

[급등주 투매폭 복습정리 11] 인터엠 15분봉

[급등주 투매폭 복습정리 12] 인터엠 15분봉

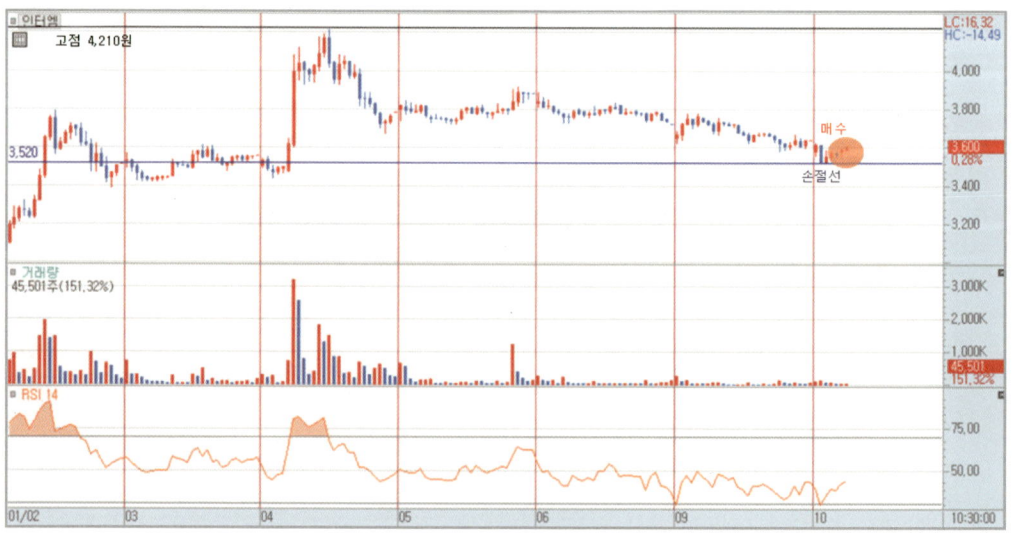

[급등주 투매폭 복습정리13] 인터엠 15분봉

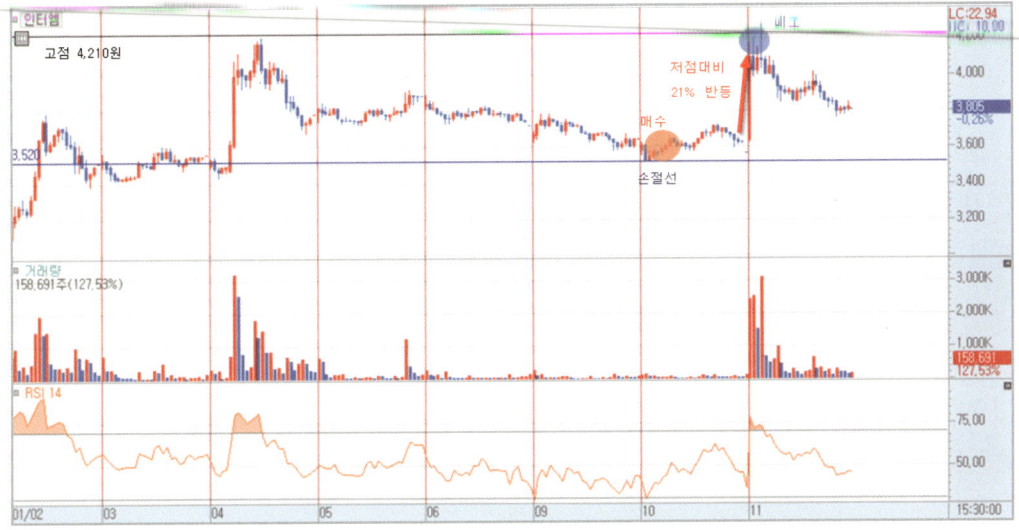

[급등주 투매폭 복습정리 14] 인터엠 15분봉

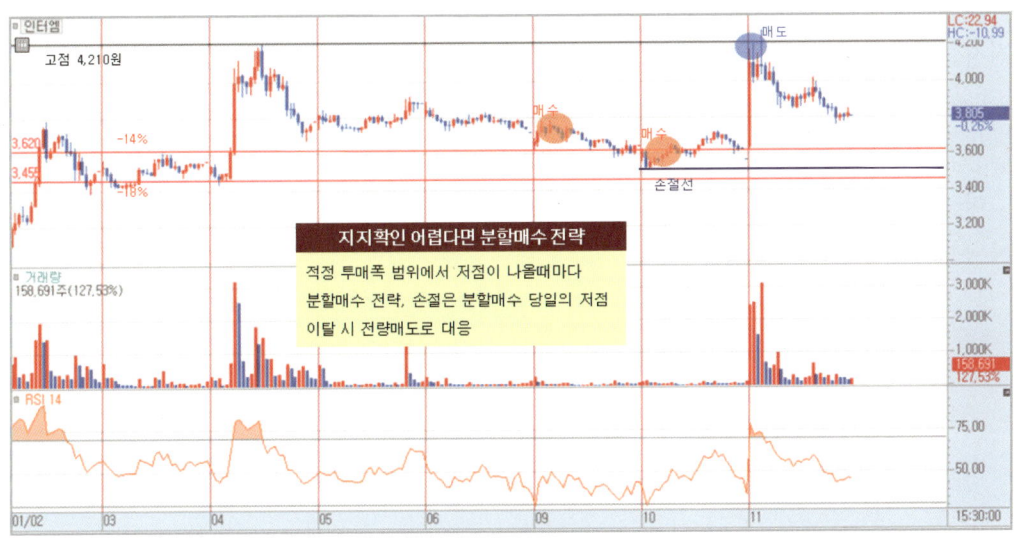

여기까지가 급등주 투매폭 매매법에 대한 내용이었습니다. 정리를 하자면 급등주 투매폭 매매법은 주가가 급등한 상태에서 매수를 하는 것이 아니라, 주가가 급등한 상태에서 조정을 받을 때 매수하는 것입니다.

주가가 조정을 받을 때, '얼마만큼 조정을 받는지, 얼마만큼 하락을 하는지'에 대해서 통계를 내보고 그 통계에 적합한 수치를 산출합니다. 그리고 이 적합한 수치를 실제 매매에서 적용하는 것이 급등주 투매폭 매매법입니다.

급등주 투매폭은 하락폭에 대한 정확한 수치를 제공하지 않는 대신 대략적인 구간을 알 수 있습니다. 이 구간을 어떻게 활용하느냐에 따라서 수익을 크게 낼 수도 있으며 반대의 경우 손실을 볼 수도 있습니다.

우선 손실을 덜 보려면 종목선정이 상당히 중요합니다. 항상 매매를 할 때 시장주도주, 테마 대장주로 해야 하며, 첫 하락폭 자리가 반등이 크게 나옵니다. 반면 그렇지 않는 종목이라면 주가 반등의 힘이 적으며 적정 투매폭 범위를 벗어나 과도한 하락하게 됩니다.

그 외 부가적으로 적정 투매폭 범위에 주가의 지지를 확인할 때는 보조지표, 거래량, 특정 지지점 등을 보고 판단합니다. 각 매수와 매도는 책에서 제시하는 방법 외에 투자자 본인의 판단에 따라 얼마든지 다르게 적용해도 괜찮습니다.

이제 실제로 직접 투자를 해서 검증을 해보고 어느 정도 맞아 떨어지면 매매원칙을 정립하여 소액으로 연습하시기 바랍니다.

Chapter 3

배팅의 기술

종가 배팅

　주식시장에서 강한 종목일 경우 적정 투매폭 범위까지 주가가 하락하지 않고 상승하는 경우가 많습니다. 이번 장은 그럴 때를 보완한 매매법이라고도 할 수 있습니다. 종가배팅에 대한 내용으로 상승이 나올 패턴 위주로 정리했으며, 알아두면 유용할 실전 매매팁도 기술했습니다.

　시작하기에 앞서 미리 알려드리지만 제가 생각하는 종가배팅의 핵심은 '숨바꼭질'입니다. 비유를 하자면 아프리카 사바나 초원의 사자가 먹잇감을 노릴 때 숨을 죽인 바로 그 순간이 종가배팅의 핵심 자리입니다. 사자는 사냥을 위해 자신의 몸을 수풀 사이로 숨기고 숨소리를 낮추며 먹잇감이 방심할 때까지 기다립니다. 주식투자, 즉 종가배팅도 이와 유사하다고 볼 수 있습니다. 마치 숨바꼭질처럼 거래량이 급감되고 주가 변동폭도 갑자기 급감된 상태가 되겠지요. 이후 다음날 주가가 급상승하고 있는 경우를 많이 보셨을 것입니다. 물론 아닌 경우도 있습니다. 사자가 사냥을 할 때 100% 성공하는 것이 아닌 것처럼 말입니다.

[그림 131] 이화전기 일봉

이화전기 차트입니다. 주가가 바닥에서 급등하게 된 날 종가에 매수를 하면 다음날 변동폭이 크게 발생할 여지가 높아 다소 부담스러울 수 있습니다. 변동폭이 크게 발생하면 내 매수가 위, 아래로 주가가 급변해서 심리적으로 흔들릴 수 있기 때문입니다. 설상가상 손절 후에 주가가 상승하는 경우도 종종 있을 것입니다. 운이 좋지 않은 경우 종가배팅 이후 다음날 크게 갭 하락된 채 시가가 형성되기도 합니다.

[그림 132] 이화전기 일봉

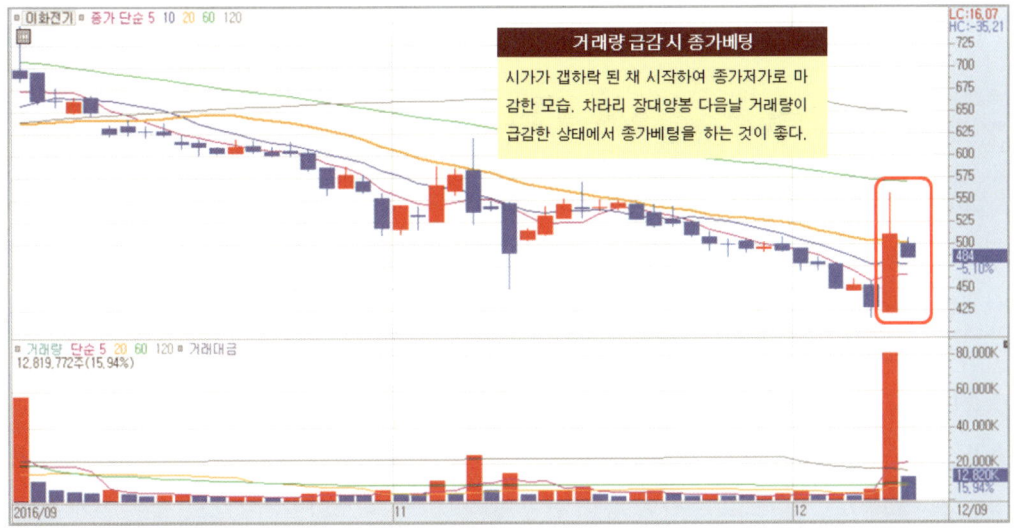

위 차트 상 장대양봉이 나온 날 종가배팅을 했더라면 손실을 볼 수밖에 없었습니다. 시장 주도주, 테마 대장주가 시세 초입의 자리라면 종가배팅 후 주가가 추가하락 하더라도 분할매수를 하여 평균단가를 낮출 수 있습니다. 그러나 일반적인 급등주에서는 그렇지 않다는 것입니다.

[그림 133] 이화전기 일봉

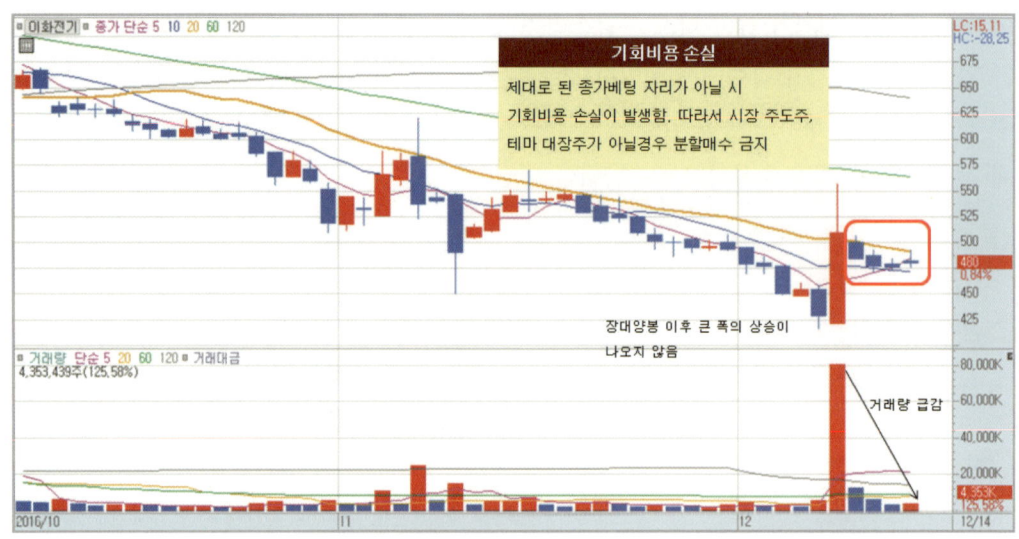

그렇다고 거래량이 마냥 급감된 상태에서 종가매수를 한다고 해도 다음날 100% 상승이 나오는 것은 아닙니다. 전체적인 주가가 하락추세, 아무 재료 없이 상승하는 경우라면 탄력적인 시세를 내기 어렵겠지요.

가장 중요한 것은 종가배팅 시 종목선정은 시장 주도주, 테마 대장주 위주로 매매하는 것이 좋습니다. 본디 주식투자는 기회비용과 효율성의 싸움입니다. 따라서 종가배팅은 기회비용과 효율성을 따질 때 가장 효과적인 매매전략입니다. 장 마감 직전에 매수하여 다음날 오전 주가 상승 시 매도하는 전략으로 주가의 장중 변동폭 리스크를 최소화할 수 있고, 짧은 시간 안에 기대수익을 크게 볼 수 있으며, 손실의 폭이 짧습니다(다만, 장 종료 후 나오는 악재성 뉴스는 필연적으로 안고 가는 리스크입니다).

그러나 실제 매매에서 종가배팅을 제대로 된 자리에서 하기보다 2~3% 짧은 수익률을 보려고 매매하는 경우가 태반입니다. 데이터를 직접 모으고 분석하여 자기 자신이 잘 알고 확실한 검증된 자리에서 매수하기보다는 직감으로 매수를 합니다. 직감을 믿고 매수하여 수익을 내면 좋지만 실패할 경우 손절을 해야 하는데 손절은 하지 않고 오히려 물타기를 해 손실을 더욱 크게 만듭니다.

이 책의 종가배팅 승률은 30~50% 정도입니다. 그러나 기대수익이 크고 손실폭이 적습니다. 그러므로 종가배팅을 해서 꾸준한 수익을 얻으려면 확실한 자리가 나올 때까지 기다리다가 나오면 하시기 바랍니다.

종가배팅 핵심 Keyword

차트의 큰 그림 일봉/주봉 장대양봉의 위치 확인

장대양봉과 단봉의 위치 확인(중간값 이탈)

장대양봉, 단봉의 길이 및 변동폭

거래대금/시가총액 확인

거래대금, 거래량, 전일비 거래량

거래량/유통주식수

재료의 유무

고점대비 하락폭 범위 확인

첫자리

꼭꼭 숨어라 머리카락 보인다.

1일 조정, 2일 조정, 3일 조정 앞 캔들에 갇혀 있어야 된다.

위의 종가배팅 핵심 keyword를 숙지하고 차트를 보시기 바랍니다.

[장대양봉→1일 단봉조정→상승파동] 성공패턴

[종가배팅 1] 와이제이엠게임즈 일봉

　와이제이엠게임즈의 일봉차트입니다. 장대양봉 이후 하루 정도 단봉으로 조정을 받고 다음날 상승을 하는 패턴입니다. 여기서 체크해야할 것은 장대양봉 이후 단봉의 변동폭이 작을수록, 거래량이 급감할수록 좋습니다. 또한 단봉이 장대양봉의 중간값을 이탈하지 않았는지 체크해야 합니다. 위 차트를 보면 정석패턴입니다.

[종가배팅 2] 와이제이엠게임즈 일봉

다음날 주가가 급상승했습니다. 차트를 보면 하락 추세를 처음 돌파한 시세 초입의 자리입니다.

손절선은 '단봉의 저가 이탈 시' 전량 매도로 대응하면 되겠습니다.

[종가배팅 3] 와이제이엠게임즈 15분봉

15분봉 차트를 보면 주가가 특정 지지선에 반등을 했습니다. 결과론적인 모습이지만 위와 같은 유형의 차트를 주의깊게 보시길 바랍니다.

앞서 종가배팅의 핵심은 '숨바꼭질'이라고 했습니다. 특히 "단봉"캔들을 중심으로 보시기 바랍니다. 즉, 장대양봉 이후 이 단봉 캔들이 나온다면 이 단봉 캔들이 어디에 위치해 있고 거래량은 어떻게 되고 이 종목은 재료가 뭐고 차트 상 시세 초입의 자리인지, 시장 주도주, 테마 대장주인지 파악해야 합니다.

그 중 단봉 캔들이 앞의 캔들에 의해 숨겨져 있는 모양새라면 다음날 반등이 나올 가능성이 높습니다.

"꼭꼭 숨어라, 머리카락 보인다." 술래잡기 게임을 할 때 머리카락이 보이면 술래한테 들통납니다. 종가배팅도 이와 비슷하겠지요. 숨을 장소(장대양봉)에 몸(단봉)을 숨겨야 됩니다. 머리카락(단봉의 고가)이 장대양봉의 종가를 넘어서면 머리카락이 삐져나와 술래한테 발각될 확률이 높아지겠지요? 또한 완전히 숨(거래량)을 죽이고, 움직이지 않아야 됩니다(작은 변동폭). 완벽하게 숨어야 술래잡기 게임에서 이길 수 있듯이 말입니다.

* 종가배팅 핵심 keyword에서 장대양봉과 단봉의 위치 확인(중간값 이탈)은 무엇을 의미합니까?

−주가가 장대양봉의 중간값(장대양봉의 1/2값)을 이탈하게 된다면 시세의 힘이 떨어지게 됩니다.

따라서 단봉의 위치는 '장대양봉의 종가~장대양봉 1/2' 사이에 있는 것이 적합합니다.

여러 종목을 이어서 보겠습니다.

[종가배팅 4] 우성아이비 일봉

장대양봉의 종가는 평균적으로 7~25% 사이가 적당하며 전일비 거래량은 평균적으로 20~30% 수준이 괜찮습니다. 종가배팅 시 단봉의 주가 변동폭은 대략적으로 7% 미만이 좋습니다.

우성아이비 차트를 보면 단봉이 앞의 장대양봉에 숨겨져 있는 모습입니다. 종가배팅을 하기에 최적의 조건입니다.

[종가배팅 5] 우성아이비 일봉

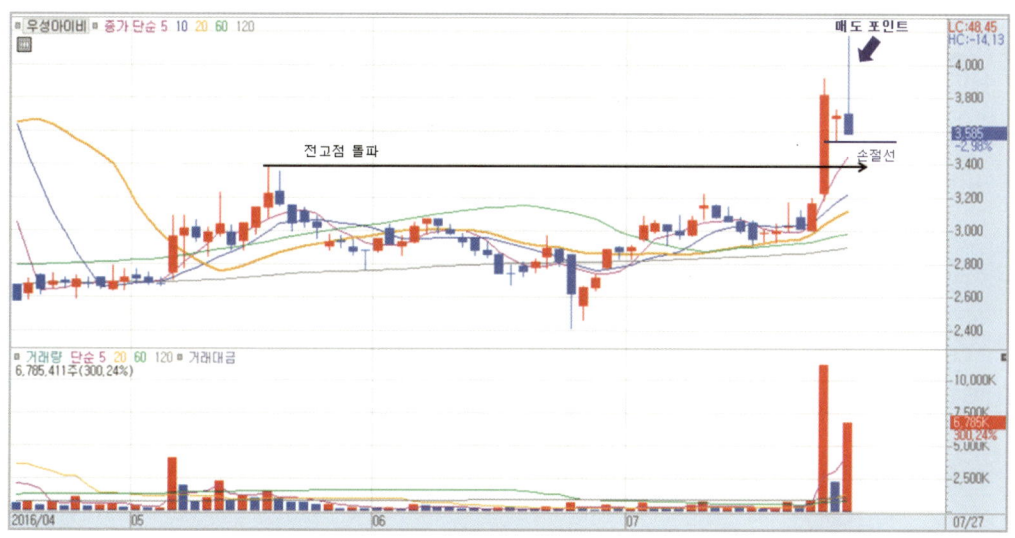

'장대양봉→단봉→상승파동'의 정석 패턴입니다. 이러한 유형의 차트패턴이 많으니 참고하시기 바랍니다.

[종가배팅 6] 우성아이비 15분봉

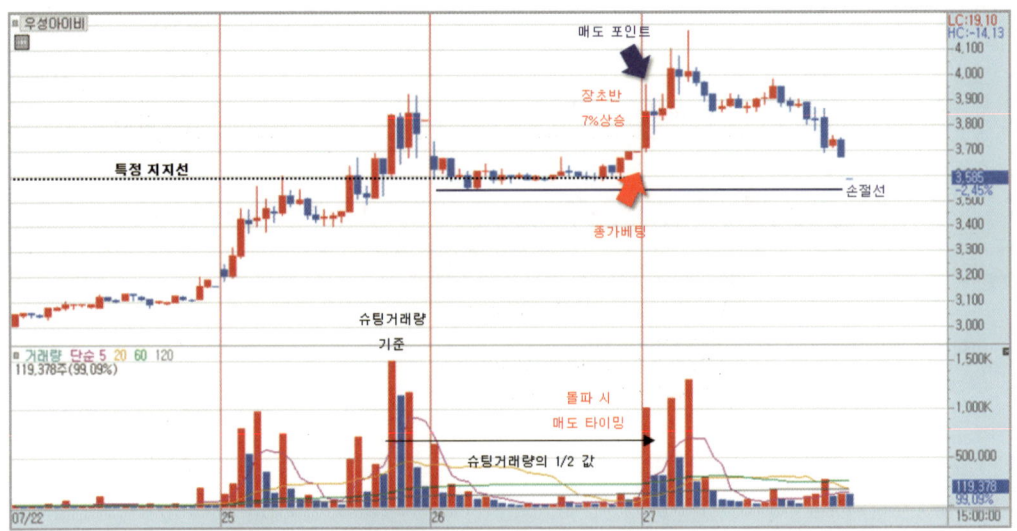

특정 지지선은 분봉차트에서 쉽게 찾을 수 있습니다. 종가배팅 시 주가가 특정 지지선 근처에 위치해 있다면 아주 좋은 기회입니다. 종가배팅 한 다음날 주가가 장 초반에 7% 상승했습니다. 손절선(단봉의 저가)도 짧기 때문에 비중을 싣기에도 전혀 부담스럽지 않습니다.

[종가배팅 7] 아이엠텍 일봉

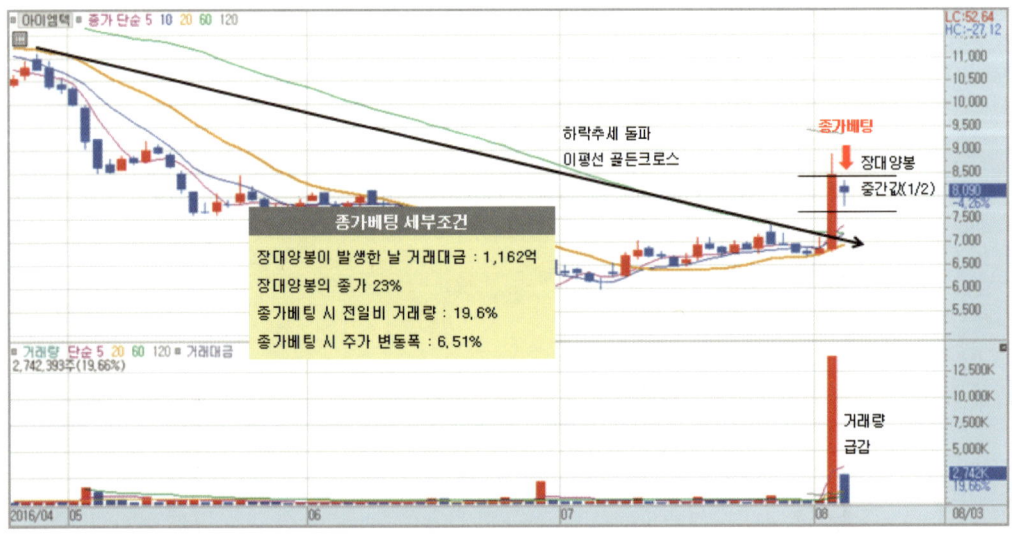

장대양봉 발생 시 거래대금이 약 1,000억 원 정도로 당시 시장의 주도주였습니다. 전일비 거래량이 20% 수준으로 급감되었고 단봉의 위치도 장대양봉에 숨겨져 있습니다.

[종가배팅 8] 아이엠텍 일봉

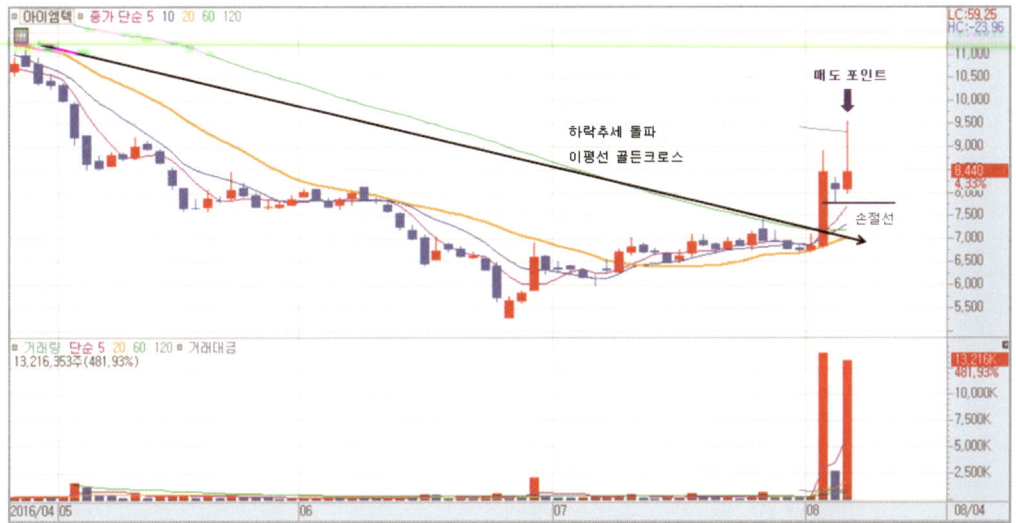

다음날 크게 상승했습니다. 항상 시장의 주도주(거래대금이 많고 상승폭이 큰 종목)로 거래하는 것이 좋습니다.

[종가배팅 9] 아이엠텍 일봉

시세 초입의 시장의 주도주, 테마 대장주인 경우 상승의 폭이 큽니다. 수익률을 길게 보고 분할로 매도하시기 바랍니다. 확실한 자리라고 판단이 될 때 비중을 실어 매매를 해보는 것도 나쁘지 않습니다.

[종가배팅 10] 에이텍 일봉

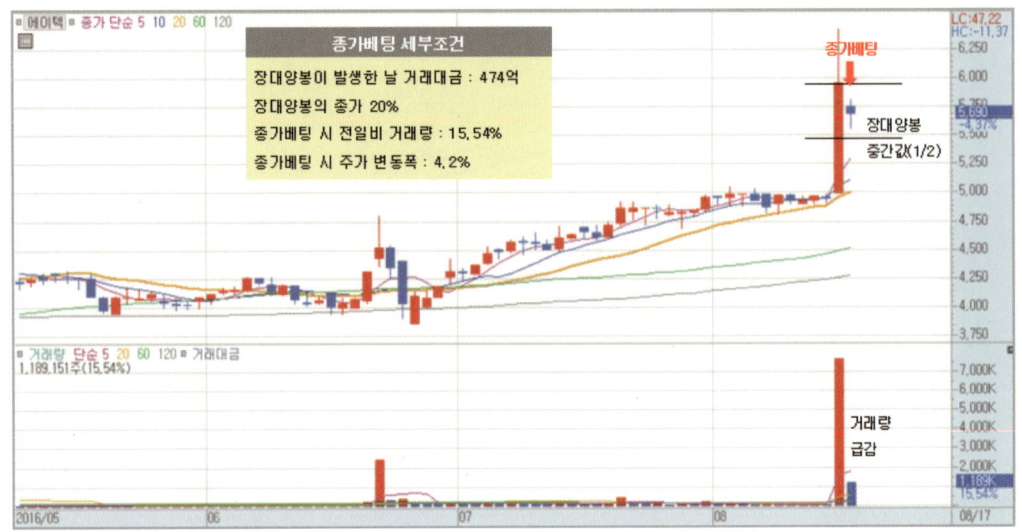

이제 이런 종류의 차트는 익숙해졌을 것입니다. 단봉이 숨겨져 있는 모양이 종가배팅의 핵심 자리라는 사실을 말입니다. 설사 종가배팅 시 실패를 하더라도 단봉의 저점이 손절선이기 때문에 크게 손실을 볼 일은 없습니다.

[종가배팅 11] 에이텍 일봉

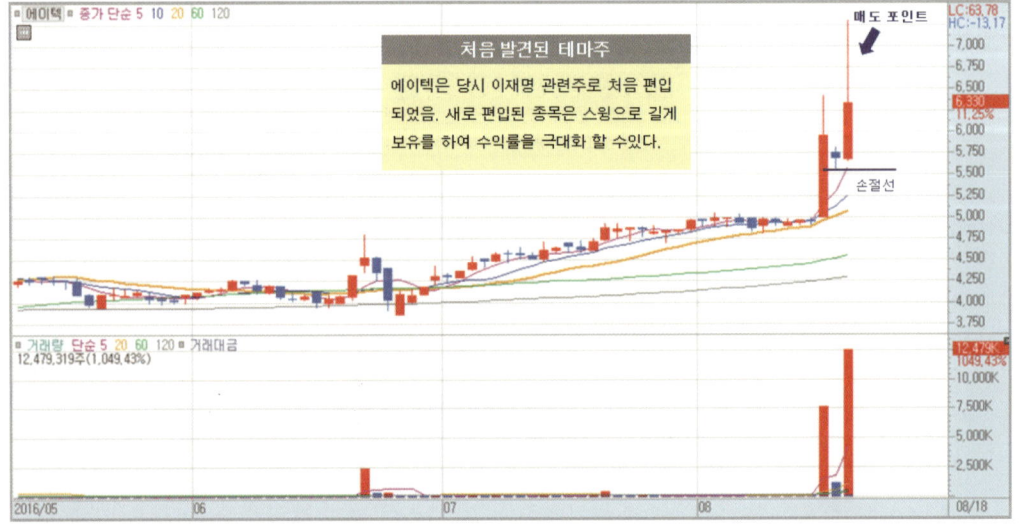

결과적인 모습은 급등을 했지만 위 차트를 보면 단봉의 캔들이 더 작아 보입니다. 이미 지나고 나서야 종가배팅의 최적 자리란 것을 쉽게 알 수 있습니다. 따라서 위의 차트를 눈으로 보는 것이 아닌, 위와 비슷한 유형의 종목을 찾아서 소액으로 꾸준히 연습해야 합니다. 그래야 종가배팅의 자리를 확실히 간파할 수 있습니다.

[종가배팅 12] 에이텍 15분봉

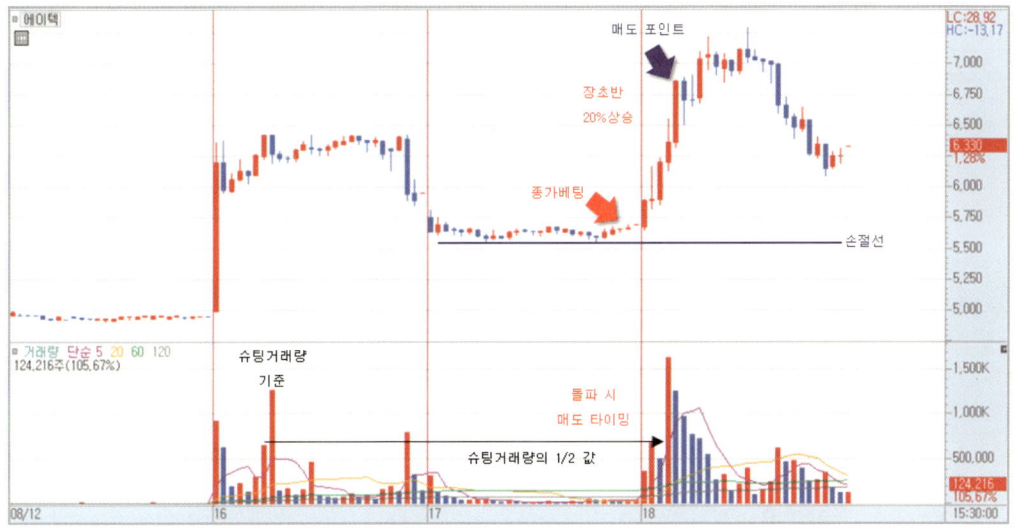

특정 지지선이 없어도 주가가 장대양봉의 중간값을 이탈하지 않으면 괜찮습니다. 중간값을 이탈하면 단기간 하락추세로 바뀔 여지가 높기 때문입니다. 에이텍은 중간값을 잘 지켜주고 오전에 강하게 상승했습니다.

지금까지 차트를 보면 거의 비슷한 유형입니다. 시세 초입의 자리(전고점 돌파, 박스권 돌파, 추세 돌파 초입)의 종가배팅 유형이 되겠습니다. 추세가 상방으로 바뀐 초기 시점에서 '잠깐 쉬어갈 때' 종가배팅을 해야 확실하게 수익을 얻을 수 있습니다.

그럼 이제 본격적으로 보겠습니다.

[종가배팅 13] 〈장대양봉→1일 단봉조정→상승파동〉 패턴별 정리

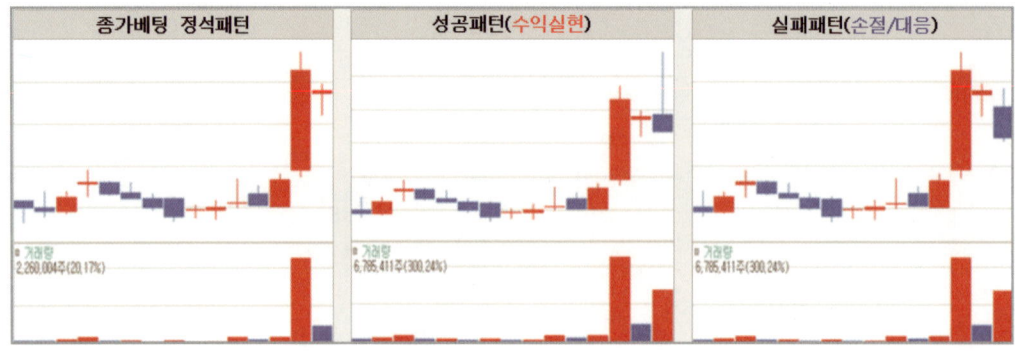

[종가배팅 14] 〈장대양봉→1일 단봉조정→상승파동〉 매매방법

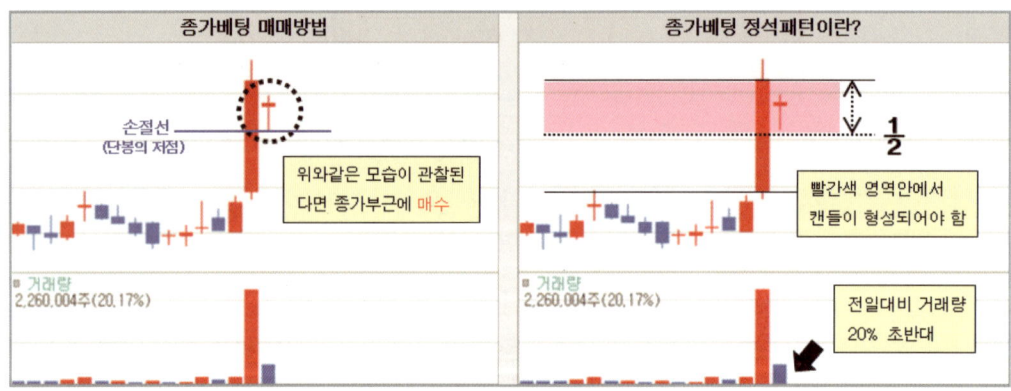

세부조건별 정리

- **장대양봉의 거래대금이 최소 300억 원 발생**→시장 주도주, 테마 대장주, 개별 세력주가 종가배팅 기법의 적용 대상 군들입니다. 통상적으로 장대양봉 발생 시 거래대금이 300억 원 넘어가게 되면 유동성이 풍부하여 탄력적인 시세가 나오기 쉽습니다.

- **장대양봉이 발생했을 때 당시 차트의 위치파악**→장대양봉 다음날 종가에서 매수를 하기 때문에 차트의 위치가 중요합니다. 첫 전고점이나 박스권, 추세를 돌파한 시세 초입의 자리에서 종가배팅 하는 것을 권장합니다.

- **장대양봉의 종가는 7~25% 사이**→상한가는 가능합니다만 최대한 주의합니다. 상한가 특성상 변동폭이 크기 때문입니다.

- **장대양봉 다음날 단봉이 반드시 형성**→단봉의 변동폭이 7%대 이하(저가 + 고가)가 적당합니다.

- **단봉의 위치는 장대양봉의 절반 값 위에서 형성**→단, 장대양봉의 종가 이상에서 형성이 되었다면 확률이 다소 낮아질 수 있습니다. 차익실현 욕구에 따라 매도물량이 나올 가능성이 있기 때문입니다.

- **단봉의 거래량은 전일대비 거래량이 20%**→전일대비 거래량이 대략 30% 미만으로 급감하게 되었을 때가 포인트

- **시가총액이 5,000억 원의 종목은 제외**→시세탄력이 무거움

- **관리종목, 우선주 제외**

- 손절은 단봉의 저점 이탈 시 전량매도로 대응

[종가배팅 15] 선도전기 일봉

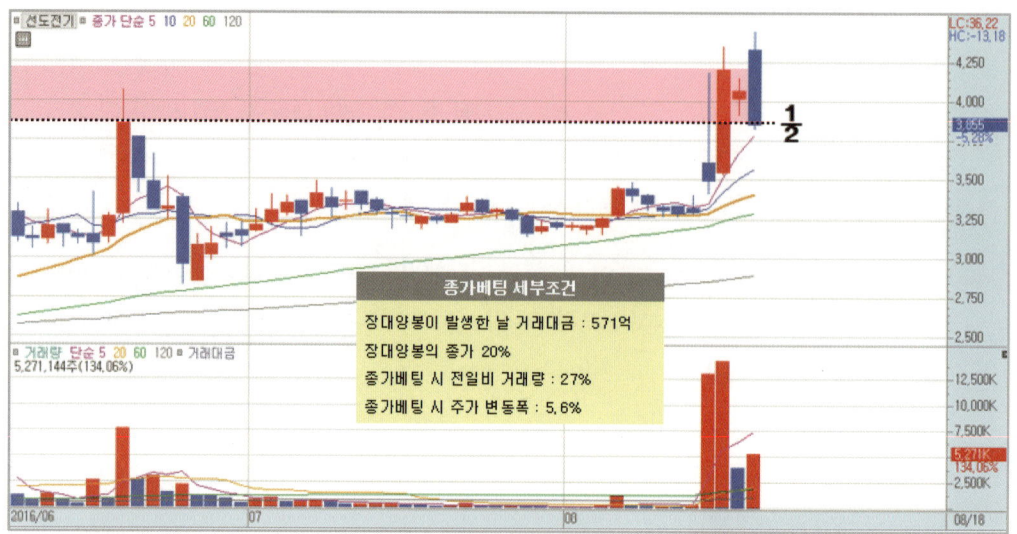

정석패턴에 해당합니다. 이 종목은 장 종료 후 호재공시가 나와 다음날 갭 상승한 케이스입니다. 거래량이 급감한 날 호재성 공시가 나오게 되면 다음날 시가가 높게 형성되곤 합니다.

[종가배팅 16] 선도전기 15분봉

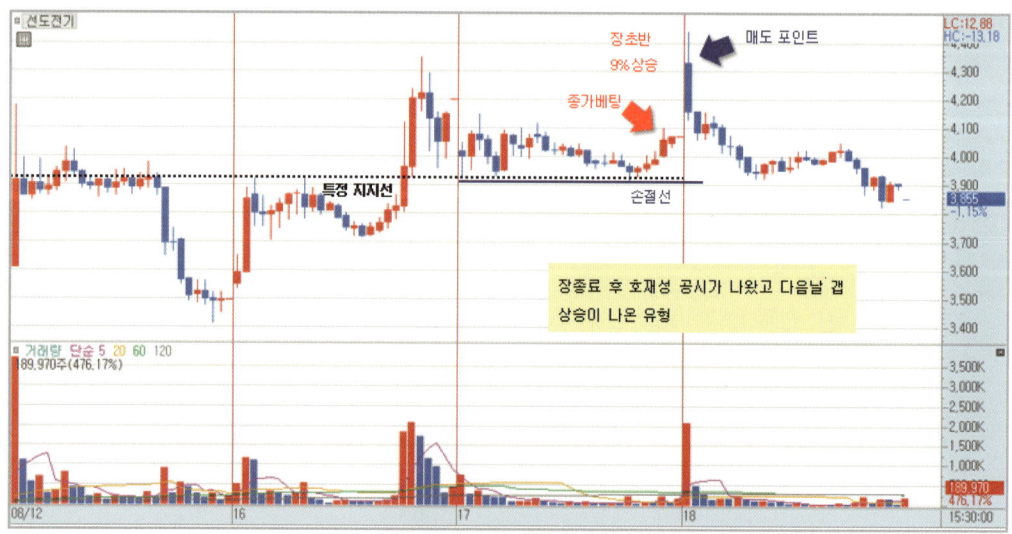

종가배팅 시 특정 지지선에서 지지가 된다면 다음날 큰 상승을 기대해 볼 수 있습니다. 분봉 차트에서 특정 지지선을 잘 찾아보시기 바랍니다.

[종가배팅 17] 스맥 일봉

앞서 선도전기 일봉차트와 유사한 패턴입니다. 긴 윗꼬리 음봉을 감싸는 장대양봉이 나온다면 유심히 보시기 바랍니다.

[종가배팅 18] 스맥 15분봉

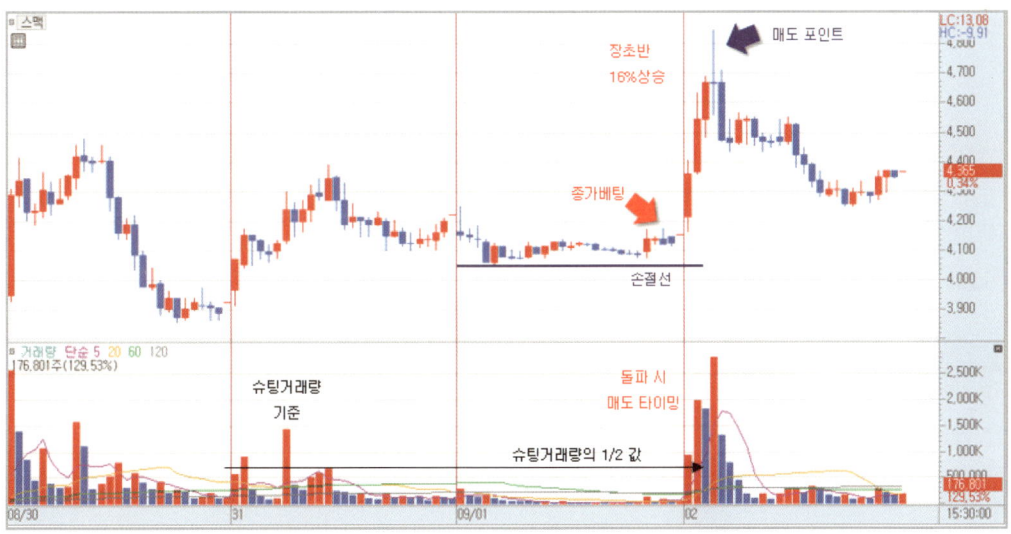

스맥은 당시 삼성 로봇시장 진출에 따른 수혜주로 거론된 종목입니다. 개별 세력주의 경우 재료가 있는 편이 반등의 폭이 큽니다.

[종가배팅 19] GS글로벌

일봉 차트상 직전의 고점을 완벽하게 돌파한 차트가 아닙니다. 다만 많은 거래대금을 동반한 종목의 경우 시세가 탄력적으로 움직이기 때문에 매매를 해도 괜찮습니다.

[종가배팅 20] GS글로벌 15분봉

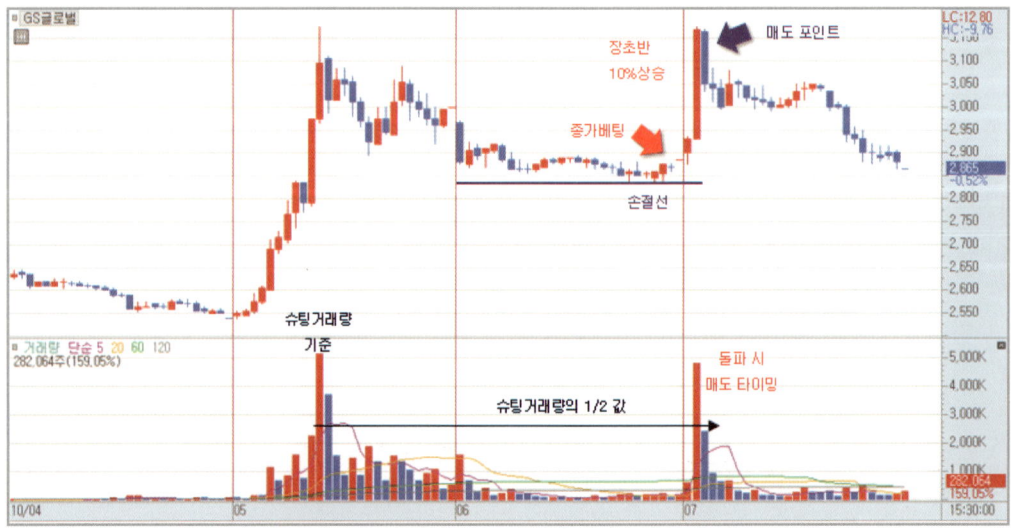

단봉의 모양은 장대양봉의 중간값을 이탈하지 않는다면 상관없습니다. 물론 거래량, 재료 등이 종가배팅 조건에 일치해야겠지요.

[종가배팅 21] 한국컴퓨터 일봉

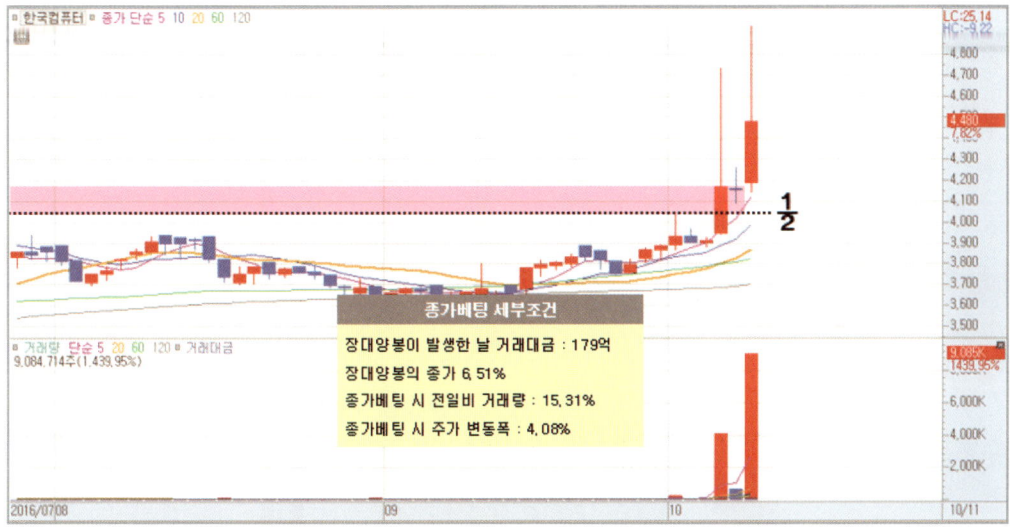

한국컴퓨터입니다. 거래대금이 비록 300억 미만이지만 일봉 차트상 시세 초입의 자리라면 종가배팅하기에 적합니다. 책에 제시한 종가배팅 조건에 엄격하게 일치하지 않더라도 기본적인 '숨바꼭질' 형태의 단봉이 발생하게 된다면 다음날 주가가 상승하는 경우가 많습니다.

[종가배팅 22] 한국컴퓨터 15분봉

매도를 할 때는 15분봉 또는 30분봉에서 슈팅 거래량 절반을 기준값으로 매도하는 것이 효과적입니다. 슈팅 거래량만큼의 매수세가 다시 한 번 유입된다면 시장에서 관심을 더 받게 되

어 시세가 한층 더 탄력을 받겠지요.

[종가배팅 23] 대신정보통신 일봉

이 종목은 정치인 테마주로 편입된 종목입니다. 대량의 거래량이 발생한 종목은 빈번하게 위와 같은 패턴이 자주 나옵니다. 장대양봉의 중간값을 이탈하지 않았고 거래량도 급감했습니다.

[종가배팅 24] 대신정보통신 15분봉

거래대금이 많을수록, 시가총액이 작을수록 시세가 탄력적으로 움직입니다.

[종가배팅 25] 우림기계 일봉

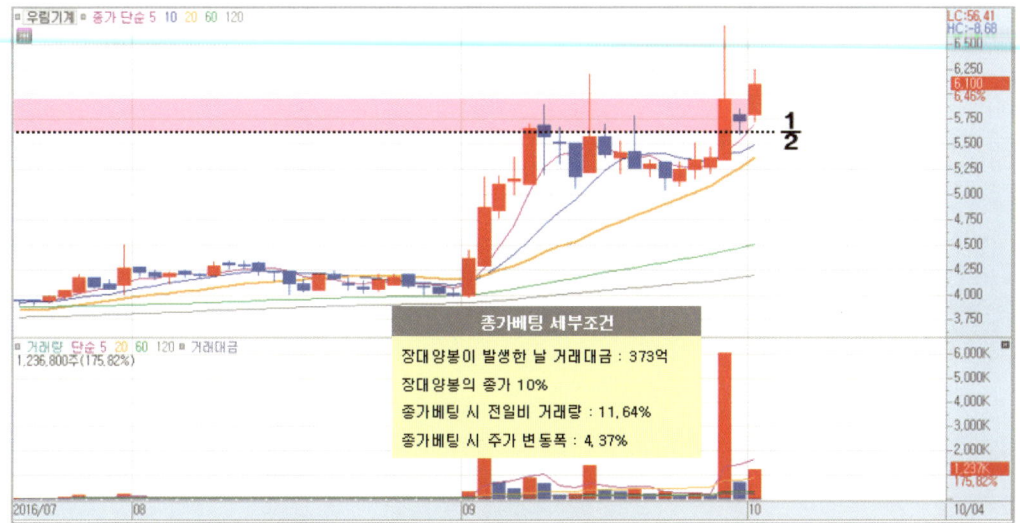

시세 초입이 아니라 2차 상승 자리에서의 종가배팅입니다. 주가가 10일선 또는 20일선에서 장대양봉이 나오고 난 이후 거래량이 급감한 단봉이 나오게 돼도 주의 깊게 보시기 바랍니다. 이러한 자리도 종가배팅 정석 패턴 중 하나입니다.

[종가배팅 26] 우림기계 15분봉

2차 시세의 종가배팅이기 때문에 시세 초입의 종가배팅 자리보다는 부담스러울 수 있습니다. 그래도 단봉이 숨겨진 모양이라면 배팅해 볼 만하겠지요.

[종가배팅 27] 영보화학 일봉

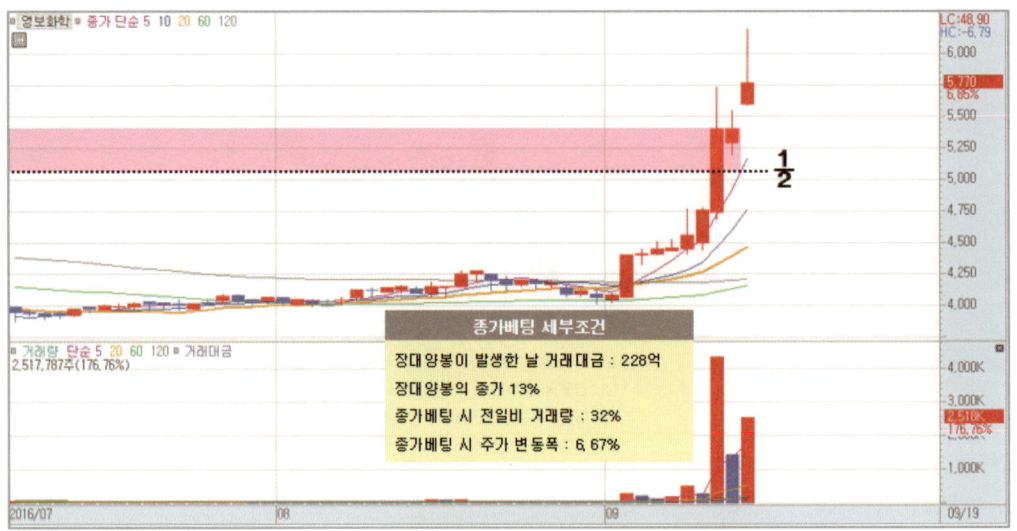

종가배팅 시 단봉의 종가가 빨간색 영역 안에 형성되어야 좋습니다. 머리카락(단봉의 고가)이 빨간색 영역 위쪽에 있더라도 상관없습니다. 다시 한 번 말씀드리지만 중요한 것은 '숨겨진 자리'입니다.

[종가배팅 28] 영보화학 15분봉

분봉 상 특정 지지선이 종가배팅 시 맞물려 있거나 주가가 지지를 받는다면 다음날 반등이 크게 나올 수 있다고 했습니다. 위 영보화학은 장 초반 갭을 띄우고 상승했습니다.

[종가배팅 29] 이엠넷 일봉

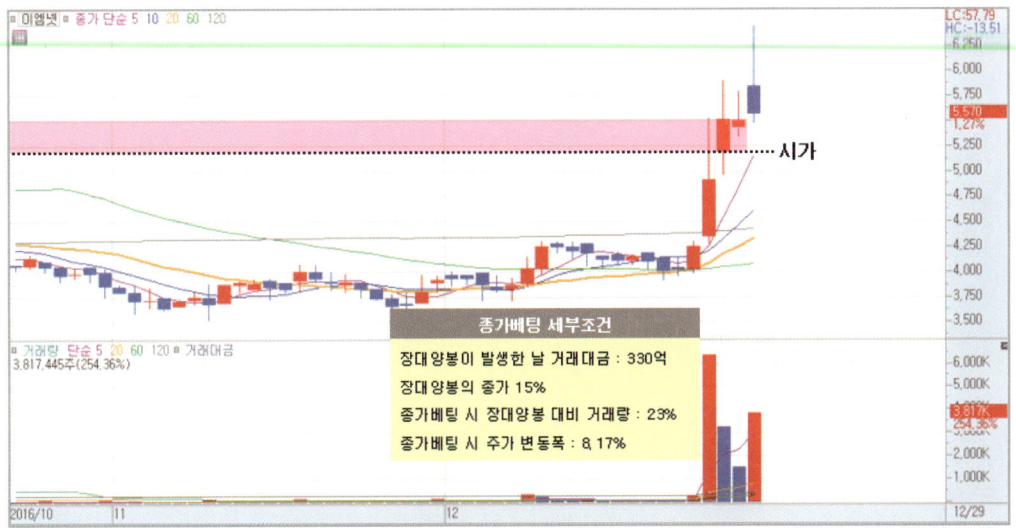

위 차트는 약간 다른 유형입니다. 장대양봉 이후 단봉이 발생해야 하는데, 한 차례 더 상승을 하고 단봉이 나왔습니다. 이럴 때에는 장대양봉의 중간값이 아닌, 한 차례 더 상승한 양봉 캔들의 '시가와 종가' 범위 안에 단봉이 숨겨져 있어야 합니다.

[종가배팅 30] 이엠넷 15분봉

매매방법은 방법은 똑같습니다. 거래량이 급감한 날 종가배팅을 해야겠지요.

[종가배팅 31] 프로텍 일봉

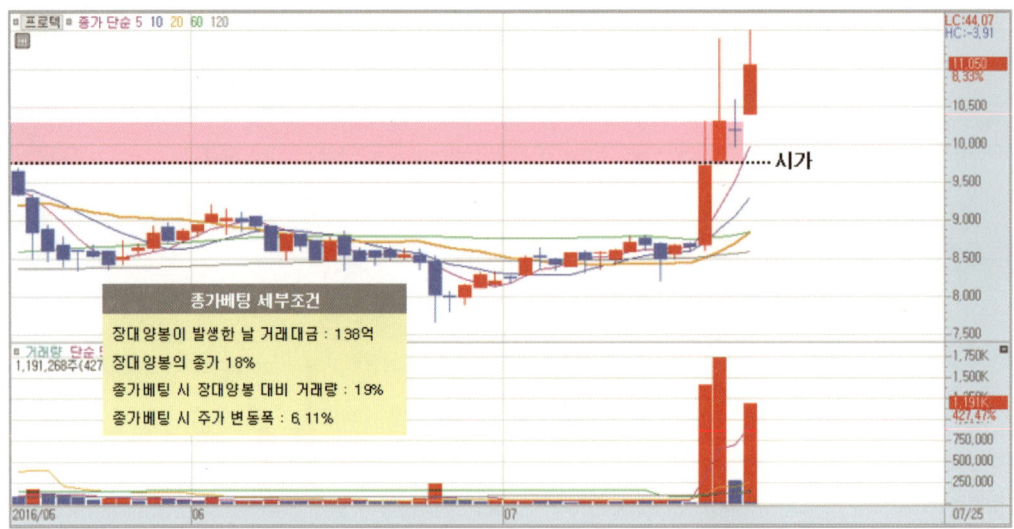

이엠넷 차트와 유사합니다. 이런 유형의 패턴도 간간히 나오기 때문에 익혀두시기 바랍니다.

[종가배팅 32] 프로텍 일봉

여기까지는 성공패턴에 대한 것들이었습니다. 단봉 캔들이 앞의 장대양봉 캔들에 숨겨져 있고 거래량이 급감한 모습이 종가배팅 최적의 자리입니다. 여기서 거래량, 거래대금, 재료, 차트 등의 요소가 잘 맞아떨어지면 그만큼 성공확률이 높아집니다.

다음은 실패패턴을 보겠습니다.

[장대양봉→1일 단봉조정→상승파동] 실패패턴

[종가배팅 33] 파인디지털 일봉

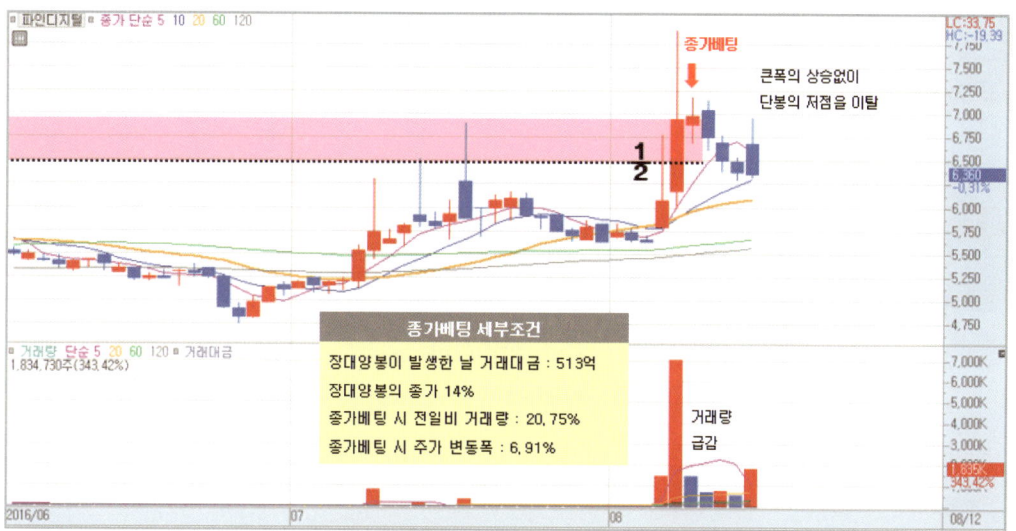

전일비 거래량, 거래대금이 좋지만 종가배팅 시 단봉의 위치를 보면 '잘 숨었다'라고 말할 수 없습니다. 단봉이 살짝 삐져나온 모습니다. 이렇게 단봉의 위치가 전일 종가 이상 나와 있으면 다음날 시세차익을 위한 매도물량이 출회될 수 있습니다.

[종가배팅 34] 파인디지털 15분봉

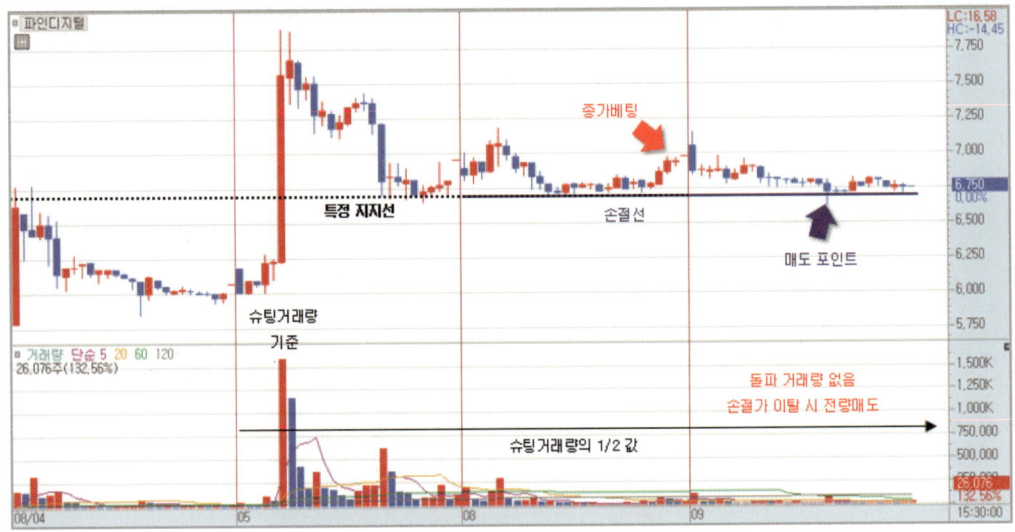

특정 지지선이 존재하지만 주가가 손절선을 이탈하면 전량 매도로 대응을 해야 합니다. 그렇지 않으면 단기간 추세하락으로 이어질 수 있습니다.

[종가배팅 35] 유아이디 일봉

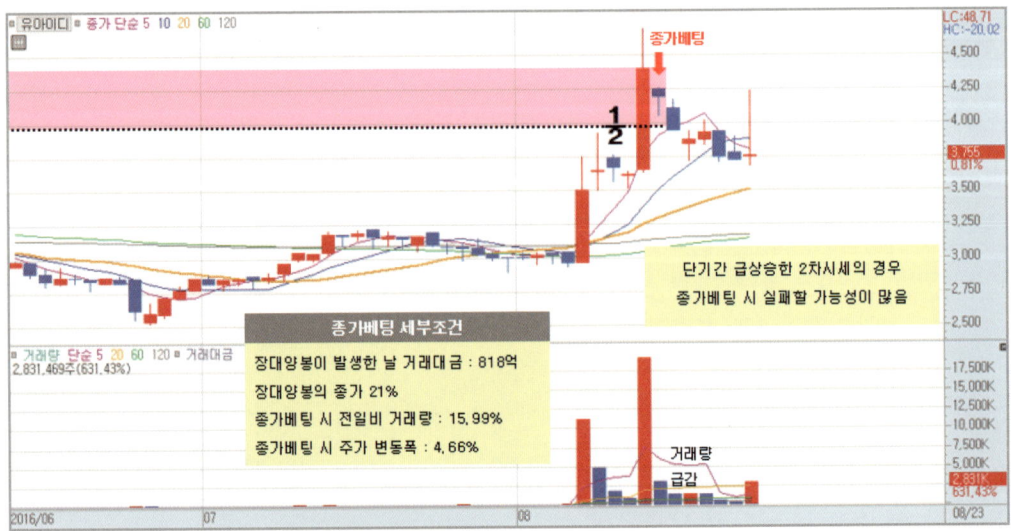

이번에는 단봉의 위치가 숨겨져 있습니다. 그러나 주가의 위치는 꽤 상승한 상태입니다. 언제라도 차익실현 물량이 출회되어도 이상하지 않습니다.

[종가배팅 36] 유아이디 15분봉

주가의 위치가 높아 지지선 이탈 시 단기간 급락할 수 있습니다. 실제 매매 시 유의하시기 바랍니다. 안전하게 매매를 하려면 첫 시세의 종가배팅에 집중하는 것이 좋습니다.

[종가배팅 37] 금호석유 일봉

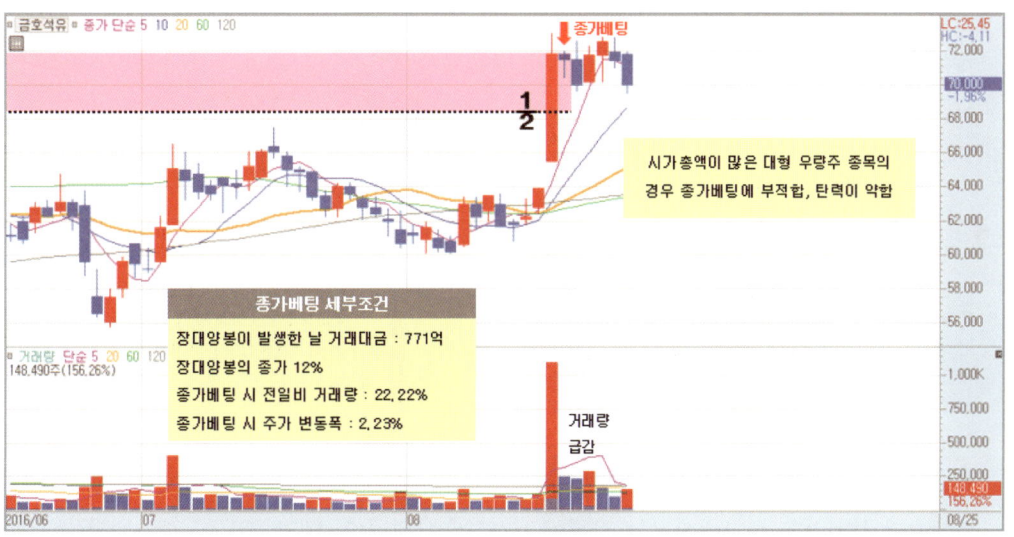

시가총액이 5,000억 이상인 종목의 경우 주가 움직임이 무겁습니다. 탄력적으로 상승하기가 쉽지 않아 종가배팅하기에 다소 적합하지 않습니다. 차라리 위의 종목은 종가배팅보다 수급을 이용한 단기 박스권 매매를 하는 것이 좋아 보입니다.

[종가배팅 38] 금호석유 15분봉

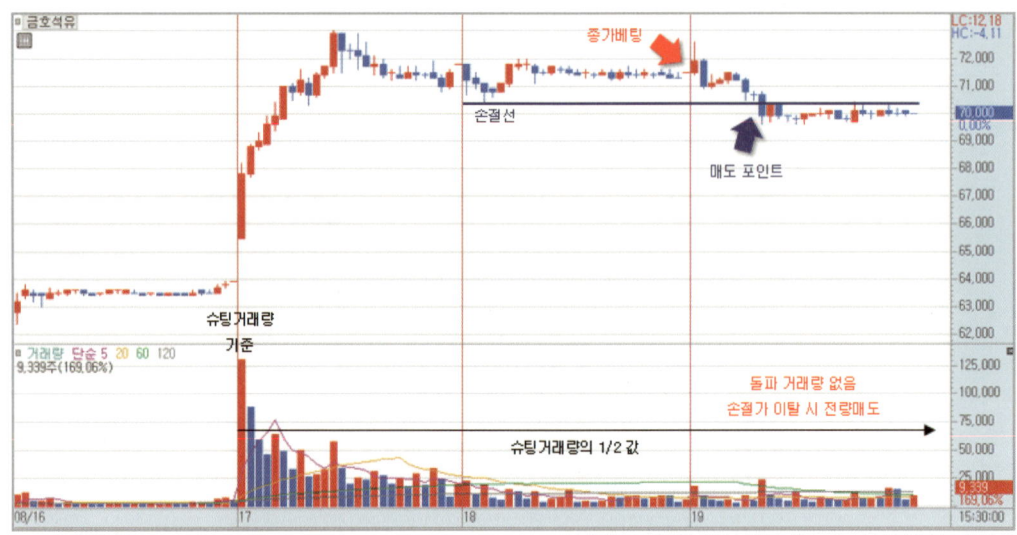

만약에 매매를 하더라도 주가가 손절선을 이탈하면 원칙대로 전량 매도합니다.

[종가배팅 39] 피제이전자 일봉

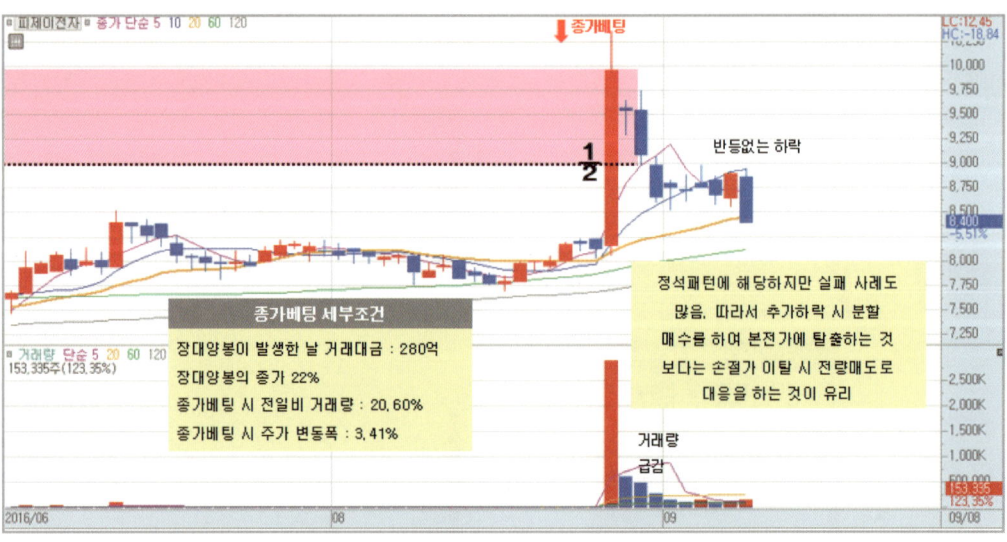

피제이전자입니다. 종가배팅 성공확률이 100%가 아닙니다. 해당 종목이 종가배팅에 실패하게 되는 경우는 시장 참여자들에게 구미가 당기는 재료가 없거나 있더라도 단발성 재료이기 때문입니다.

[종가배팅 40] 피제이전자 15분봉

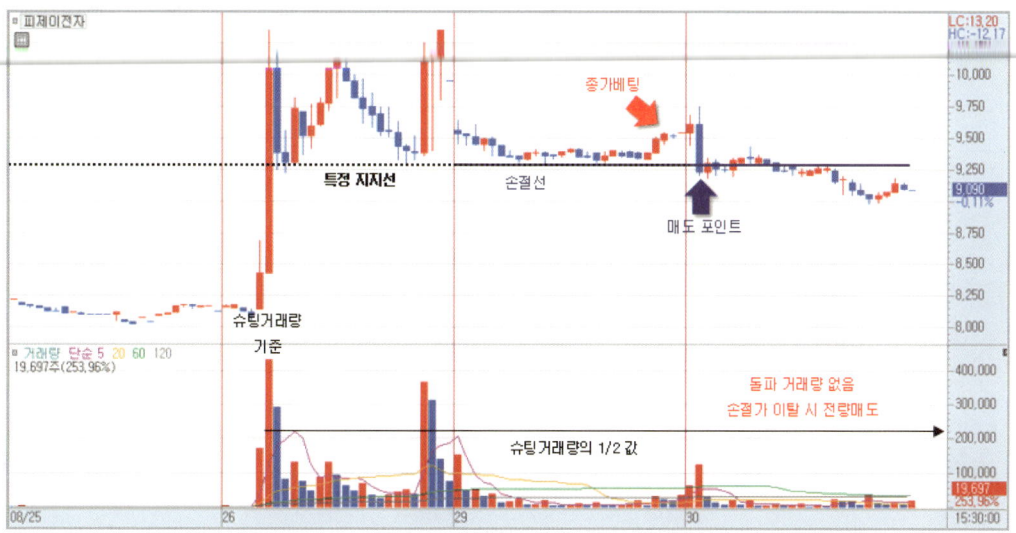

종목을 진주 찾듯이 선정하고 매매를 해도 잃는 게 주식시장입니다. 매매를 하더라도 손실은 적게 수익은 길게 봐야겠지요.

[종가배팅 41] 경농 일봉

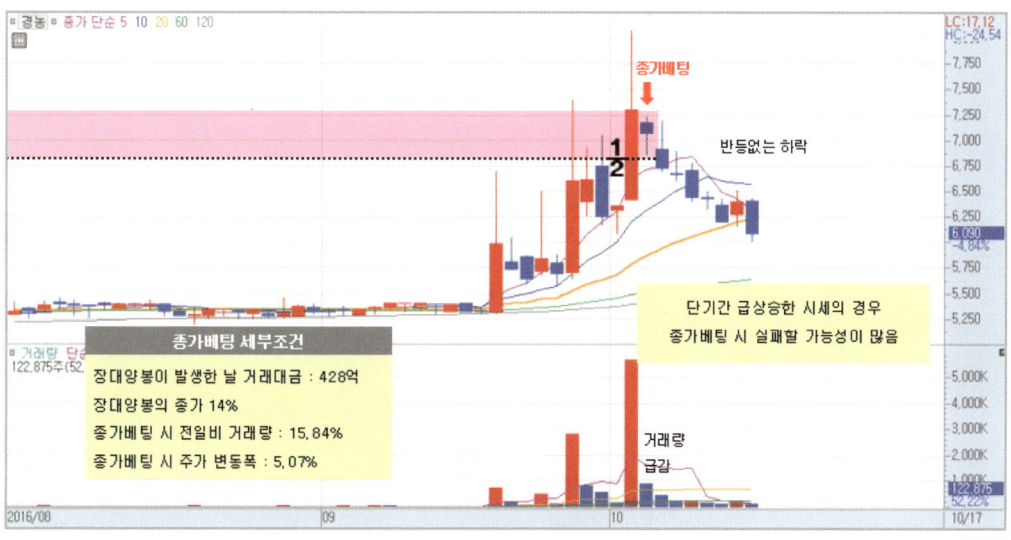

앞의 유아이디와 비슷한 유형의 실패패턴입니다. 주가가 이렇게 급상승한 경우 종가배팅 시 조심해야겠지요. 주가가 장대양봉의 절반값을 이탈하면 시세의 힘이 약해 반등 없이 하락하는 경우가 대부분입니다.

[종가배팅 42] 경농 15분봉

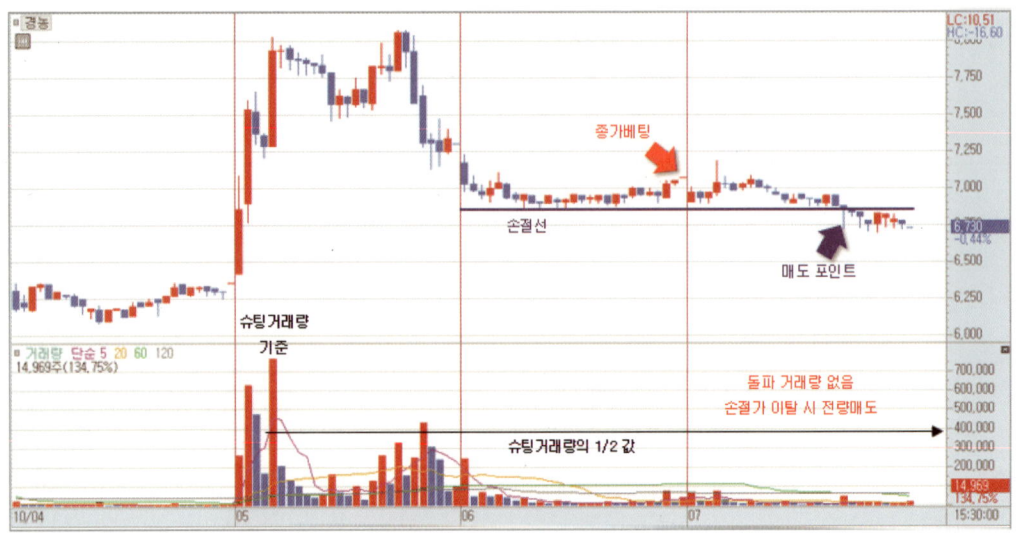

종가배팅 시 손절선을 이탈하지 않는다면 그대로 보유합니다. 매도는 슈팅거래량(슈팅 시 최대 거래량)의 1/2값을 돌파 시 분할로 매도합니다.

실패패턴은 이외에도 여러 가지가 있습니다. 전체적인 시장악화에 따라 급락할 수도 있으며 예상외 개별종목 악재로 인해 급락할 수 있습니다.

[종가배팅 예외사항 1] 인포뱅크 일봉

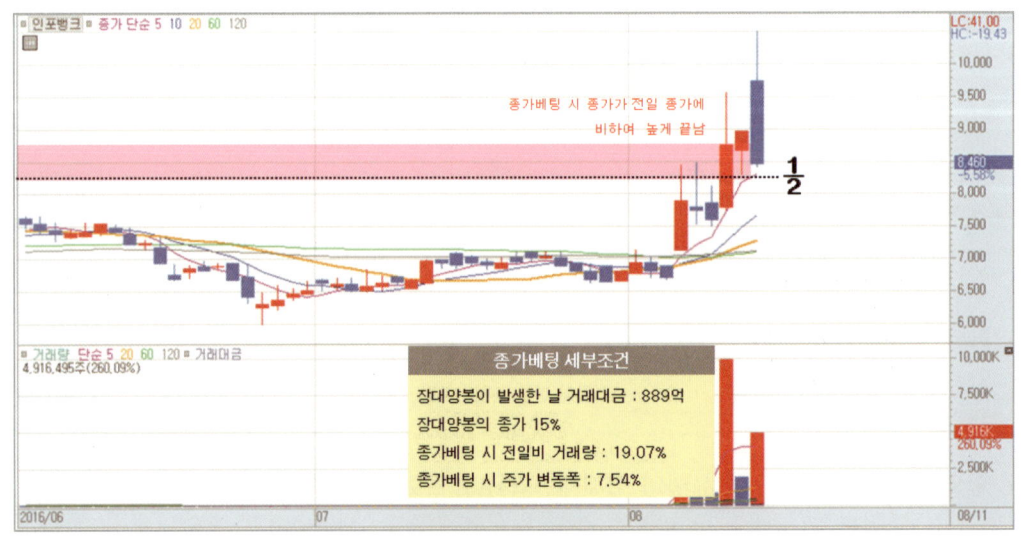

예외사항도 있습니다. 무조건 종가배팅 시 단봉의 위치가 빨간색 영역 안에 있어야 하는 것

은 아닙니다. 종가가 고가의 형태로 전일의 종가보다 높게 마감되는 경우(거래량은 당연히 급감) 다음날 갭을 띄울 가능성이 있습니다.

[종가배팅 예외사항 2] **인포뱅크 15분봉**

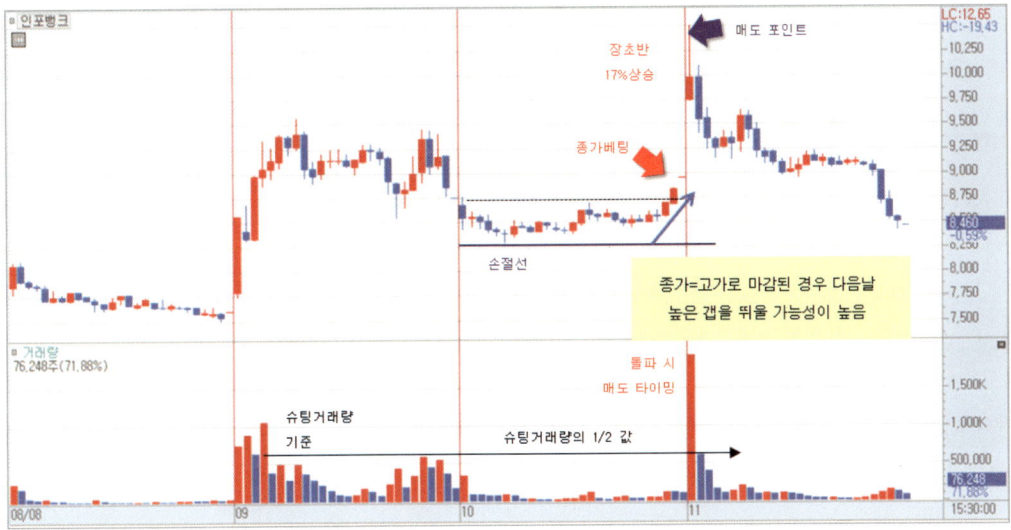

주가가 장 종료 직전에 소폭 상승하여 전일 종가 이상에서 종가가 종가-고가의 형태로 마감되었다면 유심히 보시기 바랍니다.

[종가배팅 예외사항 3] 에스에프씨 일봉

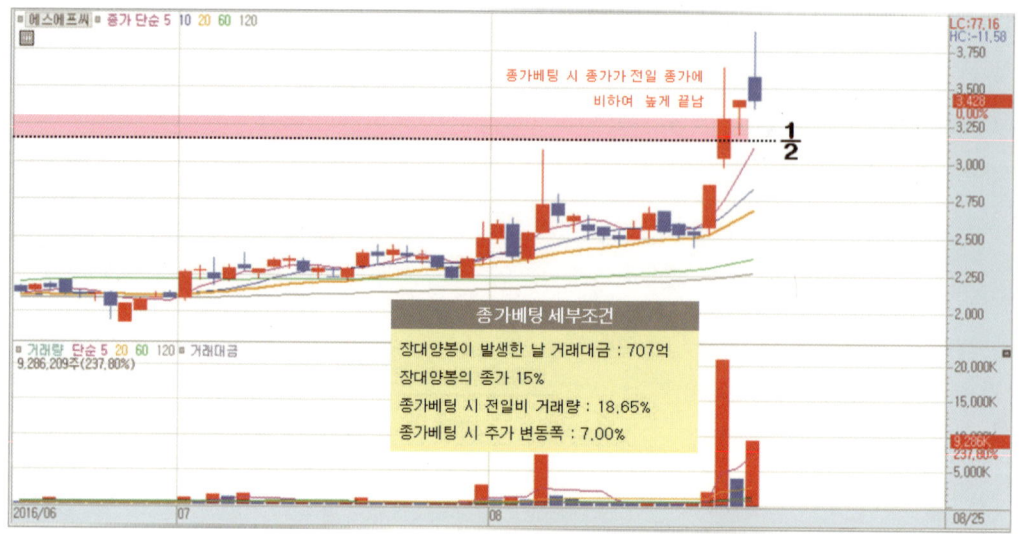

에스에프씨도 당시 거래대금이 707억으로 시장에서 관심을 받기에 충분한 종목이었습니다. 이 종목도 마찬가지로 종가-고가의 형태로 마감된 후 다음날 높은 갭을 뛰었습니다.

[종가배팅 예외사항 4] 에스에프씨 15분봉

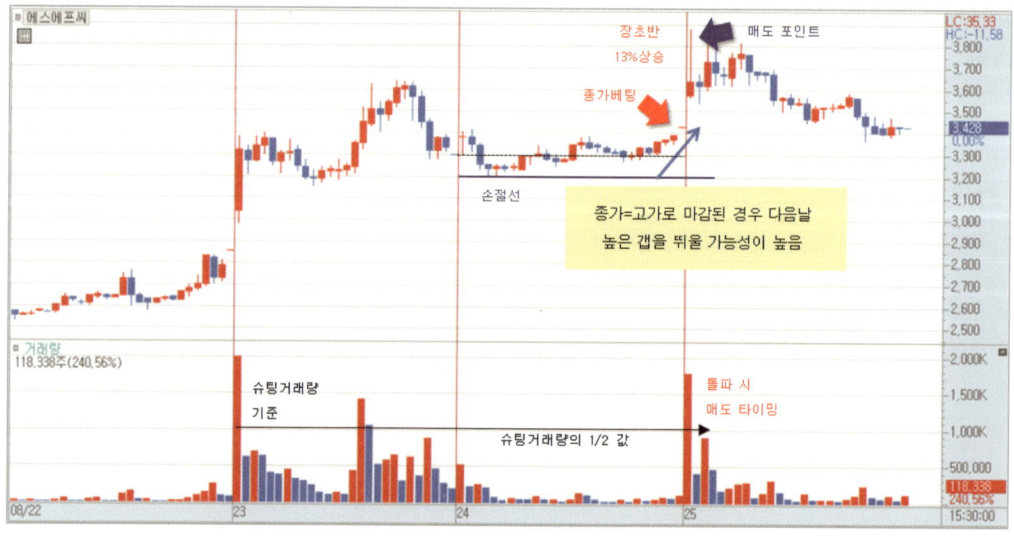

그것은 종가배팅 시 캔들의 위치도 중요하지만 정말로 중요한 것은 거래량이란 말이 됩니다. 거래량이 전일에 비하여 급감된 것은 '특정 매수주체들이 아직 차익실현을 하지 않았다'라고 추정할 수 있습니다. 주가가 상승하려면 거래량이 늘어나야 정상적인 패턴입니다. 반면 고점에서 주가가 하락 할 때도 주가가 점진적으로 감소해야 합니다. 그런데 주가 급등시 거래량이 급감한 상태라면 어떻게 해석할까요?

이번에는 장대양봉 이후 이틀간 조정 이후 상승파동이 나오는 유형을 보겠습니다. 이미 시장에서 많이 알려져 있는 내용이지만, 다른 점이 있다면 이것 역시 '숨겨진 단봉'이어야 합니다.

[종가배팅 43] 〈장대양봉→2일 단봉조정→상승파동〉 패턴별 정리

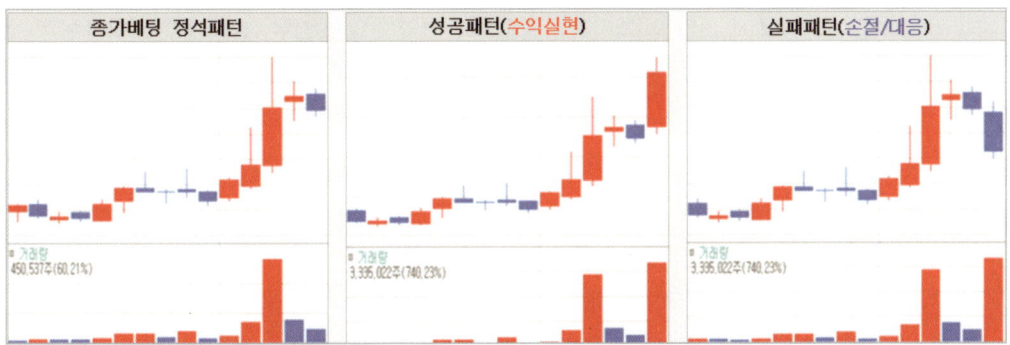

[종가배팅 44] 〈장대양봉→2일 단봉조정→상승파동〉 매매방법

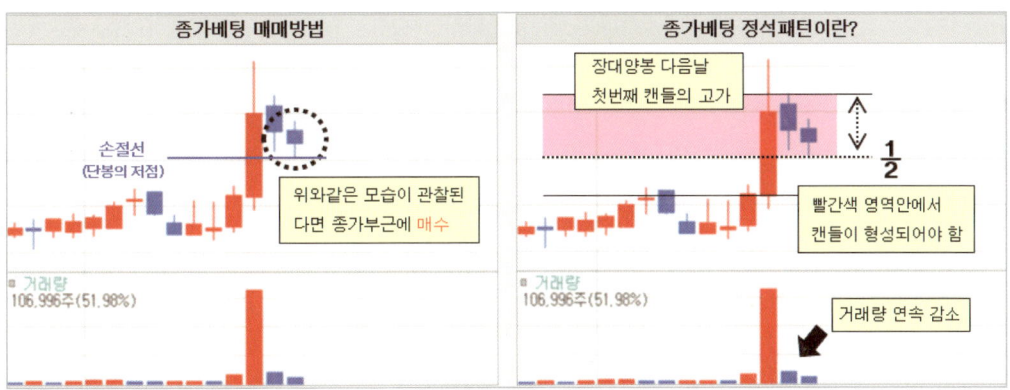

종가배팅 시 단봉은 직전 캔들의 고가에 가려져서 보이지 않는 것이 좋습니다. 시장 참여자들에 눈에 띄지 않게 차트를 만들면 위의 매물벽은 상대적으로 가벼워집니다. 그 점을 이용하여 다음날 오전에 빠르게 주가를 상승시킵니다.

세부조건별 정리

- 장대양봉의 거래대금이 최소 300억 원 이상 발생→시장 주도주, 테마 대장주, 개별 세력주가 주 대상입니다.

- 장대양봉이 발생했을 때 당시 차트의 위치파악→모든 종가배팅류는 항상 "첫 전고점이나 박스권, 추세를 돌파한 시세 초입"의 자리여야 좋습니다. 그렇지 않을 경우 성공확률이 기하급수적으로 낮아집니다.

- 장대양봉의 종가는 7~25% 사이→상한가의 경우 변동폭이 크니 주의를 요합니다.

* 다다음날 단봉의 위치→장대양봉 다음날 캔들의 변동폭은 10% 초반 내외가 적당합니다. 그 후 가장 중요한 다다음날 단봉의 위치는 "장대양봉 다음날 캔들의 고가" 그리고 장대양봉의 절반(1/2)가격 안에 위치해 있어야 합니다.

- 시가총액이 5,000억 원의 종목은 제외→시세탄력이 무거움.

- 관리종목, 우선주 제외

- 손절은 단봉의 저점 이탈 시 전량매도로 대응

전일비율 거래량은 참조하지 않아도 됩니다. 거래량이 연속으로 급감되었는지만 체크합니다.

[장대양봉→2일 단봉조정→상승파동] 성공패턴

[종가배팅 45] 금호산업 일봉

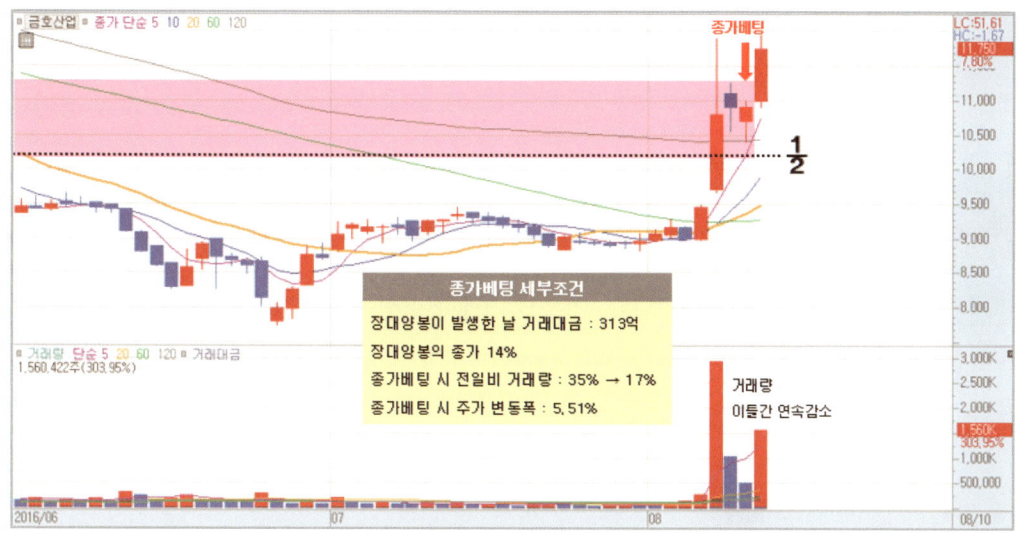

정석패턴입니다. 시장에서 위와 같은 패턴이 비일비재합니다. 거래량은 이틀간 감소가 되었으며 단봉의 위치도 앞전 캔들에 갇혀 있습니다.

[종가배팅 46] 금호산업 15분봉

주가가 장 초반에 9% 상승했습니다. 이틀간 거래량이 연속으로 감소되었다는 것은 그만큼 시장참여자가 줄어들었다는 것을 의미합니다. 위로의 매물저항이 약해지는데 이때 특정 매수주체가 유입된다면 주가는 빠르고 강하게 상승합니다.

[종가배팅 47] 이미지스 일봉

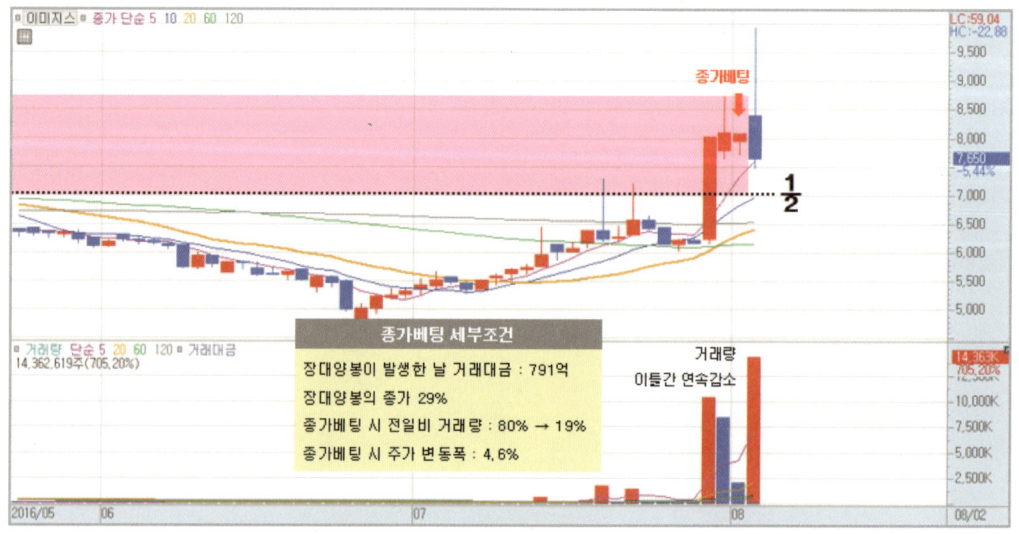

장대양봉이 상한가로 마감되었습니다. 상한가 직후에 차익실현 매도물량이 많이 나오지 않고 주가 변동폭이 크지 않은 상태에서 거래량이 급감한다면 상대적으로 매도주체보다 매수주

체가 우위에 있겠지요. 이러한 점을 생각해야 합니다.

[종가배팅 48] 이미시스 15분봉

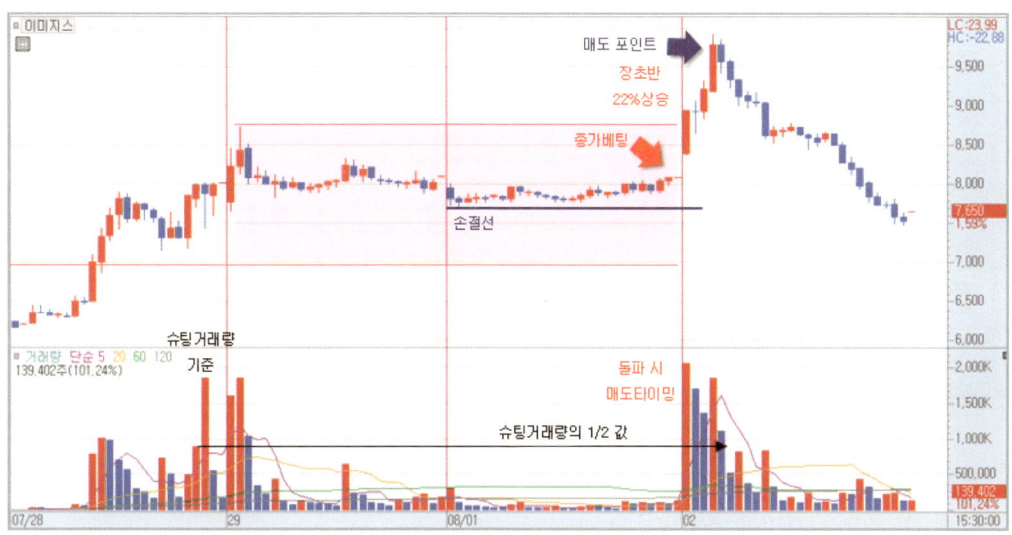

주의해야 할 것은 재료 없이 상승한 종목입니다. 시장에 관심이 있는 상태에서 거래량이 급감해야 하는데 재료가 없이 상승한 종목은 거래량이 급감하면서 하락할 여지가 높습니다. 시장에 관심이 없는 종목은 애초에 반등이 잘 나오지 않습니다.

[종가배팅 49] 케이씨티 일봉

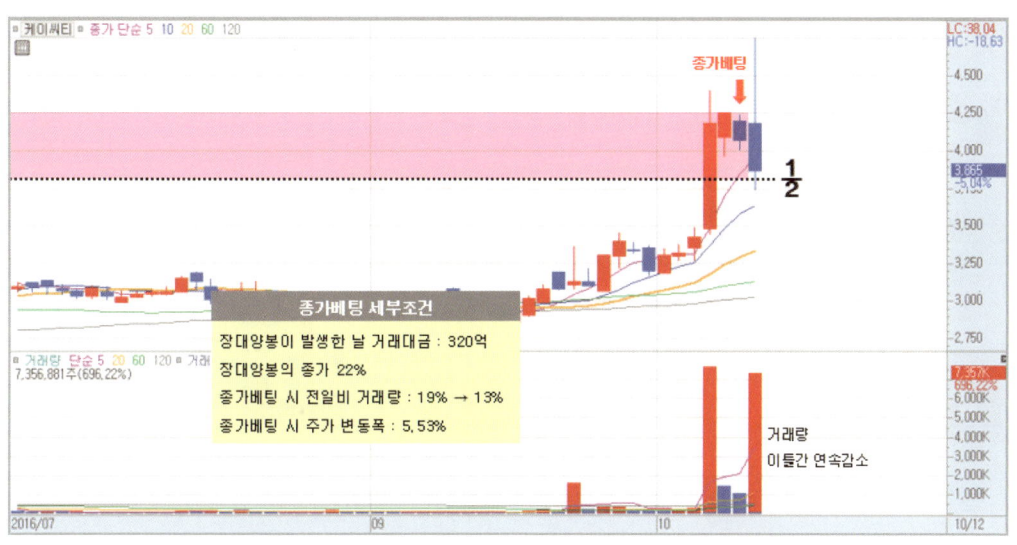

그렇다면 시장의 관심 척도는 무엇일까요? 바로 거래대금과 재료입니다.

[종가배팅 50] 케이씨티 15분봉

해당종목이 시장 주도주, 테마 대장주라면 종가배팅 이후에 매도할 때 수익률을 길게 봐야 합니다. 위 종목은 오전에 주가가 16%까지 상승했습니다.

*종가배팅은 단기매매이기 때문에 장기간 보유할 필요가 없습니다.

[종가배팅 51] 홈센타홀딩스 일봉

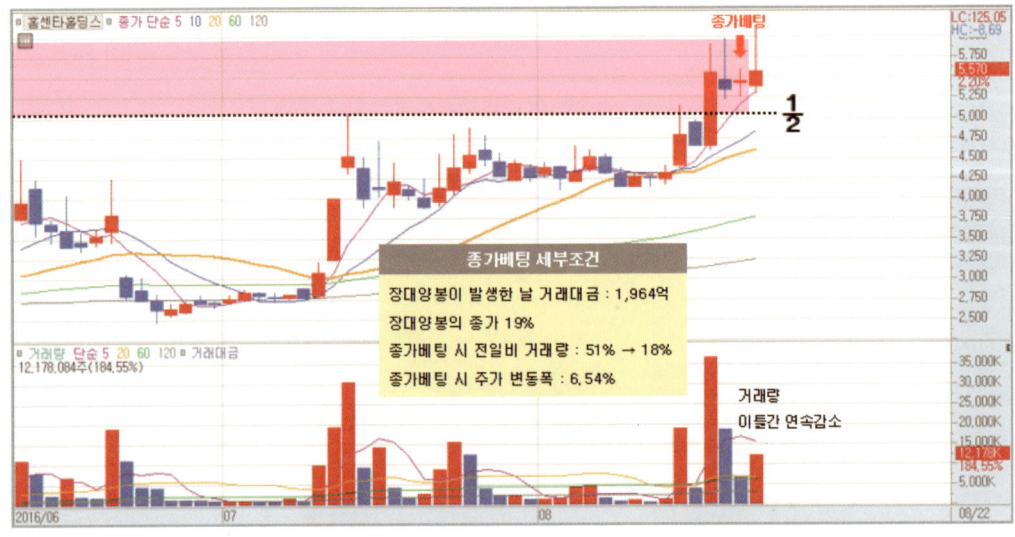

일봉차트에서 직전고점을 확실하게 돌파한 모습입니다. 종가배팅 시 단봉의 위치가 앞의 캔들에 숨어 있지요. 정석패턴입니다.

[종가배팅 52] 홈센타홀딩스 15분봉

오전에 11%까지 상승했습니다. 충분한 수익구간을 주었습니다. 만약 수익권 상태에서 매도 타이밍을 놓치게 된다면 익절하는 것이 바람직합니다.

[종가배팅 53] 프리엠스 일봉

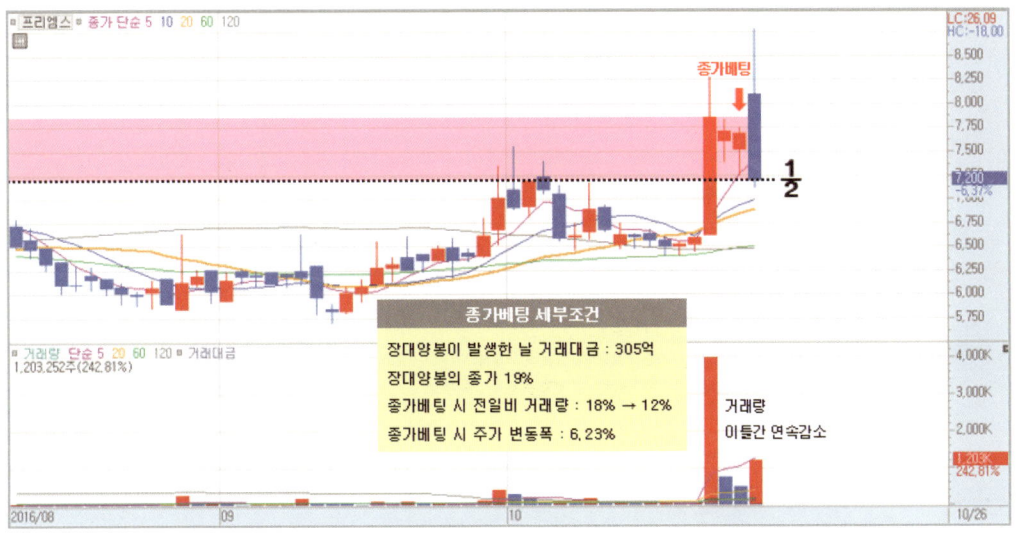

종가배팅 시 단봉이 완벽히 숨겨져 있습니다. 시장의 관심이 한순간에 많아졌다가 한순간에 적어진다면 반발작용으로 인해 다시 한 번 시장에 관심을 받게 되어 있습니다.

[종가배팅 54] 프리엠스 15분봉

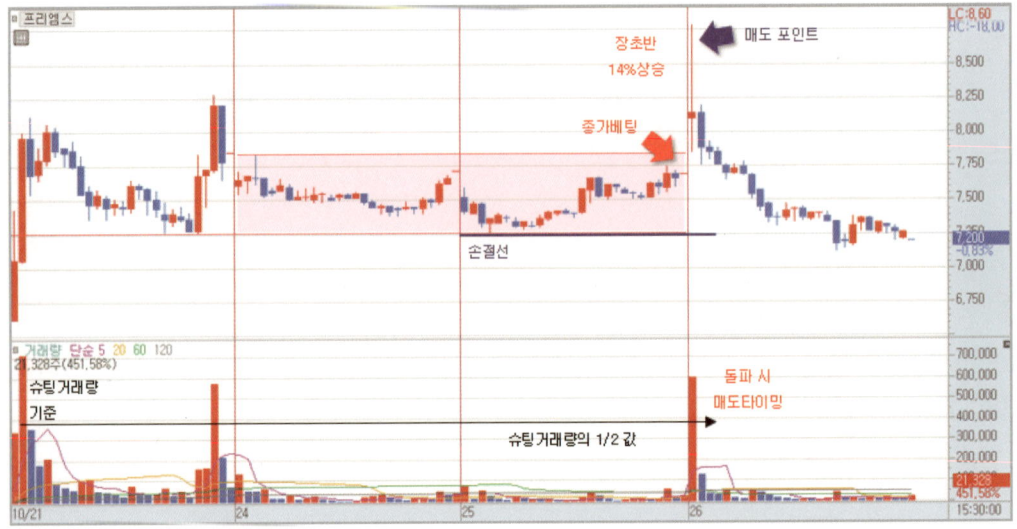

위 프리엠스 분봉차트를 보면 주가가 오전에 14% 상승했습니다. 이렇게 짧은 시간 안에 큰 폭의 수익률을 낼 수 있는 것이 종가배팅의 장점입니다.

[종가배팅 55] 로지시스 일봉

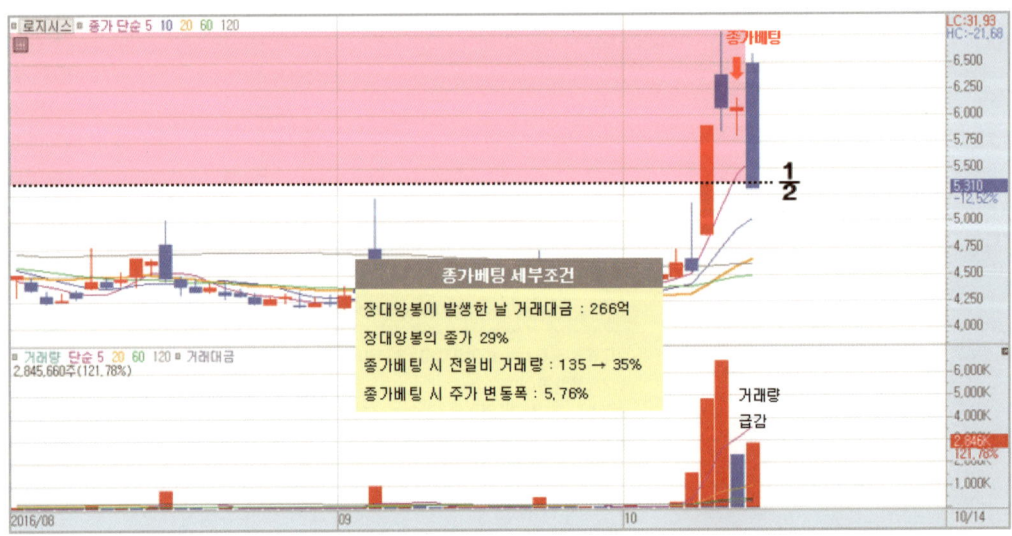

상한가인 종목은 주가 변동폭이 클 뿐이지 숨겨진 단봉의 형태가 발견된다면 충분히 공략할 수 있습니다. 차트를 보면 종가배팅 시 단봉의 변동폭과 거래량이 급감된 모습입니다.

[종가배팅 56] 로지시스 15분봉

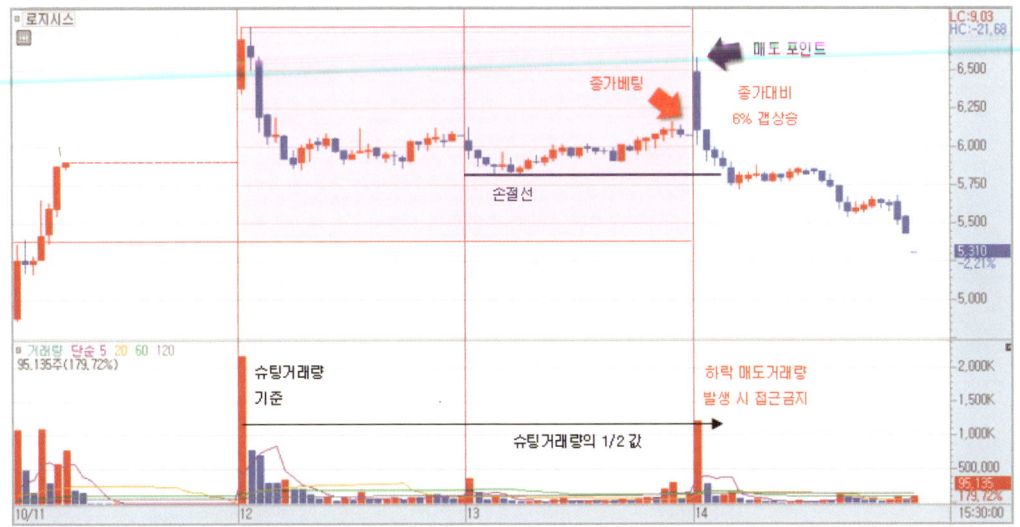

당시 화폐개혁테마의 대장주로서 종가배팅이 가능했던 종목이었습니다. 단봉의 변동폭이 적고 거래량도 급감된 정석패턴입니다.

[종가배팅 57] 능률교육 일봉

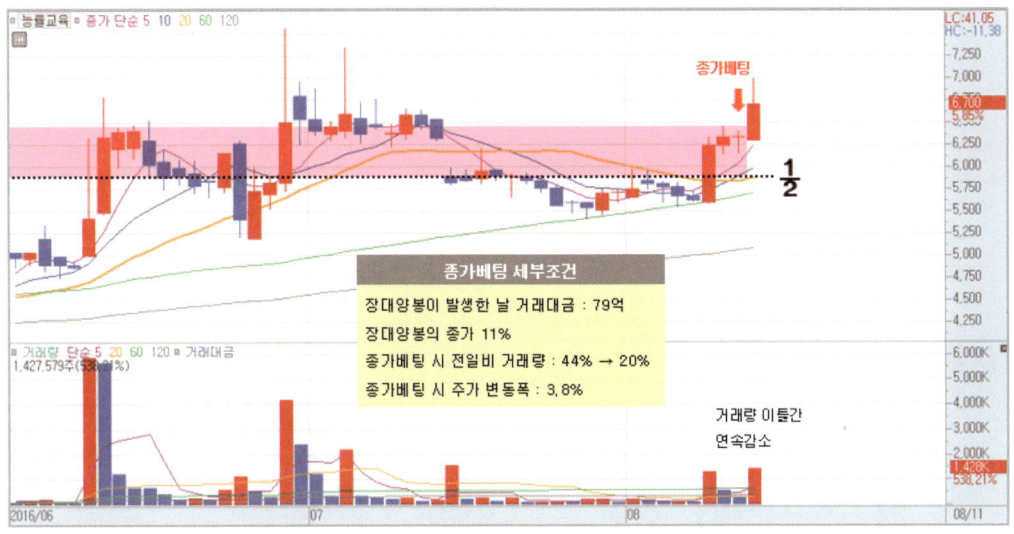

단기 추세를 돌파한 자리에서도 종가배팅이 가능합니다. 위 능률교육은 거래대금이 적지만 이러한 주가의 위치에서도 종가배팅 자리가 나올 수 있습니다.

[종가배팅 58] 능률교육 15분봉

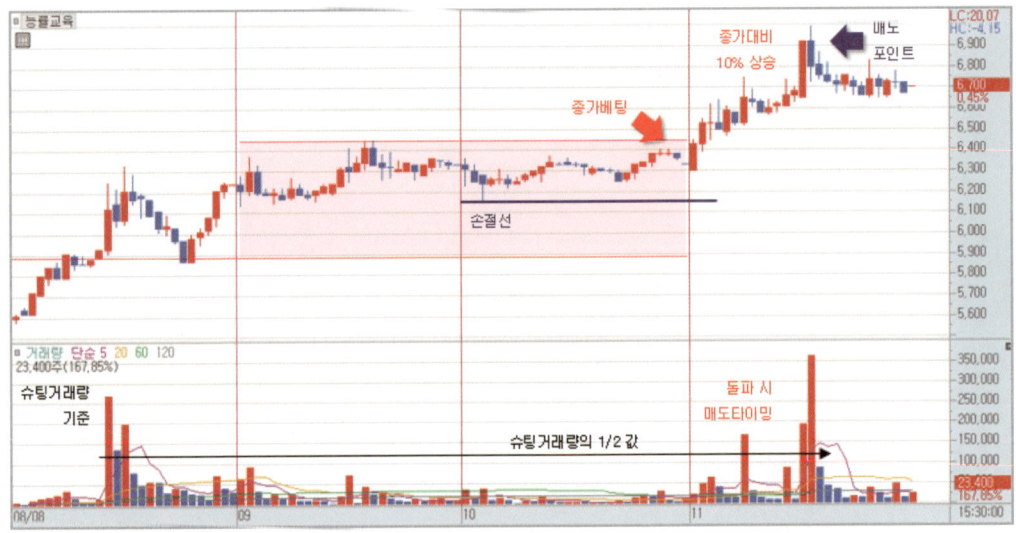

　주가가 손절선을 깨지 않고 종가대비 10% 정도 상승했습니다. 이틀간 조정을 마치고 상승파동이 나올 자리만 공략하는 것이 주목적이기 때문에 제대로 된 상승파동이 나온다면 수익률을 길게 보는 것이 좋습니다.

[종가배팅 59] 에이테크솔루션 일봉

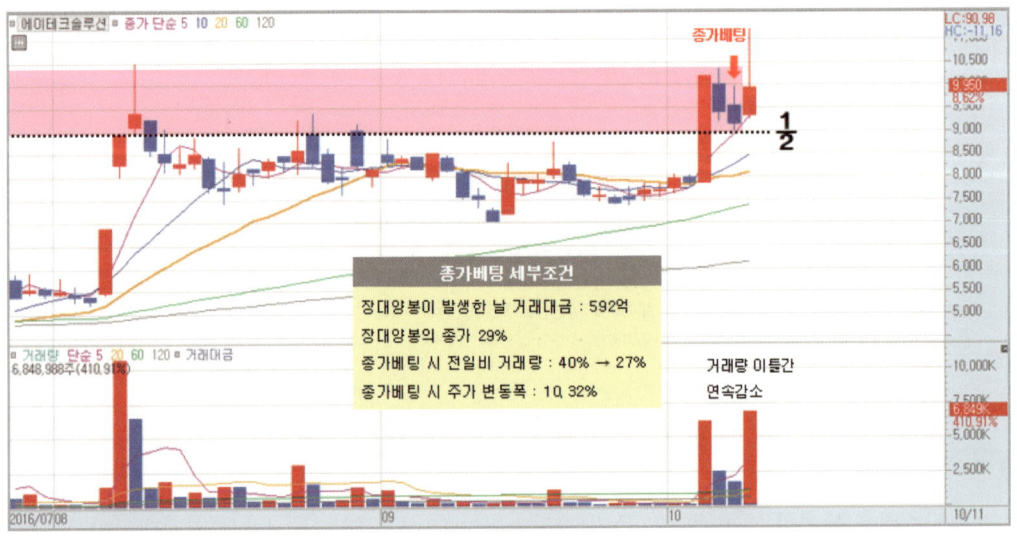

　종가배팅 시 단봉이 아닙니다. 변동폭도 10%대로 다소 큽니다. 그러나 차트를 넓게 보면 캔들이 숨어 있습니다. 거래량도 연속으로 급감되었습니다. 거래대금이 500억 원 이상인 시장의 주도주로서 접근할 만합니다. 또한 차트를 보면 주가가 장대양봉의 절반값(1/2)을 지켜주고 있습니다.

[종가배팅 60] 에이테크솔루션 15분봉

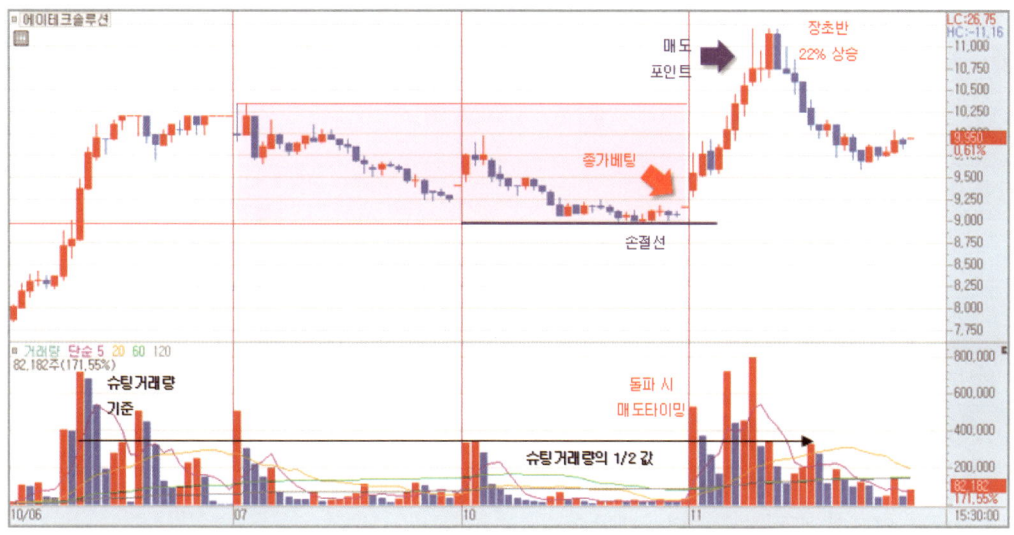

상한가 이후에 강한 차익실현 매도물량이 출회되지 않고 장대양봉의 절반값 수준까지 주가가 하락한 상태라면 반발작용으로 급반등이 나올 수 있습니다.

[종가배팅 61] 제일테크노스 일봉

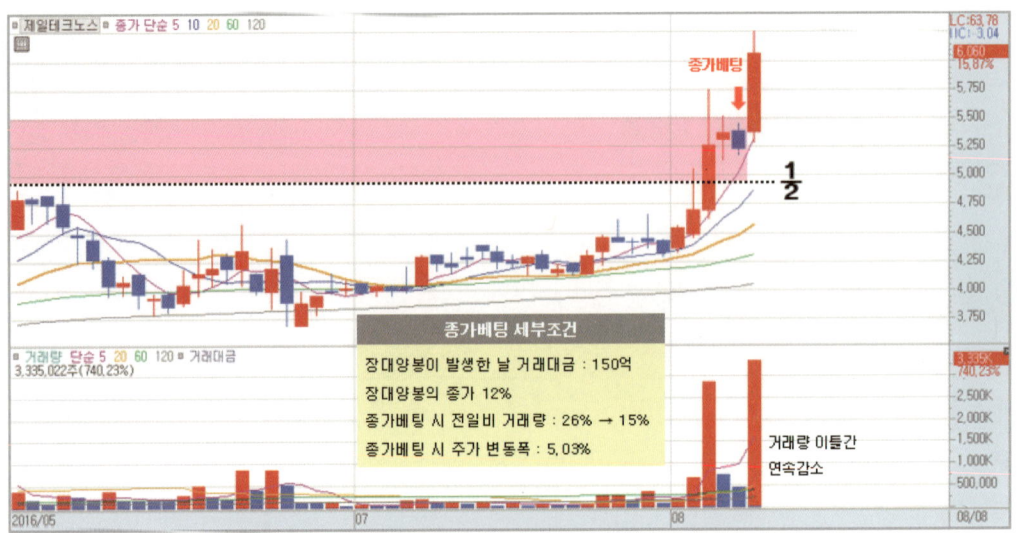

　제일테크노스도 거래대금이 적습니다. 그러나 현재 주가의 위치는 정배열 시세 초입(첫 박스권 돌파, 첫 전고점 돌파, 첫 주세돌파)이며 단봉이 숨겨져 있습니다. 거래량도 연속 급감된 상태로 위로의 매물저항이 덜하겠지요?

[종가배팅 62] 제일테크노스 15분봉

　결과적으로 장 초반 14% 상승했습니다. 종가배팅 시 원칙적으로 장대양봉의 거래대금이 300억 원 이상인 것이 좋지만 예외사항은 얼마든지 있습니다. 그래서 어떤 게 중요하겠다고 했지요? 대략적인 그림, 숨어있는 단봉, 급감된 거래량만 파악하셔도 종가배팅 하는데 큰 문제는 없을 것입니다.

[종가배팅 63] 에이티넘인베스트 일봉

정석패턴입니다. 종가배팅 시 단봉이 숨겨져 있고 거래량이 급감되었습니다. 번외로 종가배팅 이후 시간 외에 급등을 한 경우 바로 매도하기보다는 다음날 오전까지 보유하여 수익률을 극대화합니다.

[종가배팅 64] 에이티넘인베스트 15분봉

장대양봉 이후에 변동폭이 작으면 작을수록 좋습니다. 위 분봉차트에서는 잘 보이지 않지만 5분봉, 3분봉, 틱분봉을 보면 주가가 수렴의 과정을 거치고 있습니다. 가장 많이 거치는 패턴은 하락쐐기형 패턴입니다.

예를 들어 보겠습니다.

주가가 급상승 한 이후에, 즉 장대양봉 이후가 되겠지요? 주가의 상승폭이 과해지면 어느 시점에서 매수의 강도가 약해지기 시작합니다. 이때 추세가 일시적으로 하방으로 전환이 됩니다. 고점은 급격히 낮아지고(신규 매수자가 시장가로 매수하지 않음), 그에 반해 저점은 낮아지긴 하지만 급격하게 낮아지지는 않습니다(대기 매수자 유입).

그러다가 주가는 지지점과 저항점이 모이는 변곡점 영역에 다다르게 됩니다. 이 영역에서 특정의 주체가 "매수"로 가담한다면 상대적으로 위쪽의 매도세가 별로 없고 매물벽이 헐겁기에 한번 강한 매수세가 유입이 되면 주가가 빠르게 상승을 하게 됩니다.

반면 반대의 경우는 이와 다르겠지요. 한번 보겠습니다.

[장대양봉→2일 단봉조정→상승파동] 실패패턴

[종가배팅 65] 황금에스티 일봉

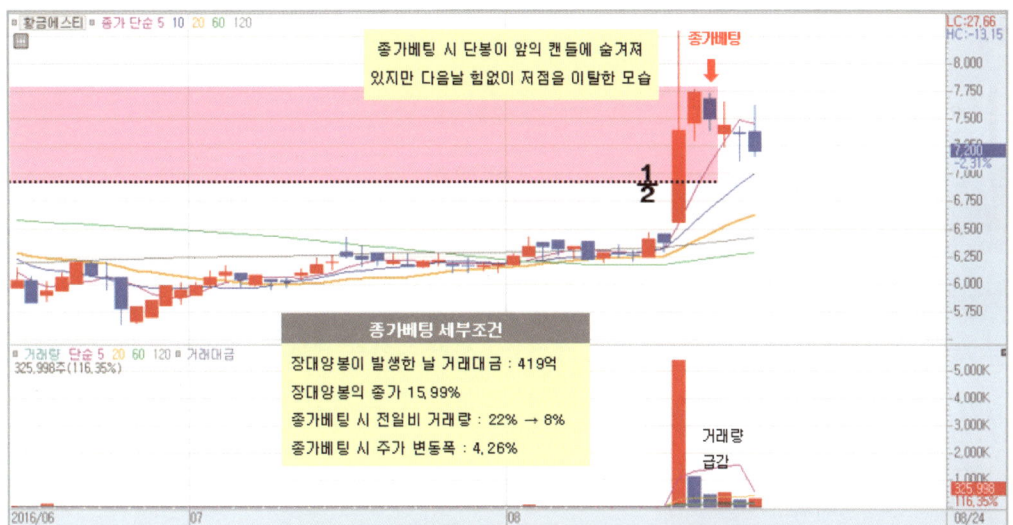

위 차트는 종가배팅에 실패한 종목입니다. 거래대금, 거래량, 단봉의 위치가 나쁘지 않습니다. 그런데 왜 실패하게 되었는지 추측해 보시기 바랍니다. 주가를 관리하는 특정세력의 마음대로일지는 몰라도 왜 그런지 한 번 정도는 생각해 볼 필요가 있습니다.

[종가배팅 66] 황금에스티 15분봉

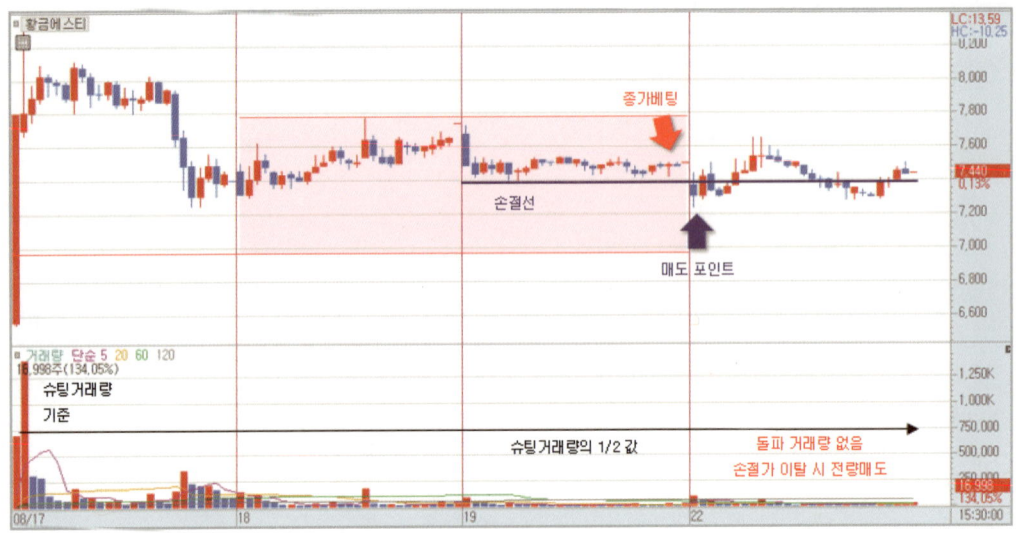

장대양봉 이후, 매수자와 매도자의 심리를 생각해본다면 재료 없이 상승한 종목의 경우 신규 투자자들의 매수심리를 자극할 수 있을까요? 이런 생각을 해보게 됩니다. 아무리 거래대금이 많더라 하더라도 이유가 있는 상승이 매수심리를 더 자극하겠지요.

[종가배팅 67] 엠씨넥스 일봉

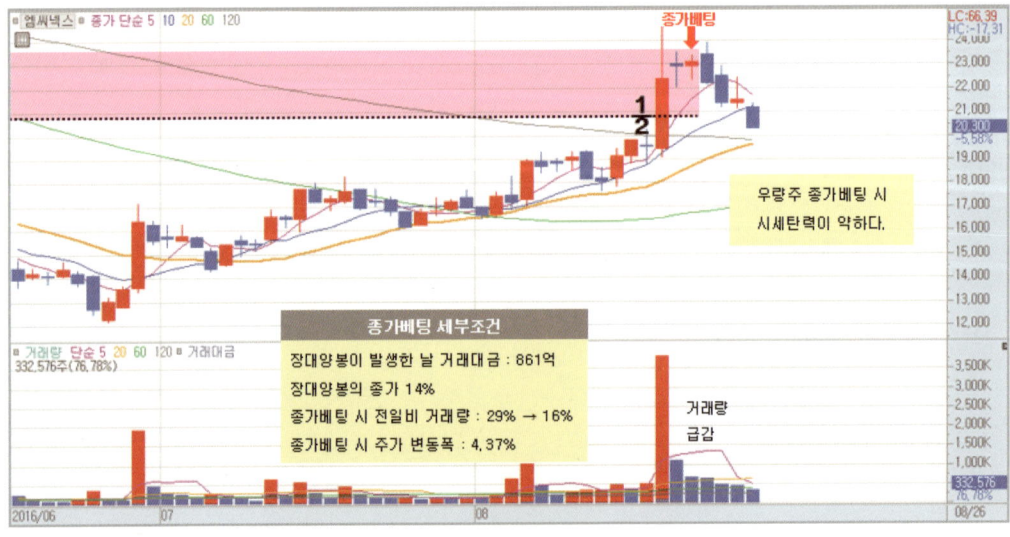

실패하는 유형은 재료 말고도 우량주의 경우도 해당됩니다. 우량주는 일반 테마주, 재료주에 비하여 시세탄력이 약합니다. 특히 손절선(저점)을 이탈한 경우 큰 폭의 반등 없이 계단식으로 하락할 수 있어 주의를 요합니다.

[종가배팅 68] 엠씨넥스 15분봉

분봉차트에서 단봉의 위치는 앞 캔들에 숨겨져 있고 거래량은 급감했으나 유의미한 상승 없이 하락한 케이스입니다.

[종가배팅 69] 태웅 일봉

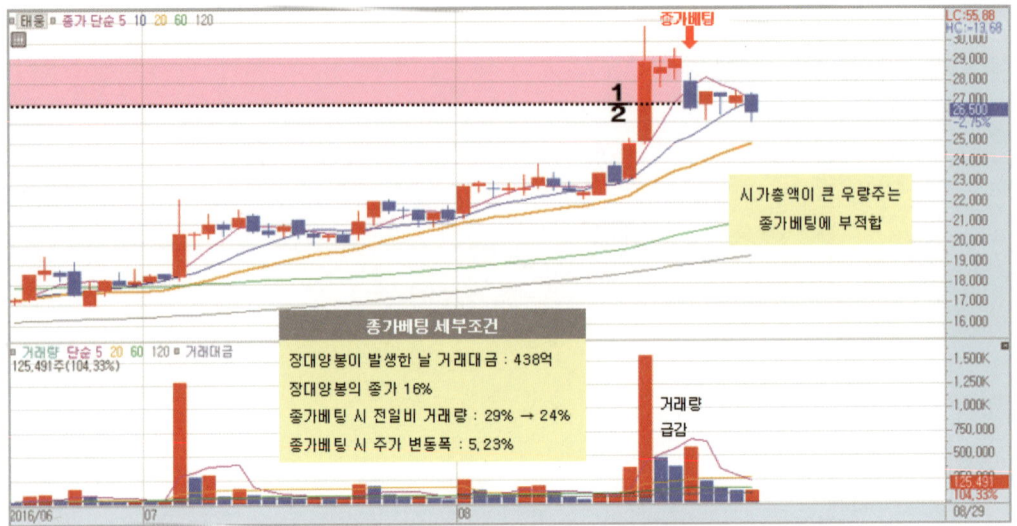

태웅도 마찬가지로 우량주입니다. 시가총액이 5,000억 원 이상 넘어가는 종목은 이 책에 나온 종가배팅대로 매매하기에는 다소 부적합합니다. 차트를 보면 장대양봉 이후에 시세가 탄력적으로 움직이지 않지요.

[종가배팅 70] 태웅 15분봉

종가배팅 이후 주가가 손절선을 이탈하면 전량 매도로 대응합니다. 특히 위 차트에서 거래량이 많이 실린 상태에서 긴 음봉으로 하락하는 경우 신규 매수를 보류하시기 바랍니다. 대체로 추세하락으로 이어집니다.

[종가배팅 71] 칩스앤미디어 일봉

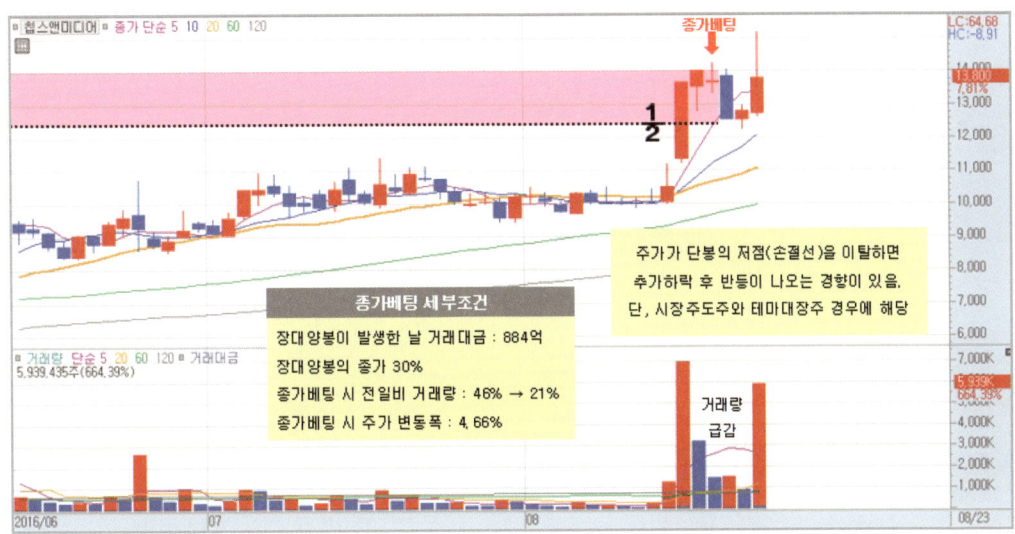

이번에는 살짝 다른 유형입니다. 주가가 손절선을 이탈하고 재차 상승한 유형입니다. 일종의 휩쇼(속임수)일 수도 있겠습니다.

[종가배팅 72] 칩스앤미디어 15분봉

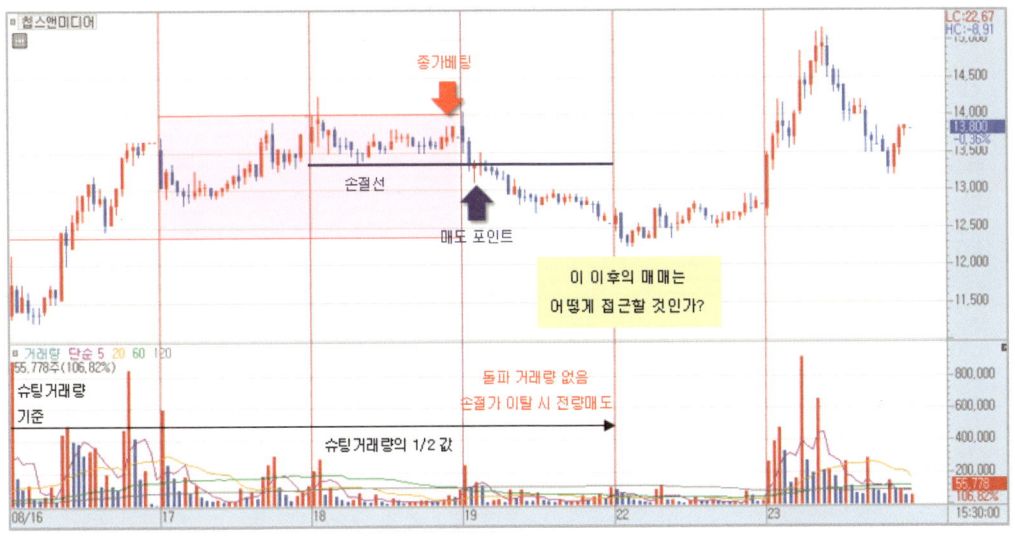

그런데 자세히 보면 단봉의 위치가 완벽히 숨겨져 있지 않습니다. 전일의 고점을 오전에 살

짝 돌파했습니다. 그 외 종가배팅 세부조건에 적합합니다. 이 종목의 재료가 좋은 경우 시장의 주도주, 테마의 대장주라도 위와 같이 종가배팅에 실패할 수 있습니다. 그러나 이렇게 포기할 것이 아니라 다른 방법으로 매매를 해줘야겠지요. 손실은 인정해야 합니다.

[종가배팅 73] 칩스앤미디어 15분봉

급등주 투매폭 매매법을 이용하여 매매를 하면 되겠습니다. 테마 대장주, 시장 주도주는 대개 적정 투매폭 범위까지 하락합니다. 이렇게 종가배팅과 급등주 투매폭 매매법을 활용하여 매매할 수 있습니다.

[종가배팅 74] 쌍용머티리얼 일봉

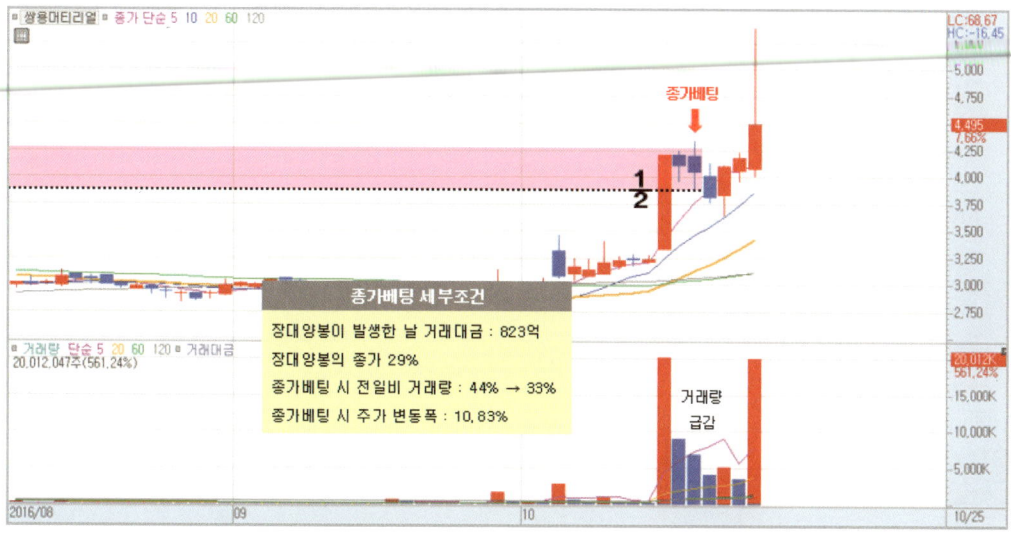

위의 쌍용머티리얼도 칩스앤미디어와 비슷합니다. 종가배팅이 가능할 수도 있었던 자리입니다. 그러나 주가는 저점을 이탈하고 큰 폭으로 상승했습니다. 캔들이 단봉이 아니며 변동폭이 10%대로 큽니다. 종가배팅 세부조건에는 다소 적합하지 않네요.

[종가배팅 75] 쌍용머티리얼 15분봉

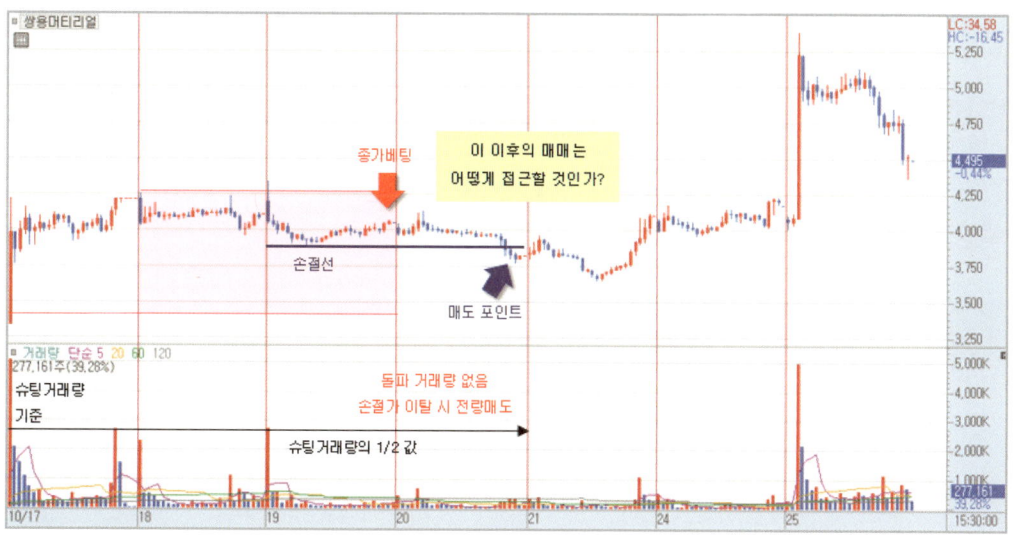

만약 종가배팅을 하더라도 주가 하락 시 손절하면 됩니다. 해당 종목이 아주 강한 재료를 내포하고 있었더라도 종가배팅 시 100% 확률로 성공하는 것은 아닙니다.

[종가배팅 76] 쌍용머티리얼 15분봉

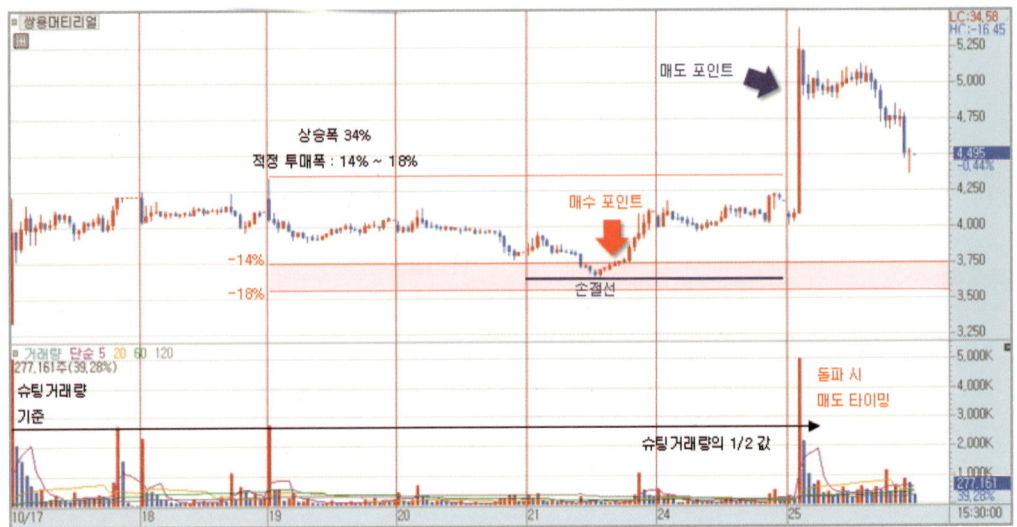

이 종목도 상승폭 34%에 따라 적정 투매폭 14~18%까지 주가가 하락한 후 반등이 크게 나왔습니다. 이렇게 급등주 종가배팅에 실패하더라도 투매폭 매매법을 사용하여 수익을 낼 수 있습니다. 마찬가지로 종가배팅에 성공한 이후라도 투매폭 매매법을 사용할 수 있습니다.

[종가배팅, 투매폭 연계 1] 모나리자 일봉

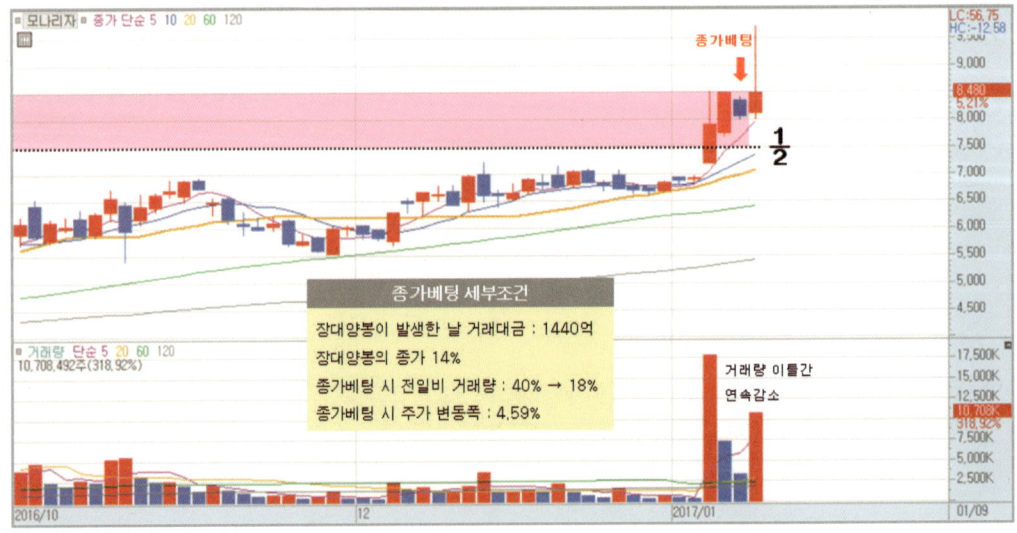

모나리자는 당시 매각관련 이슈로 1,000억 원 거래대금을 동반한 종목입니다. 거래량이 연속 감소하였고 단봉의 위치는 숨겨져 있습니다. 정석 종가배팅 패턴입니다.

[종가배팅, 투매폭 연계 2] 모나리자 일봉15분봉

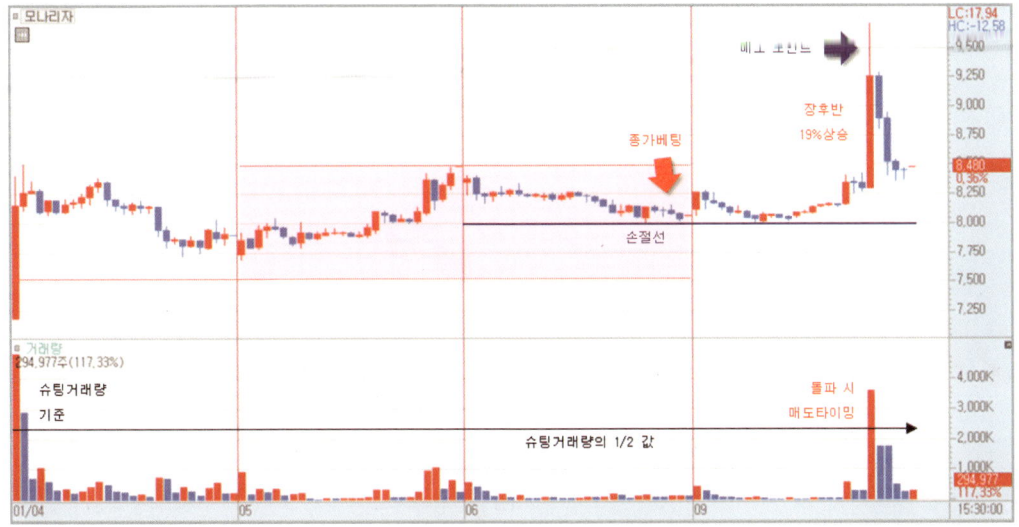

주가는 손절선을 건드리지 않고 장 후반에 19% 상승하였습니다. 종가배팅 시 매도는 현재 거래량이 이전 슈팅 거래량의 절반값을 돌파하였는지 여부를 기준으로 매도하면 되겠습니다. 이렇게 종가배팅 이후 주가가 추가 상승을 했다면 급등주 투매폭 매매법을 적용하여 매매할 수 있겠지요?

[종가배팅, 투매폭 연계 3] 모나리자 일봉15분봉

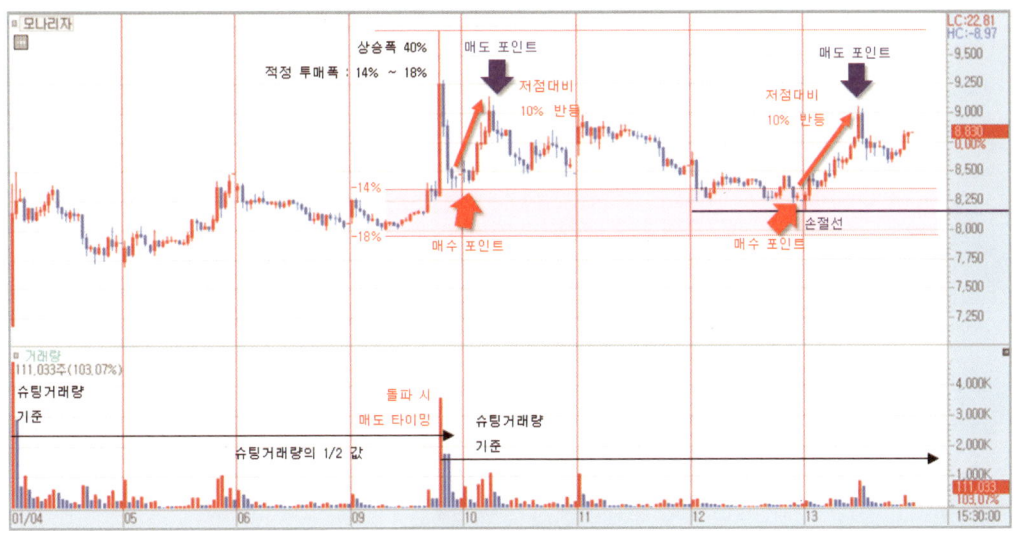

투매폭을 적용하면 위와 같이 매매할 수 있겠습니다. 상승폭 40%의 적정 투매폭은

14~18%로 이 투매폭 범위 안에 두 번 정도 매매기회가 왔었습니다. 반등은 저점대비 10% 정도 나왔습니다.

[종가배팅, 투매폭 연계 4] 모나리자 일봉

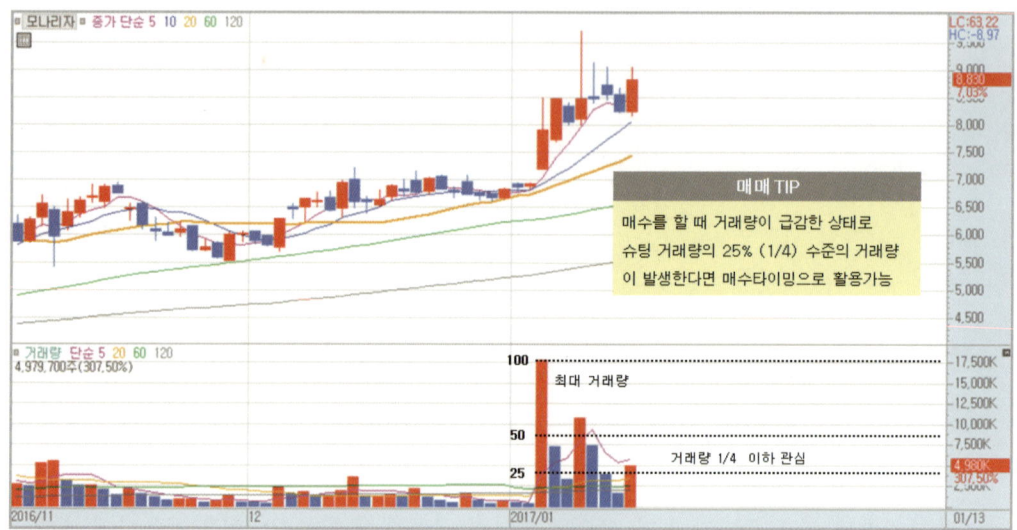

종가배팅이나 급등주 투매폭 매매를 하게 될 때 거래량을 잘 살펴봐야 합니다. 주가가 추세를 돌파한 시세 초입, 전고점을 돌파한 시세 초입, 역사적 신고가 시세 초입의 자리에서 거래량 급감을 잘 캐치하시길 바랍니다.

[종가배팅 예외사항 5] **유아이디 일봉**

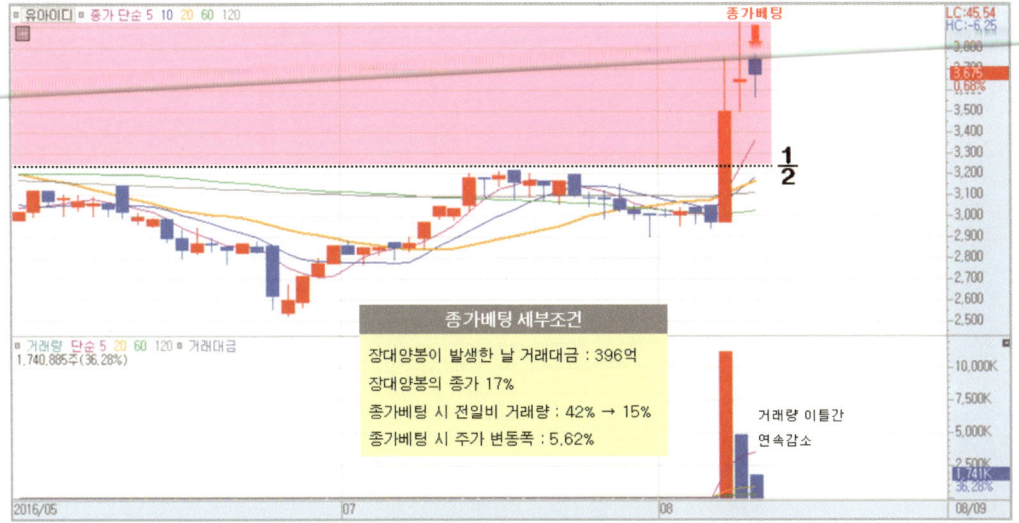

예외사항도 있습니다. 재료, 거래량, 거래대금, 캔들의 위치가 종가배팅하기에 최적의 자리임에도 오히려 다음날 주가가 하락할 수 있습니다.

[종가배팅 예외사항 6] **유아이디 일봉**

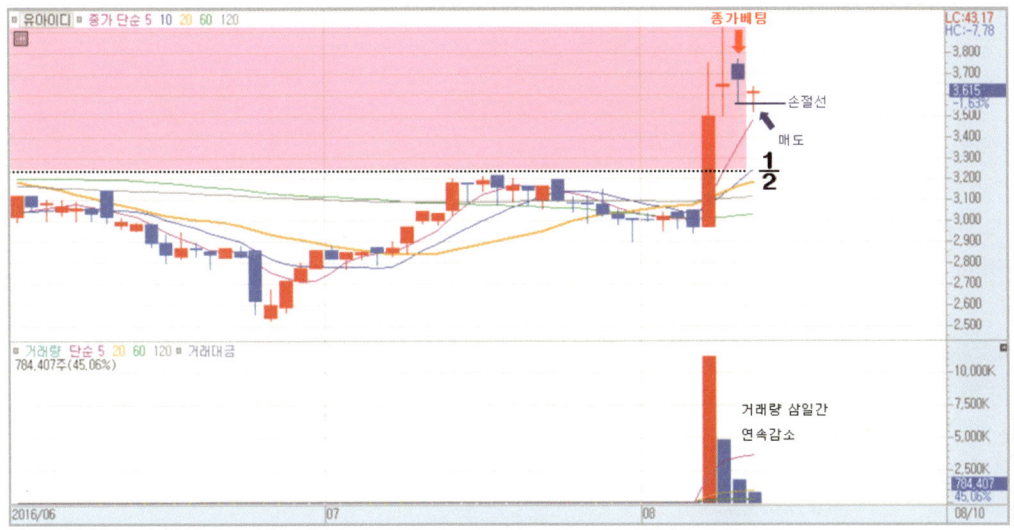

원칙대로 전일의 저점을 이탈하면 손절로 대응합니다.

손절을 하고 난 후 차트를 다시 보니 거래량이 이전보다 감소했으며 변동폭도 더욱 작은 단봉이 형성되었습니다. 다음날 어떻게 흘렀는지 볼까요?

[종가배팅 예외사항 7] 유아이디 일봉

급등을 했습니다. 오히려 손절을 한 자리가 매수타이밍이었네요. 이렇게 손절한 이후 다시 숨은 단봉이 나타난다면 재매수가 가능합니다.

[종가배팅 예외사항 8] 유아이디 15분봉

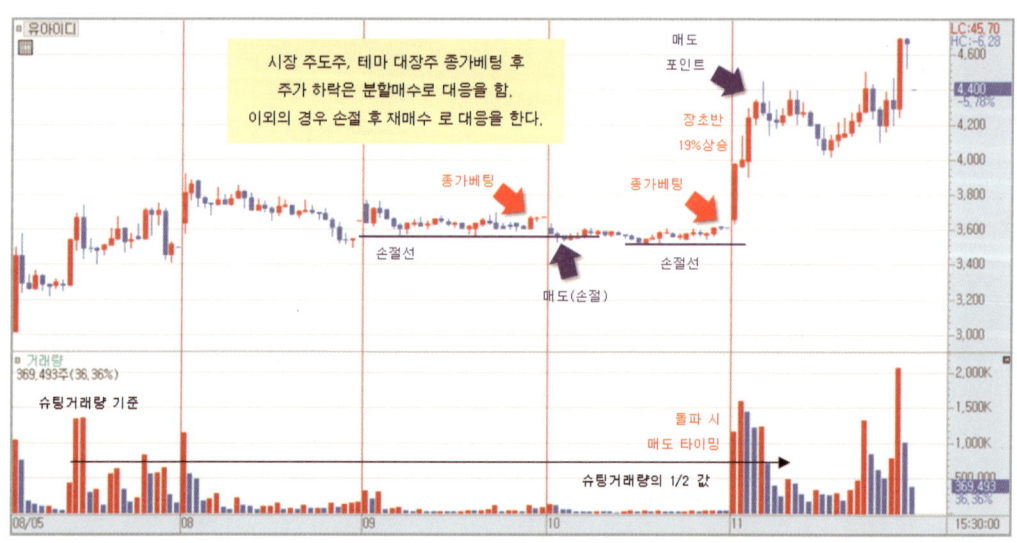

거래량이 한 차례 급감했기에 주가가 추가하락을 하더라도 크게 하락하지 않습니다. 따라서 시세 초입의 시장주도주, 테마 대장주인 경우 손절대신 오히려 분할매수로 대응할 수 있습니다. 다만 손절은 장대양봉의 절반값인 1/2 지점을 이탈하면 전량매도를 해야겠지요. 이외의 일반적인 종목이라면 손절 후 재매수로 대응을 하면 되겠습니다.

[종가배팅 예외사항 0] 일신바이오 일봉

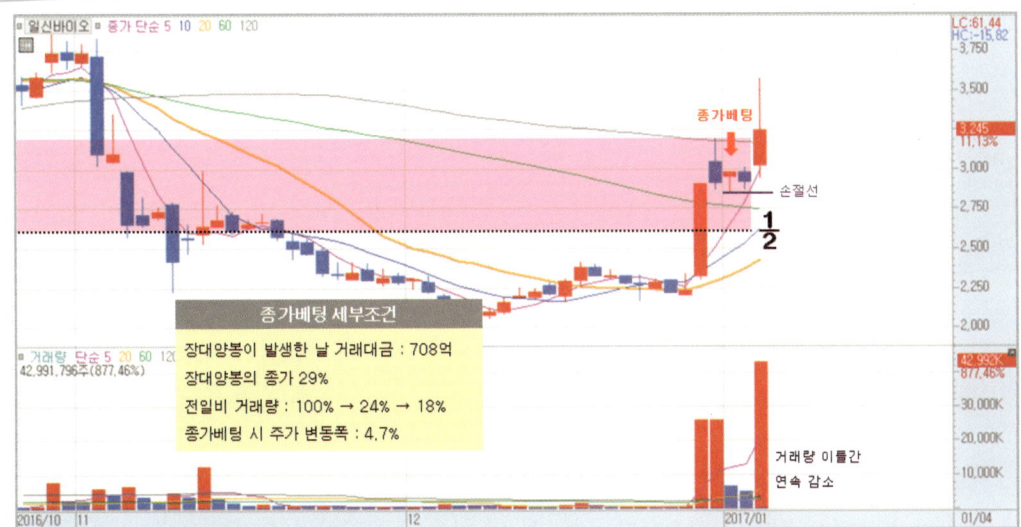

물론 종가배팅 이후 손절선을 이탈하지 않는 선에서 보유할 수 있습니다. 위의 일신바이오는 주가가 손절선을 건드리지 않고 크게 상승했습니다.

[종가배팅 예외사항 10] 일신바이오 15분봉

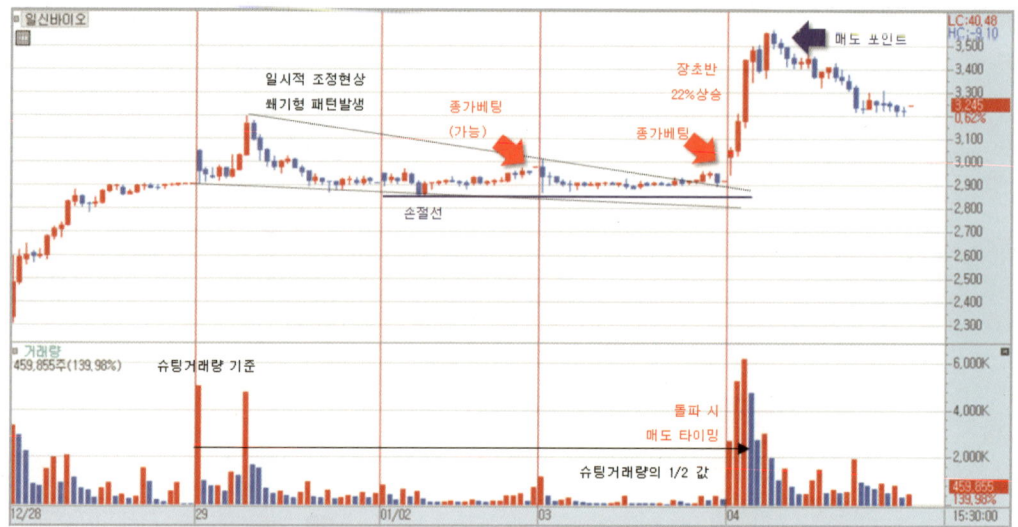

시장 주도주, 테마 대장주는 거래량이 연속으로 이틀 또는 삼일 간 급감하고 난 후 비로소 주가가 상승하는 경향이 있습니다. 따라서 위 차트의 매매처럼 유연한 대응이 필요하겠습니다.

[종가배팅 예외사항 11] 광림 일봉

광림도 마찬가지입니다. 손절선을 건드리지 않고 큰 상승이 나왔습니다. 일신바이오와 매우 유사한 모습이네요. 거래량이 이틀간 급감하고 반등이 나오는 패턴입니다.

[종가배팅 예외사항 12] 광림 15분봉

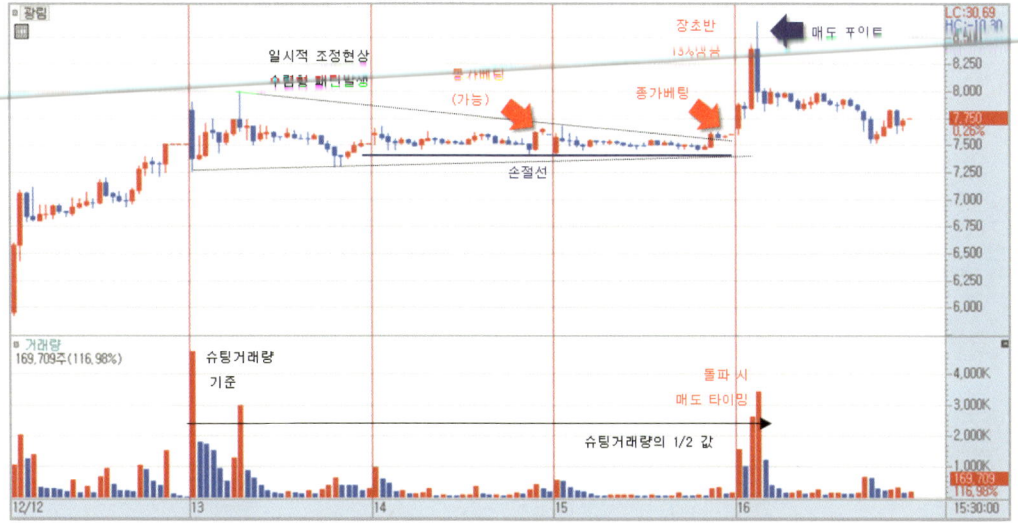

분봉차트를 보면 주가가 삼각 수렴형 또는 쐐기형으로 흐릅니다. 이 수렴형 또는 쐐기형이 끝나는 변곡점 부근을 종가배팅 구간으로도 해석할 수 있습니다.

응용패턴

　종가배팅의 핵심조건은 "숨겨진 캔들"로 변동폭이 작고 거래량이 급감한 모습이 좋습니다. 이런 두 가지 조건만 가지고 종가배팅의 적정 자리를 찾을 수도 있는데요. 여러 차트를 보고 공통점을 추려보겠습니다.

[종가배팅 77] 인포뱅크 일봉

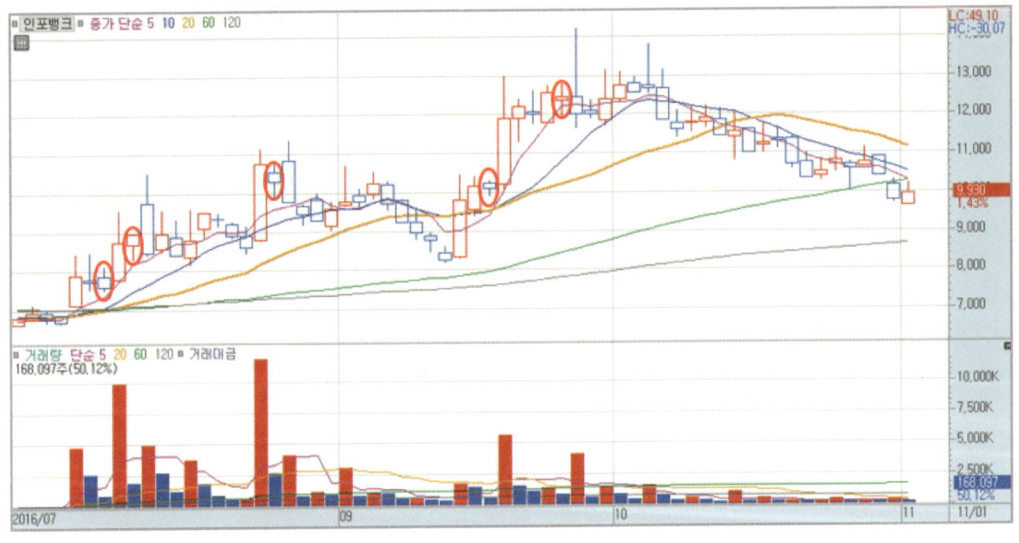

　동그라미로 표시한 부분의 공통점은 단봉이며 거래량도 전일에 비하여 감소한 모습입니다. 특히 단봉의 위치는 앞의 캔들에 의해 숨겨져 있습니다. 시세 초입에서 종가배팅 기회가 두 번 정도 있었고, 그 이후에도 세 번의 기회가 있었습니다. 다른 차트를 보겠습니다.

[종가배팅 78] 한국컴퓨터 일봉

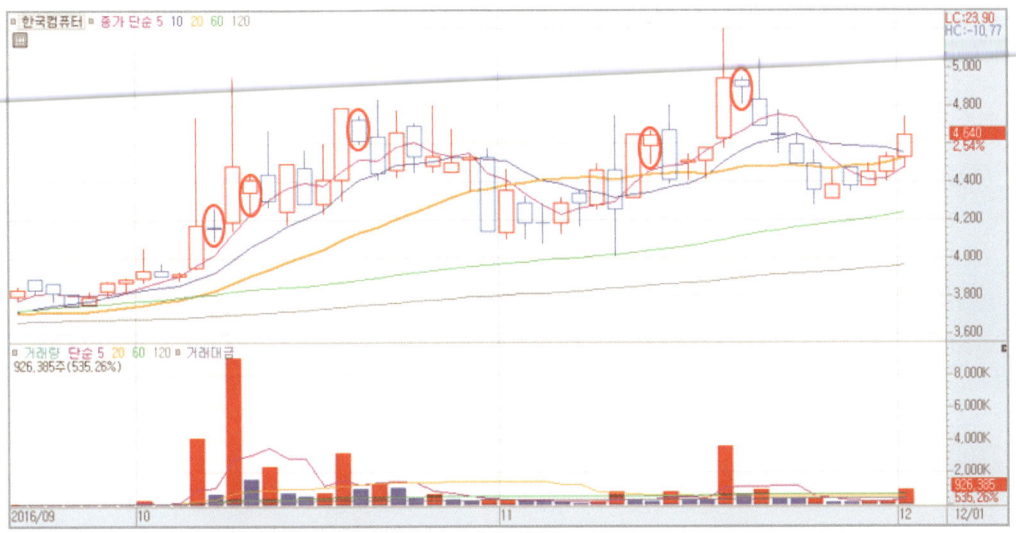

한국컴퓨터도 여러 차례 종가배팅 기회가 있었습니다. 여기서 인포뱅크와 한국컴퓨터의 차트를 보고 추론할 수 있는 점은 종가배팅 시 시세 초입의 자리일 때 주가 상승률이 크다는 것입니다. 그 이후의 종가배팅 자리는 주가 상승률이 상대적으로 작습니다. 이는 시세 초입의 자리가 아니라면 짧게 매도를 해야 한다는 뜻입니다.

[종가배팅 79] 바른손 일봉

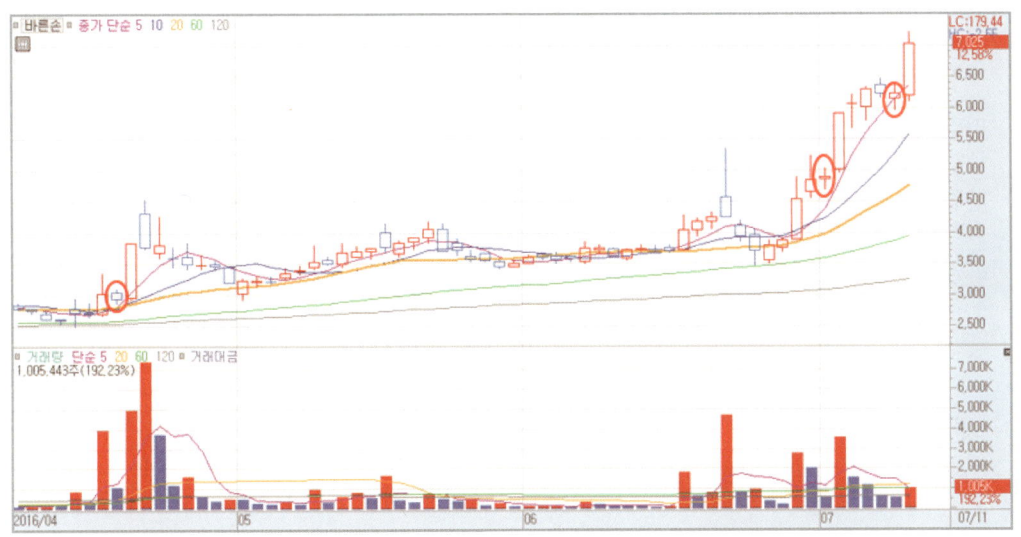

거래량과 단봉의 위치를 유심히 보면 쉽게 종가 배팅할 자리를 찾을 수 있습니다. 주로 시

세 초입과 추세를 상방으로 돌리는 자리에서 발생합니다. 단, 강조하지만 시장의 주도주, 테마 대장주 이외의 종목이라면 종가배팅을 하더라도 비중을 줄여야겠습니다.

[종가배팅 80] 유아이디 일봉

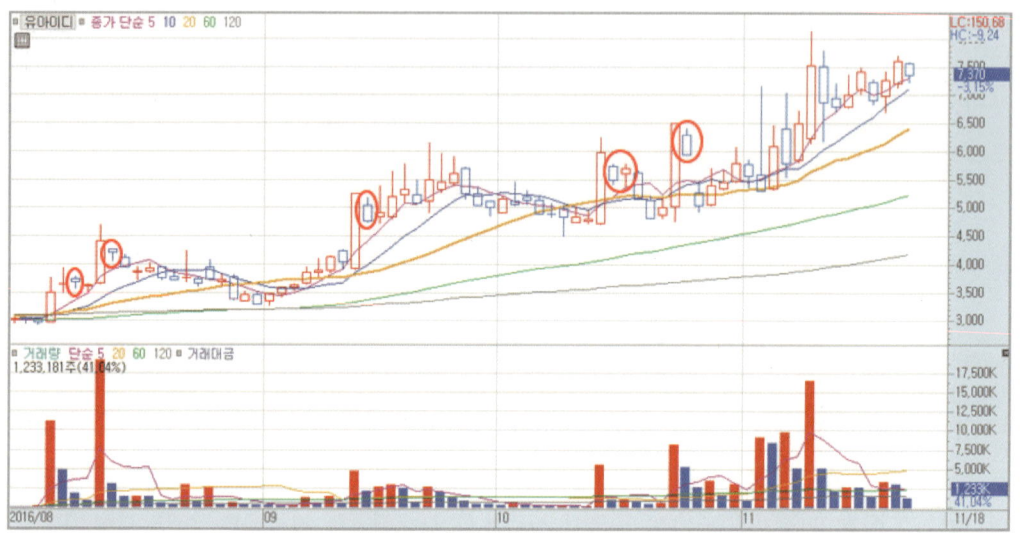

반면 유아이디 차트를 보면, 변동폭이 작고 거래량이 급감한 단봉에서 종가배팅을 한다고 하더라도 무조건 수익이 나는 것은 아닙니다. 시장의 주도주, 테마의 대장주는 언제라도 실패할 수 있으며 손실을 볼 수 있습니다. 위 차트는 종가배팅을 하였더라면 대부분 실패했을 것입니다.

따라서 매매를 할 때는 항상 손절 원칙을 정하고 임해야 합니다. 특히 종가배팅을 할 때 스탑로스를 적극 활용하는 것을 추천합니다. 손절선이 비교적 짧기 때문에 비중을 실을 수 있지만 예상치 못한 주가하락 시 큰 손실이 발생한 상태라면 심리적으로 매도하기가 어렵습니다. 스탑로스를 활용하면 이러한 심리적인 부분을 최소화하여 큰 손실을 미연에 방지합니다.

나가며

　제2권의 내용은 여기까지입니다. 전편 『태쏘의 데이트레이딩 바이블』은 우량주 단타매매법이 주 내용이었지만 이번 편은 급등주 단타매매법이 주 내용입니다. 앞서 밝혔듯이 이 책을 쓰게 된 이유는 기존의 급등주 트레이딩과는 다른 방법으로 접근해 보고 싶었기 때문입니다.

　그동안 다양한 데이터를 뽑아보고, 유의미한 결과 값을 도출하기 위해 많은 시간을 할애했습니다. 하지만 절대적인 답에는 도달하지 못한 것 같습니다. 그야말로 시행착오와 난관은 필연적이었습니다. 그래도 이 책을 쓰는 동안 근처까지는 도달했다는 생각이 듭니다.

　사회·경제적으로 너나없이 힘든 지금, 부디 이 한 권의 책이 독자 여러분들에게 한 줄기의 빛으로 다가갈 수 있기를 바랍니다.

　긴 글 읽어주셔서 감사합니다. 부디 비이성적인 주가의 움직임 속에서 보다 이성적으로 냉철하게 매매할 수 있기를 바랍니다.

■ 저자의 블로그 : http://blog.naver.com/mbc3110 다양한 주식칼럼 구독 가능합니다.